KB171199

조선후기 星湖學派의 학풍 연구

Studies on the Academic Accomplishment
of Seong Ho School in the Late Joseon Dynasty

Won Jae Rin

연세국학총서 41

조선후기 星湖學派의 학풍 연구

원 재 린

혜안

머리말

　이 책은 조선왕조의 국가이념이었던 朱子學 체계를 극복하는 과정에서 형성되었던 星湖學派의 학풍 속에 내재된 근대 학문의 단초를 구명하기 위해 작성했던 필자의 박사학위 논문 「朝鮮後期 星湖學派의 形成과 學風」을 수정·보완하여 펴낸 것이다. 李瀷과 그의 문인들이 견지했던 학문경향과 현실지향을 사상사적 관점에서 고찰하되 窮經과 講論과정을 거쳐 사회적 실천을 모색하는 단계에 이르기까지 師生과 門友간에 이루어졌던 구체적인 학문활동 양상과 그 성과물에 대한 분석을 통해 '實學'의 역사적 성격을 해명하고자 하였다.

　중국에서 전래된 유교사상은 한국사 발전 과정에서 국가통치 이념으로서 역할을 수행하였다. 유교사상은 집권적 봉건국가의 형성·확립·재편과정마다 사회경제적 발전에 따른 생산관계 안정에 필요한 사회윤리와 정치이념을 제공하였으며, 조선의 건국으로 주자학이 國定教學으로 확정되면서 그 정점에 이르렀다. 주자학은 봉건국가와 지배층이 농민과 토지를 효과적으로 지배하는 데 필요한 이념을 제공하였다. 조선의 학파는 사회 제 조건에 부합되게 주자사상을 이해하고 적용해 나아가는 과정에서 자연스럽게 형성되었다. 당시 주요 학파의 주자학 이해와 인식 수준은 '朝鮮性理學'의 성립으로 규정될 정도의 단계에까지 이르렀다. 이러한 사상계의 동향 속에서 16세기 말 17세기에 걸쳐 발생한 동북아 국제질서의 변화와 사회경제적 발전은 중세사회 이념으로서 주자학의 기능과 역할을 재고하는 분위기를 조성하였다. 즉 중국중심 사유방식과 華夷觀의 변화, 농업생산력 발달과 상품화폐경제 발전에 따른 국가운영체제의 급격한 변화 속에서 일군의 유자들은 사회 변화과정을 구조적으로 인식하고, 현실 타개책을 마련하기 위해 선진유학을 포함한 다양한 사조들을 궁구하였다. 그 과정에서 새롭게 조성된 학문경향을 실학이라고 했다.

실학은 학문·사상운동으로서 현실의 정치·사회적 현안을 實事·實務의 차원에서 직시하며 國富·民生 본위의 개혁적인 타개방안을 모색하는 학풍이었다. 실학을 근대 한국 역사학계에 체계적으로 소개한 사람은 鄭寅普였다. 1930년대 문화운동의 일환으로 전개된 실학연구는 '國學'의 전통을 복원하고 식민사학의 극복과 민족의 주체적인 역사발전 양상을 확인하는 성과를 거두었다. 해방이후에도 조선후기 실학은 남북한 역사학계에서 모두 주목했던 연구주제였다. 분단이래 상이한 이데올로기에 기초한 역사체계가 수립되었지만 내재적 발전의 실상을 확인하는 주제로서 실학은 공통의 관심사였다. 북한에서는 실학의 역사적 성격을 규정하는 요소로 계급성이 강조되었다. 토지소유를 둘러싼 계급 갈등 양상이 부각되면서 실학자들은 주자학자들에 비해 진보적이지만 봉건 지주계층의 이해관계를 대변하는 지식인으로서의 한계를 지닌 존재로 규정되었다. 남한에서는 실학을 근대지향의 신학풍으로 규정한 이후에도 실학 용어의 개념, 실학의 성립시기와 배경, 그 발전과정을 둘러싼 논란이 지속되었다.

실학의 역사성은 당대 사회·경제적 조건에 대한 이해와 사상체계를 확립해 나아가는 학문활동 과정, 그리고 각종 성과물에서 발현된 현실지향을 체계적으로 정리하고 정합적으로 분석할 때 해명될 수 있다. 즉 중세사회를 강고하게 유지보수해 갔던 주자학을 대체할 새로운 대안을 모색하면서 전개했던 사상·학문적 동향을 실학자들의 이념성과 관련하여 재고할 때 실학의 개념과 의의, 그리고 중세사회 해체기 새로운 국가사회 운영이념으로서의 역할이 밝혀질 것으로 보았다. 그

렇게 할 때 계급성을 고려하면서도 실학사상을 구성하는 다양한 학문
요소들에 대한 정당한 평가가 이루어질 수 있을 것으로 기대했다.

이 같은 견지에서 필자가 주목한 연구대상과 주제가 성호학파의 학
풍이었다. 실학을 대표하는 최초의 학문집단이라는 점에서 성호학파
는 泰山峻嶺과 같은 존재로서 사상·학문적 동향을 규명할 대상으로
이의가 없었다. 학풍은 해당학파의 학문경향과 현실지향, 그리고 이를
확립해 나아가는 과정에서 활용했던 학문론을 포괄하는 개념이다. 따
라서 이에 대한 論究는 성호학파의 학문활동 양상을 풍부하게 살펴볼
수 있는 주제라고 생각했다. 이를 통해서 이익과 문인들이 실학에 확
신을 갖고 연구활동에 전념하여 사회발전 단계에 부합되는 사상체계
를 확립한 사실을 입증할 수 있을 것으로 기대하였다.

성호학파의 학풍이 실학의 성격을 해명하는 데 흥미로운 주제임에
는 틀림없었지만 스스로의 능력을 잘 알고 있는 필자로서는 망설이지
않을 수 없었다. 그나마 분발하여 이만큼의 체제와 내용을 갖출 수 있
게 된 데에는 많은 선생님들의 지도편달이 있었기에 가능했다. 수업
발제문에서부터 연구자로서의 엄격한 자세를 강조하신 河炫綱 선생
님, 한국사 연구의 방법과 시각을 열어주신 金容燮 선생님, 필자의 장
단점을 파악하고 연구과정 내내 용기를 북돋아주신 故 金駿錫 선생님
의 가르침은 잊을 수 없다. 그리고 井底之蛙의 어리석음을 저지르지
않도록 도와주신 方基中, 金度亨, 白承哲, 河日植, 都賢喆 선생님의
지도에 감사드린다. 또한 10년이 넘도록 선배이자 동료로서 항상 곁에
서 도움을 준 金容欽, 鄭豪薰, 具萬玉, 丁斗榮, 金貞信 님께도 고마운
마음을 감출 길 없다. 역사학자로서 一家를 이루었으면서도 여전히
실학 연구에 전념하여 師表가 되어주시는 아버지와 한 알의 썩을 밀
알이 되기를 마다하지 않으시는 어머니, 화목한 가정을 위해 내조를
아끼지 않는 아내와 언제나 맑은 웃음을 선사해주는 희연과 종혁에게
사랑한다는 말을 전하고 싶다.

8

끝으로 아쉬울 때마다 찾아오는 후배에게 항상 힘이 되어주시는 혜안출판사의 오일주 사장님과 좋은 책을 만들어주신 김현숙, 김태규 선생님, 그리고 2002년 연세대학교 국학진흥사업의 일환으로 연구비를 지원해주신 국학연구단에 감사드린다.

2003년 11월
원재린

차 례

제1장 서 론

兩亂 이후 조선사회는 내재적 발전과정을 거치면서 중세사회 제 모순에 직면하게 되었다. 조선 후기 농업생산력의 발전과 상품화폐경제의 발달과정에서 경제적으로는 양반 지주층의 대토지 겸병과 그로 인한 소농경제의 파탄이 초래되었다. 또한 사회적으로 농민층의 분해와 양반층의 몰락에 따른 신분제 해체 현상이 나타났다. 그리고 이 같은 사회·경제 분야에서 발생한 모순과 갈등은 양반지배층 내부의 정치적 대립을 가져왔다. 즉 두 차례의 전란을 통해 드러난 중세국가 운영체제의 모순을 극복하고 새로운 대안을 모색하는 과정에서 國家再造 방식을 둘러싸고 양반사대부층 내부에서 정치적·사상적 갈등이 고조되었다.[1] 당시 사대부 지식인들은 조선사회의 질적인 변화에 직면하여 동일한 계급기반을 공유하면서도 각각의 사회경제적 존재양태와 현실인식의 차이로 인해 상이한 인간과 사회, 국가관을 견지하게 되었다. 이로 인해 발생된 사상지향과 정치성향의 차이는 해당 정파와 소속 학파에 의해서 확대 재생산되면서 재조방략에 반영되었다.

우선 西人·老論系 학자들은 지주적 입장에서 사회경제적 위기를 타개하고, 체제안정을 이룰 수 있는 정치적 대안을 모색하였다. 그 과

---

1) 國家再造論에 대해서는 金容燮, 『(增補版) 朝鮮後期 農業史研究 Ⅱ』, 一朝閣, 1990 ; 白承哲, 『朝鮮後期 商業史 研究』, 혜안, 2000 ; 오영교, 『朝鮮後期 鄕村支配政策 研究』, 혜안, 2001 ; 金駿錫, 『(김준석유고집1) 朝鮮後期 政治思想史 研究 - 國家再造論의 擡頭와 展開』, 지식산업사, 2003 참조.

정에서 이들은 자신들의 사상기반으로 朱子學을 상정하였다. 비록 주
자학이 양난을 계기로 국가사회운영 이념으로서 한계를 드러냈지만
지주적 입장에서 국가를 재조해 나아가는 데에는 여전히 유효한 사상
체계로 인식되었다. 이에 서인·노론계는 朱子道統主義에 입각하여
주자학의 절대성을 강화시키기 위한 체계적인 학문노력을 기울였다.[2]
그리고 이들은 재확립된 주자학의 권위를 활용하여 자신들의 학문·
정치적 위상을 강화시키는 한편, 주자의 국가사회 운영의 방식과 원리
를 조선사회 제 분야에 적용시키고자 했다. 실제로 서인·노론계는 仁
祖代 이래 일련의 당쟁을 거치면서 주자의 명분의리론에 입각하여 자
파의 정치적 입지를 확고히 하였으며, 이로부터 확보한 정치력을 발휘
하여 보수·개량적인 재조방안을 관철시켜 나아갔다.[3]

　반면 北人系 南人과 少論系 학자들은 중세사회 운영원리로서 주자
학의 문제점과 한계를 인식하면서 이를 대체할 새로운 사상체계를 확
립하고자 노력하였다. 이에 그들은 주자학만을 존신하는 학문 분위기
에서 벗어나 先秦·漢唐儒學을 비롯하여 異端邪說에 이르기까지 다
양한 사상조류들에 대해 관심을 기울였다. 자연히 그들의 학문과 사상
은 범유학적, 반주자학 혹은 비주자학적인 경향을 띠게 되었다.[4] 이
같은 사상경향의 차이는 재조방안에 그대로 반영되었으며, 그 결과 서
인·노론계와 다른 계급적 지향을 보이게 되었다. 즉 북인계 남인과
소론계의 재조목표는 사회·경제적으로 성장하는 민의 입장을 최대한
반영하여 제도적 차원에서 농민경제의 안정을 도모하는 것이었다. 이

---

2) 金駿錫, 「朝鮮後期 畿湖士林의 朱子認識 - 朱子文集·語錄연구의 전개 과
　정」, 『百濟硏究』 18, 충남대학교 백제문화연구소, 1987 참조.
3) 金駿錫, 「兩亂期의 國家再造문제」, 『韓國史硏究』 101, 한국사연구회, 1998
　참조.
4) 金駿錫, 앞의 책 ; 金容欽, 「鮮後期 肅宗代 老·少論 대립의 論理 - 甲戌換
　局 직후를 중심으로」, 『河炫綱敎授定年紀念論叢』, 혜안, 2000 ; 鄭豪薰, 「17
　세기 北人系 南人學者의 政治思想」, 연세대학교 박사학위논문, 2001 참조.

를 위해 그들은 지주전호제 혁파와 토지개혁의 실시를 주장하였으며, 그 기반 위에서 전반적인 국가운영 체제의 변혁을 추구하였다.

그간 학계에서는 近畿 南人과 일부 소론계 학자들의 사상경향을 '實學'으로 규정하고, 그 역사적 성격을 구체적으로 논증하기 위한 노력을 지속적으로 기울여 왔다. 우선 체계적인 연구를 위해서 주요 학파와 그 인적 구성의 면모가 시계열적으로 정리되었다. 그 결과 李瀷 (1681~1763)을 필두로 한 星湖學派와 鄭齊斗(1648~1736)에서 비롯한 少論學派가 주목되었다. 특히 經世論을 기준으로 실학의 역사적 성격을 규명할 때 柳馨遠(1622~1673)-이익-丁若鏞(1762~1836)으로 계승되는 남인학파의 학통이 주목되었다.[5] 즉 유형원의 출현에 의하여 '(實)學으로서의 존재'가 확인되었고, 성호 일문에 의하여 '학파로서의 존재'로 구체화되었다. 그리고 洪大容(1731~1783), 朴趾源 (1737~1805), 정약용 등의 출현으로 실학은 마침내 '시대사조의 지배적 경향'으로 규정되었다.[6] 이후 개별 실학자들에 대한 연구성과들이 축적되면서 이들이 견지했던 학풍을 근대지향의 신학풍으로 인식되고, 이것을 당색과 관련하여 정리한 결과 '經世致用' 학파, '利用厚生' 학파, '實事求是' 학파 등으로 분류되었다.[7] 그리고 이들 세 학파가 保

---

5) 鄭寅普,「椒園遺藁」,『朝鮮古書解題』/『薝園 鄭寅普全集』2, 연세대학교 출판부, 1983, 28쪽 재수록 ; 鄭寅普,「丁茶山先生의 일생」,『東亞日報』1935년 7월 16일/위의 책, 63쪽 ; 洪以燮,『朝鮮科學史』/『洪以燮全書』1, 연세대학교 출판부, 1994, 263쪽 재수록 ; 洪以燮,『丁若鏞의 政治·經濟思想 研究』, 1959/『洪以燮全書』2, 연세대학교 출판부, 1994 재수록 ; 洪以燮,「實學에 있어서 南人學派의 思想系譜」,『人文科學』10, 연세대학교 인문과학연구소, 1963/위의 책, 407~411쪽 재수록 참조.

6) 千寬宇,「磻溪 柳馨遠 研究-實學發生에서 본 李朝社會의 一斷面(하)」,『歷史學報』3, 역사학회, 1953, 133쪽.

7) 李佑成,「實學研究序說」,『實學研究入門』, 일조각, 1973/『韓國의 歷史像』, 창작과비평사, 1982, 13~14쪽 재수록 ; 李佑成,「李朝後期 近畿學派에 있어서의 正統論의 展開-歷史把握에 있어서 體系性과 現實性」, 위의 책, 80쪽 참조.

持했던 사상경향은 空疎化된 주자학의 학풍과 대립되는 반주자학 혹은 비주자학적인 것으로 평가되었다.[8]

그런데 연구방법과 주제가 확대되면서 실학의 성격에 대한 異見들이 제기되었다. 철학계에서는 주요 실학자들의 철학사상에 대한 분석을 본격적으로 시도하였다. 즉 경세론을 중심으로 한 실학이해와 이를 근거로 사상의 성격을 규정하는 것에 대해 의문을 제기하면서 經學觀과 理氣心性論, 인식론 등 주요한 철학체계에 대한 분석이 이루어졌다. 그 결과 실학자로 대표되었던 주요 학자들의 철학사상이 주자학의 그것과 큰 차이가 없다는 결론이 도출되었다.[9] 그 중에서도 이익과 성호문인들의 사상경향은 기존 실학의 성격을 재고하는 데 주요한 논구대상이었다. 이익의 철학체계에 대한 분석 결과 그 성격을 반주자적이거나 독자적이라고 평가하기보다는 朱熹哲學의 계열 상에서 그 문제와 이론들을 발전시킨 것으로 규정하였다.[10] 이에 실학과 주자학의 관계를 단절적으로 이해하기보다는 연속성에서 파악할 때 程·朱子學 자체를 극복하기보다는 脫程朱學의 단서를 제공하는 것으로 평가할 수 있다는 견해가 제기되었다.[11]

역사학계에서도 실학의 성격을 규정하는 데 있어서 이익의 경세론은 논란의 대상이었다. 초기 연구에서부터 이익의 경제사상은 봉쇄적인 농업사회를 이상으로 하는 重農主義의 성격을 띠는 것으로 평가되

---

8) 尹絲淳, 「實學思想의 哲學的 性格」, 『韓國儒學論究』, 현암사, 1980 참조.

9) 柳仁熙, 「實學의 哲學的 方法論(Ⅰ) - 柳磻溪와 朴西溪, 李星湖를 중심으로」, 『東方學志』 35, 연세대학교 국학연구원, 1983 ; 柳仁熙, 「洪大容 哲學의 再認識 - 朝鮮 實學 再評價의 한 作業」, 『東方學志』 73, 1991 참조.

10) 柳仁熙, 「星湖僿說의 哲學思想 - 程朱理學과의 비교연구」, 『震檀學報』 59, 진단학회, 1985, 157쪽.

11) 金興圭, 『朝鮮後期의 詩經論과 詩意識』, 고려대학교 출판부, 1982, 84쪽 ; 柳仁熙, 앞의 논문, 1985 ; 李光虎, 「星湖 李瀷의 思想 - 孟子疾書를 中心으로」, 『泰東古典研究』 2, 태동고전연구소, 1986 ; 김낙진, 「실학적 경세치용학의 대두 - 기호남인학파」, 『조선 유학의 학파들』, 예문서원, 1996, 341쪽 참조.

었다.[12] 이는 사상체계 전반에 대한 재고의 계기를 제공하였으며, 이익이 유형원과 함께 조선성리학자로 재평가되면서 그간 경세치용의 면모를 설명하는 주요 근거였던 限田論이 성리학에서 추구하는 중세 이상사회의 건설을 목표로 한 것으로 규정되었다.[13] 이러한 일련의 재고과정을 거치면서 실학을 대표하는 학파로 당대 집권세력이었던 서인·노론출신의 燕巖一派, 즉 北學派의 위상이 부각되었다.[14] 그리고 이들의 학문과 사상경향은 노론계에만 한정되지 않고 '京鄕分岐' 과정에서 등장한 '京華士族'·'京畿學人'에 의해서 일반화되어 가는 추세에 있었다는 것이다.[15]

한편 성호문인들을 대상으로 한 연구에서는 경학관과 철학사상에서 나타나는 '이중성'에[16] 주목하는 가운데 학파를 星湖左派와 星湖右派로 구분하였다.[17] 이러한 분기의 관점은 이후 관련 연구들에서 성호학파의 역사적 위상과 그 성격을 규정하는 데 일반적으로 적용되

12) 韓㳓劤,「星湖 李瀷 硏究 - 그의 經濟思想」,『震檀學報』20, 1959, 75·77쪽 참조.

13) 池斗煥,「朝鮮後期 實學硏究의 問題點과 方向」,『泰東古典硏究』3, 1987, 137쪽/『朝鮮時代 思想史의 再照明』, 역사문화, 1998 재수록 ; 정옥자,「조선후기 사상사 연구의 방향」,『조선후기 역사의 이해』, 일지사, 1993, 25·150쪽 ; 趙珖,「朝鮮後期 思想界의 轉換期的 特性 - 正學·實學·邪學의 對立構圖」,『韓國史 轉換期의 문제들』, 지식산업사, 1993, 161쪽 참조.

14) 유봉학,「北學思想의 性格과 그 性格 - 湛軒 洪大容과 燕岩 朴趾源을 중심으로」,『韓國史論』8, 서울대학교, 1982 참조.

15) 유봉학,『燕岩一派 北學思想 硏究』, 일지사, 1995, 25~26쪽 ; 유봉학,『조선후기 학계와 지식인』, 신구문화사, 1999, 95~140쪽 ; 金文植,『朝鮮後期 經學思想硏究』, 일조각, 1996, 1~26쪽.

16) 송갑준,「전승과 개신의 이중주」,『조선 유학의 학파들』, 예문서원, 1996 ; 송갑준,「이익의 경학관」,『실학의 철학』, 예문서원, 1998 ; 安泳翔,「星湖 李瀷의 性理說 硏究」, 고려대학교 박사학위논문, 1998, 189~196쪽 참조.

17) 李佑成,「韓國 儒學史上 退溪學派의 形成과 그 展開」,『退溪學報』26, 1979/『韓國의 歷史像』, 창작과비평사, 1982, 90~95쪽 재수록 ; 李佑成,「鹿菴 權哲身의 思想과 그 經典 批判 - 近畿學派에 있어서의 退溪學의 繼承과 展開」,『退溪學報』29, 1982/위의 책, 96~105쪽 참조.

었다.18)

그런데 성호학파를 좌·우파로 구분해 보는 관점은 본래의 의도와 상관없이 문인간 학문적·사상적으로 상호 대립되는 측면을 부각시킴으로써 정작 무엇 때문에 학파를 결성했고, 그 과정에서 어떠한 학문적 공감대를 형성하면서 학문활동을 전개했는지에 대한 의문점을 해결해 주지 못하였다. 즉 성호학파의 성격을 철학체계의 차이에서 비롯된 사상경향을 기준으로 규정함으로써 사제간에 동일한 학파의 구성원으로서 공유했을 학문요소와 중세사회 해체과정에서 성호문인들이 전개했던 다양한 학문활동의 의미가 제대로 인식되지 못하게 되었다.

또한 이것은 성호학파 학풍의 성격을 모호하게 만든 계기를 제공하였다. 그간 연구에서 부각된 성호학파의 대표적인 학풍은 '경세치용'이었다. 이는 이익이 제안했던 각종 제도 개혁방안에 대한 분석 결과로서 제시되었다. 그런데 이를 기준으로 성호학파의 학맥을 정리할 때 '경제치용'의 면모는 성호좌파에 속하는 정약용에게 온전히 계승되는 것으로 파악되었다. 반면 보수·주자학적 사상경향을 갖고 있다고 평가되었던 성호우파 소속 문인들은 이를 기준으로 한 학맥에 포괄되지 못하였다. 새삼 경세분야에 국한된 치용의 면모만을 가지고 성호학파의 대표적인 학풍으로 규정할 수 있는지에 대한 의문이 발생하게 되었다. 이처럼 사상경향의 차이를 기준으로 성호학파를 구분하여 보는 관점은 학문의 전수과정은 물론 학파의 학풍을 설명하는 데 있어서 일정한 한계를 보이고 있었다.

이에 본 연구에서는 성호학파의 사상사적 위상과 그 성격을 구명하기 위해 학파의 형성과 학문활동 과정에서 동일한 학파 구성원으로서

---

18) 崔鳳永, 「星湖學派의 朱子大學章句 批判論」, 『東洋學』 17, 단국대학교 동양학연구소, 1987 ; 徐鍾泰, 「星湖學派의 陽明學과 西學」, 서강대학교 박사학위논문, 1995 ; 안영상, 「星湖學派의 ≪大學≫說」, 『실학의 철학』, 예문서원, 1996 ; 강세구, 『성호학통 연구』, 혜안, 2000 ; 차기진, 『조선후기의 西學과 斥邪論 연구』, 한국교회사연구소, 2002 참조.

이익과 문인들이 공유했던 학문요소를 검토해 보기로 하겠다. 이러한 점들을 구체적으로 논증할 수 있는 연구주제로 학풍을 상정해 본다. 이때 학풍은 철학사상 혹은 경세론만을 기준으로 규정되는 개념은 아니다. 대체로 학풍은 개인이나 학파가 학문활동 전 과정을 통해 추구했던 학문경향과 현실지향을 의미한다. 학문경향은 철학사상에, 현실지향은 각종 경세론에 잘 반영되어 나타나고 있다. 그리고 철학사상과 경세론이 형성되는 과정에서는 그에 적합한 학문방법론이 활용되었다. 따라서 학풍의 제 범주에는 개인이나 학파가 추구했던 사상적 지향은 물론, 이를 실현하기 위해서 개별 연구주체들이 전개했던 전반적인 학문활동 과정이 모두 포괄되어 있다.

결국 학풍은 학파 구성원들이 공통으로 지향했던 학문요소를 살필 수 있는 주제이면서 동시에, 그들 각자의 학문적 관심에 따라 펼쳤을 구체적인 학문활동의 면모를 살필 수 있는 주제이기도 하다. 따라서 학풍을 통해 성호학파의 성격을 규명하기 위해서는 각각의 범주에 속하는 특징들을 상호간의 관련성을 충분히 고려하는 가운데 정합적으로 인식하고 분석해야만 할 것이다. 이러한 특성과 연구방법을 고려하면서 성호학파의 학풍 속에 내재된 사상사적 특징을 구명한다면 학파가 형성될 수 있었던 학문적 계기와 학파의 내적 분화 원인은 물론, 성호학파의 역사적 위상, 나아가서 실학의 성격을 보다 구체적인 측면에서 논증할 수 있을 것이다.

이와 관련하여 우선 살펴볼 학풍의 주제는 성호학파 형성과정에서 이익과 문인들이 함께 견지했던 학문방법론이다. 성호학파의 학풍을 규정했던 경세론과 철학사상은 사제, 문우간에 공유했을 경전인식 태도와 독서법, 그리고 일련의 窮經 및 강론과정을 거치면서 형성될 수 있었다. 사실 이와 관련하여 주요한 특징들이 이미 지적되었다.[19] 그

---

19) 韓㳓劤, 「星湖 李瀷 硏究 - 그의 史論과 朋黨論」, 『社會科學』 1, 1957, 28~72쪽/『星湖 李瀷 硏究』, 서울대학교 출판부, 1980 재수록 ; 李篪衡, 「星湖 經

러나 기왕의 연구에서는 해당주제를 이익의 학문관과 사상의 성격을 해명하기 위해서 다룰 뿐이었다. 학파의 관점에서 문인들과의 관계를 고려하는 가운데 학문방법론의 특징과 성격이 본격적으로 분석되어지지 않았다. 따라서 이를 주제로 이익과 문인들의 학문활동 과정을 살피는 작업은 곧 동일한 학파의 구성원으로서의 면모를 확인하는 계기가 되며, 더 나아가 실학을 대표하는 학파로서의 면모를 보다 구체적인 사례를 통해서 입증하는 것이다.

다음으로 주목해 볼 학풍의 주제는 학파의 내적인 분화와 학문활동 과정에서 나타난 下學과 博學의 특징이다. 기존 연구에서 학파의 분화는 성호문인들의 경학관과 철학사상, 그리고 이로부터 발생한 사상경향의 차이에서 비롯되었다고 보았다. 즉 權哲身(1736~1801) 등 성호좌파 소속 문인들은 주요한 경전해석에 있어서 반주자적인 면모를 보이면서 천주교 등 이단사설에 경도되었던 사실이 강조되었다.[20] 상대적으로 성호우파는 좌파에 비해 주자학을 존숭한 측면이 부각되었으며, 보수적 학문경향을 지닌 것으로 평가되었다. 그런데 우파를 대표했던 安鼎福(1712~1791)의 경우 역사학 분야에서 실학의 역사인식을 확립한 것으로 평가되고 있다.[21] 또한 반주자적인 경학관을 견지

學의 實學的 展開」,『論文集』17, 성균관대학교, 1972, 2~4쪽 ; 安在淳,「李星湖의 四端七情論 - ≪四七新編≫을 中心으로」,『東洋哲學硏究』5, 1984, 54~57쪽 ; 李佑成, 앞의 책, 1982, 100쪽 ; 崔鳳永, 위의 논문, 1987, 42~43쪽 ; 崔錫起,『星湖 李瀷의 學問精神과 詩經學』, 중문, 1994 ; 權文奉,「星湖 李瀷의 經學과 四書疾書」, 성균관대학교 박사학위논문, 1994 ; 안영상, 앞의 논문, 1998 ; 琴章泰,『退溪學派와 理철학의 전개』, 서울대학교 출판부, 2000, 240~241쪽 ; 강세구, 위의 책, 2000, 11쪽 참조 ; 申恒秀,「李瀷의 經·史解釋과 現實認識」, 고려대학교 박사학위논문, 2001, 48~51쪽 ; 차기진, 위의 책, 2002 참조.

20) 李佑成, 앞의 논문, 1982/앞의 책, 96~105쪽 재수록 ; 崔鳳永, 위의 논문, 1987 ; 徐鍾泰, 앞의 논문, 1995 ; 안영상, 앞의 논문, 1996 ; 차기진, 위의 책, 2002 참조.

21) 韓永愚,『朝鮮後期史學史硏究』, 일지사, 1989 ; 姜世求,『東史綱目硏究』, 민

했던 愼後聃(1702~1761)은 유독 천주교에 대해서만큼은 주자의 이기론에 입각하여 교리의 문제점을 지적했다는 사실이 밝혀졌다.[22] 성호좌·우파를 구분할 때 적용되었던 기준이 주요 문인들의 학문성과를 평가하는 데에는 부합되지 않는 측면이 나타나고 있다.

이러한 점을 고려할 때 학파 분화의 원인과 그 성격, 더 나아가서 성호학파의 학문활동의 의의를 구명하기 위해서는 하학과 박학의 학풍 속에서 내재된 특징들을 구명해야 한다. 그리고 분화가 나타날 수밖에 없었던 원인을 학문방법론과 관련하여 면밀히 분석해야 할 필요가 있다고 본다. 즉 중세학문의 문제점을 극복하고 새로운 대안을 마련하기 위해 전개되었던 성호학파의 학문활동과 그 성과 속에 공통적으로 내재된 학풍의 특징을 사상사적 관점에서 분석할 때 학파의 위상을 제대로 파악할 수 있다.

본 연구에서는 이상의 관점에 유의하면서 기왕의 연구성과를 토대로 성호학파의 형성과 학문활동 과정에서 나타났던 학풍의 구체적인 내용과 특징을 살펴보기로 하겠다. 본문에서 검토해 볼 주요 내용들은 다음과 같다.

제2장에서는 성호학파 형성배경과 師生門友 관계에 대해서 살펴보겠다. 1절에서는 학문적 배경을 설명하기 위해서 성호 家學의 연원에 주목해 본다. 이에 이익의 학문 수학과정에서 직접적인 영향을 주었던 주요한 至親들의 학문경향을 분석하겠다. 그리고 이들과 학문적·정치적으로 밀접한 관계를 맺고 있었던 학자들에 대해서도 살펴보기로 한다. 또한 조선시대 정파와 학파의 관계에 유념하면서 淸南系와 성호 가문과의 관계를 통해 학파형성의 정치적 배경을 정리해 보겠다. 2

족문화사, 1994 ; 최성환, 「영·정조대 安鼎福의 학문과 ≪東史綱目≫ 편찬」 『韓國學報』 110, 2003 참조.

22) 崔東熙, 『西學에 대한 韓國實學의 反應』, 고려대학교 민족문화연구소, 1988 ; Donald Baker, 金世潤 역, 『朝鮮後期 儒敎와 天主敎의 대립』, 일조각, 1997 참조.

절에서는 學人들의 입문과정을 검토함으로써 학파가 형성될 수 있었던 내적 계기를 살펴보겠다. 그리고 다양한 학문경향과 현실지향을 가진 학인들이 문하에 출입하면서 각자의 학문활동을 전개할 수 있었던 배경을 '友道'중심의 사제관계와 문우의식을 통해 분석하겠다.

제3장에서는 성호학파의 형성과정에서 이익과 문인들이 공유했던 학풍의 요소에 대해서 살펴보기로 한다. 1절에서는 자득을 목표로 한 성호문인들의 경전학습법을 주자의 그것과 관련하여 검토하겠다. 그리고 주자인식의 상대화를 토대로 조성된 致疑法의 특징과 의미를 서인·노론계 '謹守規矩' 학풍과의 비교를 통해 구명해 보겠다. 또한 주자학풍에 반대되는 사상을 이단사설로 배격했던 당대 학계 분위기 속에서 학파의 면모를 유지하기 위해서 제안했던 자득법의 내용과 특징에 대해서도 살펴보기로 하겠다.

2절에서는 지식의 탐구 단계에서 회의와 자득의 방법을 효율적으로 전개하기 위해서 채용했던 '疾書'讀法과 학문교유 과정에서 사제·문우간 장려되었던 '麗澤'의 강론방식을 상호관련성을 고려하는 가운데 분석해 보겠다. 또한 학파 구성원들의 主見을 확립해 나아가기 위해 시행되었던 下問質正法의 내용과 의미에 대해서 설명해 보겠다. 3절에서는 학문실천의 단계에 이르러서 성호학파가 견지했던 지행관의 특징과 그 실천 목표를 살펴보기로 한다. 이를 위해 우선 지행의 병진을 추구하게 된 학문적 배경을 해명하겠다. 그리고 眞知를 力行함으로써 事功을 달성하고자 할 때 강조되었던 經術과 事務 일치의 窮經 논리에 대해서도 분석하기로 한다. 또한 實得之學을 이루기 위해서 주목했던 주요 경전들과 그 내용들을 정리하겠다.

제4장에서는 이익과 문인들의 학문활동 면모와 성격을 하학과 박학의 학문경향과 관련하여 설명하기로 한다. 1절에서는 하학이 주요한 학문체계로 상정된 원인을 학문의 '時義'성 회복이라는 관점에서 살펴보겠다. 그리고 하학의 특징으로서 '道器一致'의 논리가 갖는 사상사

적 의미를 해명하겠다. 2절에서는 박학을 통해 학문대상이 확대된 계기를 인식론 변화의 측면에서 분석하며, 박학으로 고양된 인식주체의 확립 양상을 心活論과 造命論을 중심으로 논증하겠다.

3절에서는 학파의 내적인 분화 계기와 다양한 학문활동의 의의를 주요한 논쟁점과 구체적인 학문성과에 대한 분석을 통해 살펴보기로 한다. 우선 분화의 원인을 이익과 문인들이 공유했던 학문방법론 속에서 찾아보겠다. 분기의 관점에서 사상경향 차이를 강조하기에 앞서 중세학문의 모순과 한계를 극복하는 과정에서 나타났던 학풍의 특성들을 중심으로 그 원인을 살펴본다. 그리고 학풍과 관련된 학파 분화의 의미를 보다 면밀히 규명하기 위해서 하학과 박학의 차원에서 주목되었던 주요한 학문대상과 주제를 살펴보고, 지리학, 역사학, 정치·경제학 분야에서 제출된 구체적인 학문성과들을 분석해 보겠다.

이상의 검토를 통해서 성호학파의 형성과 학풍이 갖는 사상사적 의미를 재고해 보고자 한다. 즉 이익과 문인들의 학문활동 양상을 학풍의 제 범주를 통해 살펴봄으로써 당시 역사적 상황 속에서 성호학파의 학문과 사상이 갖는 의미는 물론 시대적 한계 역시 자연스럽게 부각될 것이다. 그리고 이를 통해 실학의 성격을 재정립할 수 있을 것으로 기대한다. 중세사회 해체기 등장했던 진보·개혁적인 학문·사상 운동으로서 실학의 역사적 성격을 성호학파의 학풍을 통해 살펴봄으로써 근대학문의 시원으로서 상정해 볼 수 있는 지의 여부를 입증하는 계기가 될 것으로 본다.

제2장 학파의 형성과 사생문우 관계

1. 학파 형성의 학문·정치적 배경

1) 성호 家學의 연원과 수학과정

성호학파 형성과 학풍의 성격을 구명하기 위해서는 무엇보다도 학파의 宗師였던 이익의 학문경향에 대한 고찰이 선행되어야 한다. 그 속에는 학파형성의 내적 계기와 문인들과 공유했을 학문특징들이 내재해 있기 때문이다. 따라서 이에 대한 해명은 곧 성호학파 형성의 배경을 학문의 관점에서 살펴보는 작업이다. 이를 위해서 이익의 학문형성에 직접 영향을 주었던 가학의 특징과 수학과정을 살펴보기로 하겠다.

이익은 유년시절 이래 驪州 이씨 일문의 친족들로부터 직접 가르침을 받았다. 그 대표적인 인물로 이복 형들이었던 李潛(1660~1706)과 李漵(1662~1723)를 들 수 있다.[1] 이들은 이익의 학문형성 과정에서 강학자의 역할을 담당했던 것으로 확인된다. 우선 이잠은 이익을 어린

---

1) 『驪州李氏(仁德系) 世系表』

李尚毅 ─── 李志安 ─── 李夏鎭 ┬ 李溵(靑雲 : 1647~1673)
　　　　　　　　　　　　　　　├ 李潛(剡溪 : 1660~1706)
　　　　　　　　　　　　　　　├ 李漵(玉洞 : 1662~1723)
　　　　　　　　　　　　　　　├ 李沈(鷰亭 : 1671~1713)
　　　　　　　　　　　　　　　└ 李瀷(星湖 : 1681~1763)

시절부터 직접 지도하였다. 이잠의 문하에서 이익은 다른 문하생들이
모여서 소란스럽게 떠들고 즐기며 놀 때에도 스스로 분발하여 마음을
졸이면서 독서를 했다고 한다.[2] 즉 이익은 자발적인 학습노력을 기울
이면서 학업을 성취해 나아갔던 것이다. 이러한 학문태도는 일련의 수
학과정을 거치면서 더욱 강화되었다.

　이서는 이잠이 세상을 떠난 이후 이익의 학문지도를 맡았다. 그로
부터 전수 받았을 가르침은 사료의 영세함으로 인해 구체적으로 논증
할 수 없다. 다만 '習聞爲學之方'이란 표현을 통해서 알 수 있듯이[3]
이서는 이익에게 본격적인 연구활동에 필요한 여러 가지 학문방법을
전수해 주었다. 이와 관련하여 주목되는 점은 평소 이서가 자득을 강
조했다는 사실이다. 그는 독서를 할 때 만약 한갓 고인의 설만 믿어
자득하는 맛이 없다면 이 또한 실제로 얻는 것이 아니라고 하였다.[4]
앞서 이잠 문하에서 이익이 견지했던 태도와 관련해 볼 때 자득은 이
익이 친족들에게 수학하는 과정에서 전수 받았을 가학의 주요한 내용
이었다.[5]

---

2)『星湖全集』III,「附錄」家狀, 韓國文集叢刊 200권(이하 총간), 178쪽.

3)『星湖全集』III,「附錄」行狀, 총간 200권, 187쪽 ;『星湖全集』II, 권57「祭文」
　'再祭玉洞文', 총간 199권, 550쪽 ;『星湖全集』III, 권68「傳」'三兄玉洞先生
　家傳', 총간 200권, 165쪽.

4)『息山集』I, 권12「雜著」中原講義, 총간 178권, 270쪽.

5) 이와 관련하여 주목되는 인물이 이익의 再從叔인 李元鎭(1594~1665)이다.
　그는 李秉休(1711~1776)가 확정한 가학의 연원에서 이서와 이익에 선행하
　여 開祖의 위치에 상정되었다(『貞山雜著』권11,「自序」). 그런 그가 강조했
　던 것이 자득이었다. 이와 같은 사실은 그가 지도했던 유형원을 통해서 확인
　할 수 있다. 유형원은 유년시절 伯舅인 이원진과 고모부인 金世濂(1593~
　1646)의 문하에서 학문을 사사 받았다. 따라서 이 시기 이루어진 이원진의
　가르침은 유학 공부의 기본인 경전학습 태도를 통해 유추해 볼 수 있다. 유
　형원이 강조했던 窮經자세는 회의를 통해 자득을 이루는 것이었다. 그는 성
　현들이 남긴 경전으로부터 본의를 체득하기 위해서 의심이 없는 데로부터
　의심이 있는 데 이르기까지 깊이 고찰해야 한다고 보았다(『磻溪雜藁』「傳」,
　여강출판사 영인본, 1990, 264쪽). 그는 회의의 대상에 주자의 학설도 예외가

이처럼 가학을 통해 이익에게 전수되었을 학문경향에 주목할 때 반
드시 살펴보아야 할 인물이 부친이었던 李夏鎭(1628~1682)이다. 숙
종대 초반 정국 속에서 이하진은 許穆(1595~1682)·尹鑴(1617~
1680)와 함께 청남계로 활동하였다.6) 특히 윤휴와 긴밀한 교유관계를
맺고 있었다.7) 그것이 가능했던 것은 양자가 동일한 정치적·학문적
기반을 공유하고 있었기 때문이었다.8) 양 가문은 광해군대 이래 정치
적으로 북인계로서 중앙정계에서 활동하였다. 이하진의 조부인 李尙
毅(1560~1624)는 소북계로서 柳希奮·南以恭(1562~1640)과 함께
광해군대 대북정권에 적극 참여하였다.9) 당시 윤휴의 부친인 尹孝全
(?~1609) 역시 대사헌을 지내는 등 북인계 정치가로서 활약했다. 양
자는 같은 시기에 조정에 나아가 정치활동을 전개하기도 했다.10)

한편 양 가문은 徐敬德(1489~1546)의 花潭學派와 일정한 학문적
유대관계를 맺고 있었다. 윤효전은 서경덕의 문인이었던 閔純(1519~
1591)에게 수학한 가운데 서경덕의 사상을 계승하였다. 이러한 학연으
로 인해 윤휴는 화담문인인 李睟光(1563~1628)의 次子 李敏求(158

될 수 없음을 분명히 하면서 의심 가는 부분에 대해서는 반복해서 사색할
것을 거듭 촉구하였다(위의 책, 「與鄭文翁東稷論理氣書」, 73쪽). 이밖에도
유형원은 이원진으로부터 시무를 중시하는 궁경태도를 전수 받았다(『星湖
全集』Ⅲ, 권68 「傳」 '磻溪柳先生傳', 총간 200권, 167쪽). 자득과 시무 두 가
지 모두 이익이 겸비하였던 학문태도이자 목표였다. 새삼 이익이 사숙했을
이원진의 학문관이 주목된다.

6) 『肅宗實錄』 권4, 원년 6월 辛酉 38책, 288쪽.

7) 『숙종실록』 권2, 원년 정월 乙丑 38책, 231쪽.

8) 이하진의 학문관은 직접 관련된 사료가 없는 관계로 구체적으로 논증하기
어렵다. 하지만 그와 학문적·정치적 기반을 같이하면서 교유했던 인사들로
부터 그 일단을 살필 수 있다.

9) 『光海君日記』 권10, 즉위년 11월 乙巳 31책, 372쪽 ; 『광해군일기』 권36, 2년
12월 辛丑 31책, 598쪽 ; 『광해군일기』 권40, 3년 4월 丙戌 31책, 625쪽 ; 『광
해군일기』 권123, 10년 정월 辛亥 32책, 15쪽 ; 『광해군일기』 권174, 14년 2
월 戊子 33책, 427쪽.

10) 『광해군일기』 권99, 8년 1월 乙酉 32책, 449~450쪽.

9~1670)와 사제관계를 맺게 되었다.11) 이상의 역시 화담학파의 주요
한 인사들과 교유하였다. 그는 이수광과 더불어 奏淸使로서 중국에
다녀온 경험이 있었다. 이익의 조부인 李志安(1601~1657)과 종조부
인 李志定(1568~1650)은 서경덕의 재전제자인 鄭彦訥에게서 배운
사실이 확인되었다.12) 한편 이익의 再從叔인 李元鎭(1594~1665)은
인조반정 이후 화담문인이었던 韓百謙(1552~1615), 이수광 등과 함
께 중앙정계에서 활동하기도 하였다. 특히 이수광 가문과는 이익 당대
에 이르기까지 유대관계가 지속되었다. 이익은 이수광의 5대손인 啓
胄의 아들 克誠을 사위로 맞아들였다.13)

이러한 학문적·정치적 유대관계에 비춰볼 때 이하진의 학문관은
윤휴를 통해서 그 일단을 살펴볼 수 있다. 더욱이 윤휴는 성호문인들
에 의해서 이익이 사숙한 스승으로 인식되었다. 권철신이 밝힌 "夏軒
之後 星翁之學 繼往開來"의 학통관계를 유념할 때14) 윤휴의 학문은
이익의 사상체계 형성에 직접적인 영향을 끼친 것으로 파악된다. 윤휴
는 이하진을 통해 아들들에게 전수되었을 학문경향을 살필 목적에서,
또한 이익이 사숙한 학문내용을 파악하기 위해서도 반드시 살펴보아
야 할 대상이다.

이하진과 직접 관련하여 윤휴의 학문경향을 살필 수 있는 사례로
주자의 『論語』 註에 대한 그의 평가를 들 수 있다.15) 윤휴는 이하진
과 동석했던 경연석상에서 『논어』 주를 반드시 읽을 필요 없다는 소

---

11) 鄭豪薰, 「尹鑴의 經學思想과 國家權力强化論」, 『韓國史研究』 89, 1995, 89
   ~90쪽.
12) 李成茂, 「星湖 李瀷의 家系와 學統」, 『韓國實學研究』 2, 한국실학연구회,
   2000, 17쪽.
13) 『星湖全集』 III, 권55 「題跋」 誕隱稿跋, 총간 200권, 521쪽 ; 韓㳽劢, 『星湖 李
   瀷 研究』, 서울대학교 출판부, 1980, 47쪽.
14) 『與猶堂全書』 1, 「詩文集」 권15, '鹿庵權哲身墓誌銘', 경인문화사 영인본,
   1969, 325쪽.
15) 韓㳽劢, 앞의 책, 1980, 6쪽 참조.

신을 밝혔다. 그 자리에서 이하진은 윤휴의 견해에 찬성하였다.16) 이
는 최소한 이하진이 윤휴가 견지했던 반주자적인 경전인식 태도에 대
해 동의했음을 의미한다.

윤휴의 경학관과 관련하여 주목을 끄는 점은 평소 그가 선배 학자
들의 경전 해석을 검토하면서 주자의 학문성과에 대해서 높이 평가했
다는 사실이다. 특히『中庸』章句에 대해 이미 완성된 글이라고 하였
다.17) 동시에 그는 이에 대해 이견도 제시하였다.18) 그는 이것이 주자
의 도에 위배되지 않는다고 보았다.19) 그 근거로 주자가 자신의 주석
을 완결된 논설로 인식하지 않았고 후학의 質正을 바랬던 사실을 들
었다.20) 주석가로서 주자가 견지했던 경전인식 태도를 따를 때 주자
의 학설을 비판하는 일은 후학의 당연한 도리라고 생각했다. 따라서
주자가 미처 드러내지 못한 뜻과 남긴 의미에 대해서 자신의 견해를
밝히고, 앞선 현인들의 학설에 대해 동지들과 토론하는 것을 자연스러
운 일로 생각하였다.21)

이 점은『大學』장구에 대한 평가에서도 나타나고 있다.22) 그는『대
학』장구를 천하의 좋은 책이라고 하면서도 동시에 古本『대학』과 비
교해 볼 때 주자가 확정한『대학』순서에 문제가 있다고 보았다.23) 그

---

16)『숙종실록』권2, 원년 정월 乙丑 38책, 237쪽.

17)『白湖全書』(하) 권36,「雜著」'中庸朱子章句補錄', 경북대학교 출판부, 1974,
   1461~1462쪽.

18) 安秉杰,「17世紀 朝鮮朝 儒學의 經傳 解釋에 관한 硏究 - ≪中庸≫ 解釋을
   둘러싼 朱子學派와 反朱子的 解釋간의 葛藤을 중심으로」, 성균관대학교 박
   사학위논문, 1990 참조.

19)『白湖全書』(중) 권25,「雜著」'四端七情人心道心說 戊寅 春', 1040쪽.

20)『白湖全書』(하) 권36,「雜著」'讀書記 中庸 序', 1447쪽.

21)『白湖全書』(하) 권36,「雜著」'中庸朱子章句補錄', 1462쪽.

22) 정호훈,「朝鮮後期 새로운 經書解釋과 그 政治思想 - 尹鑴의 ≪大學≫ 解
   釋과 君主學을 중심으로」,『河炫綱敎授停年紀念論叢』, 혜안, 2000, 678~
   682쪽 참조.

23)『白湖全書』(하) 권37,「雜著」'大學全篇大旨按說', 1514쪽.

는『대학』장구를 주자 나름의 경전해석으로 간주할 뿐 반드시 존숭해야 할 대상으로 생각하지 않았다. 그에게 주자의 경해는『대학』을 이해하는 데 도움이 되는 한 명의 주석가의 견해일 뿐이었다. 윤휴가 주자를 주석가로 인식한 사실은 다음의 사례를 통해 확인할 수 있다. 그는 주자 이후 後儒들이『대학』장구에 대해 이견을 제시한 사실을 예시하였다. 宋代 董槐(?~1262)와 王栢(1197~1274), 明代 蔡淸과 方孝儒(1357~1402), 조선의 李彦迪(1491~1553) 등이 주자의『대학』설을 비판했던 사실을[24] 통해서 은연중에 주자학설을 상대적으로 인식하고자 했다. 이러한 관점에서 볼 때 주자는 무궁한 의리를 궁구했던 한 명의 주석가로서 주목될 뿐이었다. 주자가 확정한 경전해석은 반드시 믿고 따라야 할 정설은 아니었다. 자연히 후학에게는 이를 비판적으로 검토해야 할 책무가 있었다.

이 같은 윤휴의 주자인식은 화담학파로부터 받은 학문영향으로 상정해 볼 수 있다. 기왕의 연구에서 지적하고 있듯이 화담학파는 주자의 제 학설을 그대로 따르지 않았다.[25] 학파 내에서 주자학을 객관적으로 인식하고 비판할 수 있는 분위기가 조성되어 있었다. 이 점은 윤휴의 스승이었던 이민구의 부친인 이수광에게서 잘 나타나고 있다. 이수광은 주자가『중용』장구를 저술하는 과정에서 가졌던 회의의 태도를 후학으로서 반드시 본받아야 한다고 했다. 그는 회의를 갖고 선현의 경전해석을 접해야 하며, 이때 그 의미를 반복해서 상의해서 확정해야 한다고 보았다.[26] 그가 회의를 강조한 것은 자득을 이루기 위함

---

24) 위의 책, '大學全篇大旨按說', 1524쪽.
25) 裵宗鎬,『韓國儒學의 哲學的 展開』(상), 연세대학교 출판부, 1985 ; 李南永, 「徐敬德의 哲學思想」,『韓國哲學史』(중), 동명사, 1994 ; 李相益,『畿湖性理學研究』, 한울아카데미, 1998 ; 신병주,『남명학파와 화담학파 연구』, 일지사, 2000 ; 경북대 퇴계연구소·경상대 남명학 연구소 편,『퇴계학과 남명학』, 지식산업사, 2001 참조.
26)『芝峰集』권26,「題辭」'題蔡子履心法論後', 총간 66권, 280~281쪽.

이었다. 선현의 학설에 대해 자득을 이룰 때 해당 경전의 본지가 온전한 지식으로 남을 수 있었다. 그는 六經을 사례로 들어 이 같은 견해를 밝히고 있었다. 그는 학자로서 육경의 내용을 읽고 자득할 때 비로소 육경이 자신의 말이 된다고 하였다. 만일 그렇게 하지 못한다면 "經自經 我自我矣"가 될 뿐이라고 했다. 자득을 이루기 위해서 남의 견해를 얻어듣기만 해서는 안 된다고 보았다.27)

주자의 학문태도를 빌어 회의의 관점을 강조하기는 한백겸도 마찬가지였다. 그는 자신의 학문목표를 '주자를 배우는 것'이라고 밝혔다. 그런데 이때 배우고자 한 면모는 의문을 갖고 따져 보지 않는 것을 깊이 경계한 주자의 경전인식 태도였다.28) 실제로 한백겸은 회의의 태도를 학문활동 내내 견지했던 것으로 보인다. 이는 李植(1584~1674)이 작성한 『久菴遺稿』 서문에서 살펴볼 수 있다.

이식은 『구암유고』의 내용에 대해서 "각종 理氣관련 학설이나 象數之變과 制度之宜에 대한 견해가 여러 말들을 절충하거나, 앞선 학설에 구애됨이 없었다."고 평가하였다. 또한 그는 정·주자의 嫡傳일지라도 스승들과 서로 의견이 같지 않았던 만큼 後賢인 한백겸의 견해에 대해 포용적인 태도를 갖고 보아야 할 것이라고 당부하였다.29) 이식의 발언들을 종합해 보건대 한백겸의 제 학설 가운데에는 비판이 우려될 정도로 정·주자의 그것과 일치하지 않은 부분들이 많았다. 이 같은 결과가 초래되었던 것은 한백겸이 주자에게서 주목한 회의의 방법을 통해 주자의 학설을 비판적으로 검토했기 때문이었다.

이러한 화담학파의 학문전통을 전수 받았던 윤휴는 주자의 경해를 회의하고, 주요 경전에 대해서 자신의 학설을 마련할 수 있었다. 그리고 마침내 『논어』의 주자주석을 볼 필요 없다고 주장하게 되었다. 당

---

27) 『芝峰集』 권29, 「雜著」 '警語雜編', 총간 66권, 300~301쪽.
28) 『久菴遺稿』 「啓蒙撰蓍辨」, 총간 59권, 171쪽.
29) 『久菴遺稿』, 「久菴遺稿序」, 총간 59권, 157쪽.

시 경연자리에 동석했던 金錫胄(1634~1684)는 윤휴의 주장에 즉각
반발하였다. 그 이유는 金萬重(1637~1692)이 밝힌 바와 같이 주자는
후세 사람이 존숭해 마지않는 분이기 때문이었다.[30] 김만중은 오류가
많아서 믿을 수 없는 李滉(1501~1570) 등 조선 선유들의 학설과 달
리 주자의 것은 실수를 찾을 수 없이 완벽하다고 보았다.[31] 이러한 서
인측 입장에서 볼 때 윤휴의 주장은 도저히 용납할 수 없었다. 무오류
의 성현으로서 존숭받아 마땅한 주자와 그의 주석에 대해서 윤휴가
"과거 보기 위해 참고할 뿐 강독할 필요 없다."고 한 발언은[32] 사문난
적에 해당되는 행위였다.[33] 이에 비해 윤휴의 견해에 적극 찬성한 이
하진의 태도는 평소 윤휴와 동일한 경학관 내지는 주자인식을 갖고
있었음을 의미하였다. 그리고 이는 후술하겠지만 이익이 사숙을 통해
서 전수 받았을 학문내용이기도 했다.

그런데 이 같은 주자인식은 이수광의 외증손으로서 이익의 수학과
정에서 직접 가르침을 주었던 李萬敷(1664~1732)에게서도 나타나고
있다.[34] 이익은 이만부를 직접 방문하여 함께 토론하는 과정에서 많
은 가르침을 받았다.[35] 양자간에 학문수수 관계가 형성될 수 있었던

---

30) 『白湖全書』(하) 「附錄 二」'行狀(상)', 1970쪽 ; 『白湖全書』(하) 「附錄 五」
'年譜', 2149쪽.

31) 『宋子大全』Ⅷ, 권17 「附錄」'語錄' 四, 총간 115권, 547쪽.

32) 『白湖全書』(하) 「附錄 二」'行狀(상)', 1970쪽 ; 『白湖全書』(하) 「附錄 五」
'年譜', 2149쪽.

33) 『宋子大全』Ⅳ, 권91 「書」'答李汝九 甲子 六月 一日 別紙', 총간 111권, 205
쪽 ; 『宋子大全』Ⅲ, 권59 「書」'與閔大受 丙辰 正月 別紙' 총간 110권, 109
쪽.

34) 이만부는 퇴계문하의 金誠一(1538~1593)계였던 李玄逸(1627~1704)과 퇴
계의 사숙 학맥으로서 丁時翰(1625~1707)에게서 학문을 수수 받았다(劉明
鍾, 『朝鮮後期 性理學』, 이문출판사, 1985, 259쪽 ; 금장태, 「조선후기 퇴계
학파 철학사상의 전개」, 『퇴계학과 남명학』, 지식산업사, 2001, 317쪽 참조).

35) 『星湖全集』Ⅱ, 권51 「序」'送息山李處士序', 총간 199권, 436쪽 ; 『星湖全集』
Ⅱ, 권51 「序」'送洪古阜之任序', 총간 199권, 441쪽 ; 『息山集』Ⅰ, 권12 「雜
著」'鶴城問答', 총간 178권, 275쪽 ; 『息山集』Ⅰ, 권8 「書」'答李子新 灒號星

것은 앞서 살펴 본바와 같이 이수광을 매개로 한 양가의 오래된 교분 때문이었다. 더욱이 이만부의 부친인 李沃(1641~1698)은 윤휴·이하진과 함께 숙종대 청남계로서 활동하기도 했다.36) 이옥과 이하진의 관계는 자연스럽게 2세들에게로까지 이어졌다. 이만부와 이잠·이서는 상호 교우관계를 맺고 경전의 본지를 강구하여 밝히는 등 활발한 학문 교류를 가졌다.37) 그 과정에서 이익은 이만부에게 수학할 수 있었다.

이만부가 이익에게 전수한 내용으로 자득을 들 수 있다. 이익은 편지를 통해 자신이 특정한 사승관계를 형성하지 못한 점과 이로 인해 師友간의 이익이 없을 것을 걱정하였다. 이에 이만부는 사우관계에 연연하기보다는 독서를 통해 자신의 마음속에서 깨달음을 얻는 것이 무엇보다 중요하다고 충고하였다. 그리고 경전의 내용을 기억하여 외우기보다는 자득할 것을 권고하였다.38) 그가 볼 때 사우간의 보충하여 도와주는 것만으로는 자득을 이룰 수 없기 때문이었다.

자득을 강조하는 면모는 주자의 학설을 굳게 지키는 태도를 비판하는 그의 언설을 통해서도 확인할 수 있다. 그는 당대 학자들이 종신토록 주자의 학설만을 암송하고 그 뜻을 얻지 못할 것을 두려워하는 태도를 잘못된 것이라고 지적하였다.39) 이 같은 해로운 풍습이 조장된 원인으로 주자장구를 들었다. 그는 주자의 경전해석이 일반화되면서 학자들 사이에서 주자의 학설만을 좇아 기억하여 외우는 분위기가 조

湖', 총간 178권, 194쪽.

36)『숙종실록』권2, 원년 정월 乙丑 38책, 231쪽 ;『숙종실록』권4, 원년 4월 辛酉, 38책, 267쪽 ;『숙종실록』권4, 원년 6월 辛酉 38책, 288쪽.

37)『息山集』Ⅰ, 권22「行狀」'先府君家狀', 총간 178권, 456쪽 ;『息山集』Ⅰ, 권21「丘墓文」'李仲淵墓碣銘 幷序', 총간 178권, 454쪽 ;『息山集』Ⅰ, 권12「雜著」'中原講義', 총간 178권, 270~271쪽 ;『星湖全集』Ⅲ, 권66「行狀」'息山李先生行狀', 총간 200권, 127~128쪽.

38)『息山集』Ⅰ, 권12「雜著」'鶴城問答', 총간 178권, 275쪽.

39)『息山集』Ⅰ, 권12「雜著」'中原講義', 총간 178권, 270쪽.

성되었다.40) 주자의 집주와 장구는 본지에 이르는 路脈에 불과하였다.
따라서 그는 주자의 경전해석을 맹목적으로 따르기만 하면 집안에 이
르지 못할 것이라고 경고하였다. 그리고 사서집주와 장구라 할지라도
항상 質問之目을 편지에 적어 보내어 해석이 의심스러운 부분에 대해
서는 의혹을 분변해야 한다고 했다.41)

이만부는 자득을 위해서라면 정·주자의 훌륭한 교훈일 지라도 항
상 의문을 갖고 궁구해야 한다고 생각하였다.42) 그는 讀聖賢書할 때
반드시 '의심을 두어야[致疑]' 한다고 했다.43) 그렇게 할 때만이 보다
손쉽게 해당 경전의 뜻을 이해할 수 있으며, 더 나아가서 스스로 새로
운 의견을 제시할 수 있었다.44) 즉 정·주자의 說話에 대해서 서로 證
援하여 발휘하게 되면 아무런 맛이 없는 곳에서 그 맛을 알 수 있으
며, 의심이 없는 곳에서 의심함을 얻을 수 있게 될 것으로 기대하였
다.45) 실제로 이만부는 이러한 내용을 이익에게 직접 전수해 주었던
것으로 보인다. 이익에게 궁경과정에서 자득을 이룰 수 있는 방법을
구체적으로 제시해 주면서 거듭 "선현의 주해만을 신뢰하여 어지럽게
암송하게 되면 그 뜻이 서로 가리게 될 것이다."라고 했다. 그는 무엇

---

40) 『息山集』 I, 권12 「雜著」 '露陰山房續錄', 총간 178권, 283~284쪽.
41) 『息山集』 I, 권17 「序」 '四書講目序', 총간 178권, 382쪽. '獨得之見'을 강조
   하는 이만부의 이 같은 학문태도는 주자의 경설에 반하는 경전해석으로 이
   어졌다(이영호, 「朝鮮後期 朱子學的 經學의 變貌樣相에 대한 一考察 - 滄
   溪 林泳과 息山 李萬敷의 ≪大學≫ 해석과 異端觀을 중심으로」, 『漢文敎育
   硏究』 17, 2001, 342쪽 참조).
42) 이만부는 이러한 자신의 견해를 뒷받침하는 근거로 주자가 선학의 경해를
   비판했던 사실에 주목하였다. 즉 주자가 程子를 지극히 존모했지만 경전해
   석에 있어서 만큼은 정자의 학설을 수용하지 않은 사례가 많았다(『息山集』
   I, 권10 「書」 '答李致和國春', 총간 178권, 243쪽).
43) 『淸臺全集』(상) 「淸臺先生文集」 卷15 '觀書錄', 여강출판사 영인본, 1989,
   293~294쪽.
44) 『息山集』 I, 권10 「書」 '答李致和 國春', 총간 178권, 243쪽.
45) 『息山集』 I, 권9 「書」 '答河淵淵', 총간 178권, 221쪽.

보다 經文에 마음을 모아서 스스로 구별할 것을 당부하였다.[46]

유년시절 이래로 청년기에 이르기까지 이익은 가학의 전통 속에서 학문하는 기본자세를 확립할 수 있었다. 이하진과 이잠, 이서 등 지친을 통해서 전수받은 북인계 학문전통은 이익에게 회의와 자득의 중요성을 일깨워주었다. 그는 이러한 학문방법을 토대로 하여 뚜렷한 사승관계를 형성하지 않은 채 학통상 선학들의 학문을 사숙함으로써 일가를 이룰 수 있었다. 즉 사제간 혹은 선후배간의 긴밀한 학문적 유대를 맺기보다는 본인의 자유로운 의지에 따라 경전들을 궁구함으로써 독자적인 학문과 사상체계를 확립해 나아갔다.

2) 淸南의 등장과 성호 가문과의 관계

성호학파의 형성배경을 검토할 때 반드시 살펴보아야 할 사안으로 정치적 배경을 들 수 있다. 대체로 조선시대 학파들은 사림세력의 분열로 야기된 東西分黨(1575, 선조 8)을 계기로 각각의 정파를 구성하는 모집단으로의 역할을 수행하였다.[47] 주요 학파의 구성원들은 학맥과 지연, 정치성향에 따라서 정파를 구성하거나 혹은 특정한 정파에 소속되었다. 그렇게 해서 정파에 참여하게 된 학파 구성원들은 자파의 정치적 입지를 유지·확대해 나아가는 데 필요한 각종 이념과 논리를 제공하였다. 그들은 이를 계기로 자신들의 사회·경제적 이해관계, 정치지향을 실현할 수 있는 현실의 기반을 확보할 수 있었다.

양난 이후 학파와 정파의 관계는 더욱 긴밀하게 유지되었다. 당시

---

46) 『星湖全集』 I, 권9 「書」 '上息山', 총간 199권, 202쪽.
47) 대체로 동인은 이황의 퇴계학파를, 서인은 李珥(1536~1584)의 율곡학파를 중심으로 형성되었다. 한편 己丑獄事(1589, 선조 22)를 계기로 동인은 경상우도에 근거한 퇴계문인들이 남인으로, 경상좌도에 근거하였던 曺植(1501~1572)의 문인들이 북인으로 각각 분화되었다(李建昌, 『黨議通略』, 조선광문회, 1912 ; 姜周鎭, 『李朝黨爭史研究』, 서울대학교 출판부, 1971 참조).

사대부 지식인에게 부여된 학문과제는 내재적 발전과정에서 초래되었던 중세사회 제 모순에 대처할 방안을 모색하는 것이었다. 17세기 이래 조선의 정파들은 국가적 차원에서 사회의 질적 변화에 대처해야했던 만큼 어느 시기보다 더욱 학파의 학문적·사상적 지원이 절실하였다. 즉 재조방략을 마련해 나아가는 과정에서 이에 필요한 각종 논리와 이념을 제공해 줄 수 있는 학자 혹은 학문집단과의 연계가 요청되었다.[48]

여주 이씨 일문은 숙종대 이래 淸南에 소속되어 활동하였다. 숙종대 초반 이래 이하진과 이잠, 경종대 이후에는 李重煥(1690~1752)과 李孟休(1713~1751), 李家煥(1742~1801) 등이 청남계로서 중앙정계에서 활동하였다. 이익은 비록 출사하지 못했지만 영조대 吳光運(1689~1745), 姜樸(1690~1742),[49] 蔡濟恭(1720~1799) 등 주요한 청남계 인사들과의 교유 혹은 사제관계를 맺고 있었다. 이러한 점을 고려할 때 성호학파의 형성배경으로 청남계를 중심으로 한 정치사의 추이를 검토해 보아야 할 것이다.[50]

청남계는 숙종대 초반 정국운영의 주도권을 장악하게 된 남인계의 분기로부터 등장하였다. 甲寅禮訟(1674, 현종 15) 이후 집권을 통해 자파의 정책목표를 실현할 단계에 이르자 대서인 대응방식과 宮禁세력과의 연계문제를 둘러싸고 청남과 濁南으로 분기되었다.[51] 당시 이

48) 이 시기 대표적인 사례로 송시열과 서인·노론계, 북인계 남인과 허목·윤휴·유형원 등의 관계를 들 수 있다. 전자는 주자학 이념을 토대로 지주적 입장을 대변하는 개량적인 재조방략을, 후자는 토지개혁을 통한 개혁적인 재조방략을 모색하였다(金駿錫, 앞의 책 ; 鄭豪薰, 앞의 논문, 2001 참조).
49) 이익과 강박의 관계는 家禮문제와 관련된 의견을 상호 교환한 사실을 통해 그 일단을 살필 수 있다(『星湖全集』 I, 권15 「書」 '答姜子淳 樸', 총간 198권, 323쪽).
50) 이익의 청남에 대한 인식은 申恒秀, 앞의 논문, 161~165쪽 참조.
51) 李建昌, 앞의 책, 28~29쪽 ; 李樹建, 『嶺南學派의 形成과 展開』, 일조각, 1995, 409쪽 ; 고영진, 「17세기 후반 근기남인학자의 사상 - 윤휴·허목·허

하진은 허목의 倚重을 받았다는 후대의 평가를 받을 만큼 청남의 핵심인사로 활동하였다.[52] 그는 당대 노론의 영수였던 宋時烈(1607~1689)을 "名爲學者 而或有內不善者"라고 하여 그 인물됨을 공공연히 비판하였다. 그리고 송시열을 정계에서 축출하는 데 정치역량을 발휘하였다.[53] 이하진은 청남계로서 반서인·노론적인 정치성향을 견지해 나아갔다. 이익은 이러한 부친의 정치활동을 '淸議를 힘써 부양했다'고 총평하였다.[54]

이익이 규정한 청의는 일단 이하진의 정계활동 가운데 나타났던 정치지향과 관련된 내용일 것이다. 보다 구체적인 내용은 부친과 친교가 확인된 청남계 정론가들이 제시한 정치론을 통해서 간접적으로 확인해 볼 수 있다. 당시 청남계는 정치적으로 송시열과 노론계에서 주창한 臣權중심의 世道政治論에 대응하기 위한 방안을 모색하였다. 허목은 육경에 근거한 예법주의에 입각하여 尊君卑臣論을 제기하였다.[55] 윤휴 역시 孝治論과 法後王論에 근거하여 신료 내부의 분열과 대립을 해소하고 국가권력의 강화를 도모하고자 했다.[56] 숙종대 초반정국 속에서 이하진은 청남계로서 이들과 같은 정치성향을 갖고 정계에서 활동하였다. 이러한 면모는 이잠에게서보다 구체적으로 확인할 수 있다.

1706년(숙종 32) 이잠은 청남계를 대표하여 장희빈을 사사시킨 일

적을 중심으로」, 『조선시대 사상사를 어떻게 볼 것인가』, 풀빛, 1999, 297~298쪽.
52) 『藥山漫稿』II, 권15「序」'六寓堂集序', 총간 211권, 52쪽 ;『星湖全集』III, 권66「行狀」'先考司憲府大司憲府君行狀', 총간 200권, 152쪽.
53) 『숙종실록』권4, 원년 4월 辛酉 38책, 267쪽.
54) 『星湖全集』III, 「附錄」'家狀', 총간 200권, 178쪽.
55) 金駿錫,「許穆의 反北伐論과 農民保護對策」,『島巖柳豊淵博士華甲紀念論文集』, 1991 참조.
56) 鄭豪薰,「尹鑴의 經學思想과 政治社會 改革論」, 연세대학교 석사학위논문, 1993 참조.

을 告廟해야 한다고 주장했던 金春澤(1670~1717)을 제거하지 않으면 종사가 위태롭다는 요지의 상소를 올렸다. 그 내용 중에는 이잠이 부친 이하진의 정치성향을 계승하여 발휘하고자 했던 청의의 일면이 반영되어 있었다. 그는 상소문의 서두에서 송시열이 경종을 세자로 책봉하고자 할 때 '春秋立長之義'를 거론하면서도 세자책봉을 미룬 태도를 비판하였다. 본론에서는 김춘택의 농간을 名義를 세워 극복해야 한다고 했다. 이때 명의란 군주는 綱으로, 신하는 紀로 대변되는 군신관계에서 '위에서 아래를 제어하되 아래에서는 감히 위를 업신여기지 못한다'는 것이었다.57) 이잠은 명의의 원칙에 따라서 군주가 經常과 權宜를 통해 정국운영의 주도권을 장악하고, 세자를 보호해 줄 것으로 기대했다.

당시 송시열을 비롯한 노론 당인들은 주자학적 명분의리론과 閔妃에 대한 의리를 절대화시켜서 고수해야 한다는 '守法'論을 주장하였다. 그들은 이것을 왕권보다도 우위에 놓고 있었다. 따라서 그들의 주장은 신권중심 정치론의 표출이라고 볼 수 있다.58) 반면 이잠은 상소문에서 君弱臣强의 문제를 거론하였다. 당시 조정의 신하들은 걸핏하면 聯狀을 올려 군주의 허물만을 거론하면서도 세자를 모해하려는 김춘택의 죄에 대해서는 아무 말도 하지 못했다는 것이다. 이러한 난맥상을 타개할 주체는 다름 아닌 위엄을 갖춘 군주였다.59) 이잠은 자파의 정치적 입지와 직결된 세자보호 문제를 군주권 강화와 결부시킴으로써 신권중심의 서인·노론 정치론이 정국운영에 반영되는 것을 저

---

57) 『숙종실록』 권44, 32년 9월 壬申 40책, 228~229쪽.

58) 이에 대해서 南九萬(1629~1711)으로 대표되는 소론 黨人들은 민비에 대한 신하로서의 의리는 인정하지만 세자 보호를 위하여 '以權濟經'할 것을 주장하는 經權論을 전개하였다. 세자 보호문제는 국왕권의 강화와 직결되는 문제였다(김용흠, 「朝鮮後期 肅宗代 老·少論 對立의 理論 - 甲戌換局 직후를 중심으로」, 『河炫綱敎授定年紀念論叢』, 혜안, 2000, 652쪽).

59) 『숙종실록』 권44, 32년 9월 壬申 40책, 228~229쪽.

지하기 위해 정치적 소신을 강력하게 주장하였다. 김춘택을 필두로 한 노론 당인들을 "假明大義討大逆爲杷炳", "亂名義之實"이라고 하면서, 이들의 일련 행동은 결국 '春宮에게 칼날을 들이대는 짓'이라는 표현까지 사용하였다. 더 나아가 김춘택을 죽이고, 李頤命(1658~1722)을 먼 곳에 귀양보내지 않는다면 국가가 멸망하게 될 것이라고 하였다.[60] 본인이 갖고 있었던 반노론의 정치성향을 숨김없이 피력하였다.

이 같은 성호 가문의 견지했던 정치지향은 이잠의 杖殺 이후 일련의 정국 변동과정에서 끊임없이 서인·노론의 공격 대상이 되었다. 대표적인 사례를 들면 다음과 같다. 우선 영조 원년(1725) 경종대 추증되었던 이잠의 관직이 掌令 李彙晉 상소로 삭탈되었다.[61] 또한 병조정랑을 역임했던 이중환은 睦虎龍 사건에 연루되어 국문을 당하고 섬에 유배되었다. 그는 특별한 혐의가 없음에도 불구하고 이잠의 족손으로서 辛壬獄事(1721~1722)에 직접 관여된 목호룡과의 친연관계로 인해 중앙정계에서 축출되었다.[62] 이익은 직접 공세를 받지 않았지만 자발적으로 벼슬을 포기한 경우에 해당된다. 丁未換局(1727, 영조 3)을 전후한 어느 시점에 천거를 통해 繕工監 假監役(종9품)으로 정계 진출할 수 있는 기회를 맞이하였다.[63] 그러나 스스로 고사함으로써

---

60) 김용흠, 「肅宗代 後半의 政治 爭點과 少論의 內紛 - '己巳義理'와 관련하여」, 『東方學志』 111, 2001, 114쪽.
61) 『景宗實錄』 권11, 3년 2월 庚午 41책, 281쪽 ; 『英祖實錄』 권4, 원년 3월 乙巳 41책, 483쪽.
62) 『경종수정실록』 권4, 3년 6월 戊午 41책, 395쪽 ; 『영조실록』 권3, 원년 2월 甲申 41책, 472쪽 ; 『영조실록』 권5, 원년 4월 甲戌·丁亥 41책, 496·506쪽 ; 『영조실록』 권10, 2년 12월 丁丑 41책, 614쪽.
63) 『星湖全集』 III, 「附錄」 권1, '家狀', 총간 200권, 178쪽. 조선 후기 산림으로 천거를 통해 입사시 초직으로 임명되는 품계로서 2/3가 9품으로 가장 많다. 이렇게 볼 때 피천자가 종6품 이상의 관직에 임명될 수 있는 가능성은 문과급제의 8배 이상이었다 할 수 있었다. 따라서 피천자들은 초직에 임명되는 데 있어서 문과급제자나 문음출신자보다 유리한 위치에 있었다(鄭求先, 『朝鮮時代 薦擧制度研究』, 초록배, 1995, 189·320~321쪽).

世路에 적극적으로 대응하지 않았다. 평소 그가 갖고 있었던 出仕의 의지를 감안할 때[64] 이 같은 결정은 정계 진출시 예상되는 노론의 정치적 공세를 우려하여 내려진 것으로 보인다.

실제로 과거를 통해 입사했던 이익의 외아들 이맹휴는 관료생활 내내 이잠의 조카라는 혐의를 빌미로한 노론의 공세에 순탄치 못한 벼슬길을 걸어야만 했다.[65] 종손인 이가환 역시 채제공의 정치적 후원과 정조의 총애에도 불구하고 이잠의 흉손이라는 혐의로 노론의 정치공세에 시달려야 했다.[66] 결국 천주교 신봉을 빌미로 탄핵을 받아 辛酉迫害(1801, 순조 1) 때 처형당하고 말았다. 이처럼 성호 가문이 지향했던 반노론의 정치성향은 청남계의 정치적 부침에 따라 상대방의 공격 대상이 되었다. 이는 그만큼 청남계 내에서 차지했던 성호 가문의 위상을 반영하는 것이기도 했다.

이러한 점 때문에 성호 가문과 청남계와의 관계는 노론의 정치적 압박에도 불구하고 영조대 이후로도 꾸준히 지속되었다. 대표적인 사례로 이익과 당대 청남계를 대표했던 오광운의 관계를 들 수 있다. 양

---

64) 이익은 이잠 사건의 충격으로 科擧에 응시하지 않고 은거했지만 그렇다고 해서 사환의지를 완전히 포기했던 것은 아니었다. 그는 궁벽한 시골구석에 있지만 이미 周公・孔尼의 도를 갖추고 있는 자신을 등용할 자가 있을 것으로 기대하였다(『星湖全集』Ⅱ, 권46「雜著」'論更張', 총간 199권, 345~346쪽). 오히려 仲兄의 죽음을 계기로 더욱 세상을 구할 마음을 두었다(『金澤榮全集』伍, 「韓史綮」, 아세아문화사 영인본, 1978, 229쪽). 이 밖에도 이익은 張顯光(1554~1637)의 출처관에 대한 평가를 통해 출사에 대한 의지를 간접적으로 밝히기도 하였다(『星湖僿說』(상) 권9, 「人事門」'出處之義', 경희출판사 영인본, 1967, 295쪽).

65) 『星湖全集』Ⅲ, 권66「行狀」'亡子正郎行錄', 총간 200권, 159쪽 ;『영조실록』권56, 18년 9월 丙寅 43책, 68~69쪽 ;『영조실록』권58, 19년 9월 戊申 43책, 105쪽.

66) 『正祖實錄』권35, 16년 9월 丙辰・辛酉 46책, 338~339쪽 ;『정조실록』권36, 16년 11월 辛丑 46책, 352쪽 ;『정조실록』권37, 17년 정월 癸亥 46책, 395쪽 ;『純祖實錄』권2, 원년 2월 乙卯 47책, 364쪽 ;『순조실록』권2, 원년 10월 庚午 47책, 410쪽.

자는 일찍이 이잠의 문하에서 동문수학한 경험을 갖고 있었다. 오광운은 7~8세 무렵 이잠으로부터 학문을 사사 받았다.[67] 이잠 문하에서 수학할 수 있었던 것은 누대에 걸친 가문간의 종유관계에서 비롯되었다. 오광운의 從曾祖父인 吳挺緯(1616~1692)·吳挺昌(1634~1680)과 從祖父인 吳始壽(1632~1682) 등은 청남계로 활동하였다.[68] 당시 이하진은 여러 오씨들과 함께 청남계 일원으로 활동하였다.[69] 양가의 긴밀했던 유대관계는 이잠과 吳始復(1637~?) 딸의 혼인으로 이어졌다.[70] 이러한 가문간 대대로 이어온 교분은 오광운과 이익간 학문적 교유관계를 맺게 했던 직접적인 계기로 작용하였다.

양자 관계는 장성해서까지도 유지되었다. 이 점은 이익이 부친과 중형의 문집 간행시 서문 작성을 모두 오광운에게 부탁했던 사실을 통해서도 알 수 있다.[71] 이하진과 이잠은 사후에도 노론들의 변척을 받았던 인물들이었다. 당시 오광운의 정치적 입지를 고려할 때 서문작성을 흔쾌히 수락할 수만은 없었을 것이다. 그럼에도 불구하고 이익의 청을 받아들였던 사실은 양자간 교제의 친밀도를 짐작해 볼 수 있는 사례이다.

더욱이 오광운은 『六寓堂集』 서문에서 이하진을 허목의 의중을 받았던 인물로 평가함으로써 청남계 내 성호 가문의 정치적 위상을 부각시켰다.[72] 이는 양자의 종유관계가 학문적 유대를 기반으로 하면서

---

67) 『藥山漫稿』Ⅱ, 권15 「序」·'剡溪遺稿序', 총간 211권, 47쪽.
68) 오정위와 오정창, 오시수 등은 북인계 남인으로 활동하였던 吳億齡(1552~1618)의 손자와 종손, 종증손이었다(『朝鮮黨爭關係資料集』16, 「南譜」, 여강출판사 영인본, 1987, 603~607쪽 ; 鄭豪薰, 앞의 논문, 2001, 65쪽).
69) 『숙종실록』 권3, 원년 4월 壬辰·戊申, 38책, 264·266쪽 ; 『숙종실록』 권4, 원년 6월 辛酉 38책, 287쪽.
70) 『藥山漫稿』Ⅱ, 권15 「南譜」, 135쪽 ; 『息山集』Ⅰ, 권21 「丘墓文」·'李仲淵墓碣銘 幷序', 454쪽.
71) 『藥山漫稿』Ⅱ, 권15 '剡溪遺稿序'·'六寓堂集序', 총간 211권, 47·52쪽.
72) 『藥山漫稿』Ⅱ, 권15 '六寓堂集序', 총간 211권, 52쪽.

도 일정한 정치적 이해관계 속에서 유지되었음을 의미하는 것이다. 이 점은 다음의 사실을 통해서도 확인할 수 있다. 이익은 오광운에게 보낸 편지에서 자신과 가문이 청론을 고수하다가 겪은 현실의 고초를 솔직히 기술하였다.[73] 비록 사적인 내용이지만 청남계 내 성호 가문이 차지하는 비중과 당시 양자의 학문적·정치적 위상을 고려할 때 청론이 중심 화두였다는 사실은 둘 사이를 긴밀하게 만든 요인이 무엇인지를 짐작케 하는 대목이다.[74]

여기서 주목되는 점은 이들이 공감했던 청론의 내용이었다. 이는 이익과 오광운이 제시한 정치론에서 그 일면을 살펴볼 수 있다. 성년 이후 이들의 현실참여 방식은 각자의 처지에 따라 달랐지만[75] 기본적으로 동일한 정파출신이라는 점에서 몇 가지 공통된 현실인식을 갖고 있었다. 특히 영조대 초반 탕평정국을 평가하고 그 대안을 제시하는 데에서 상당한 의견 접근을 이루고 있었다.

오광운은 戊申亂(1728, 영조 4) 직후 진압의 공을 인정받아 영조의 신임을 받았다. 그리고 이를 배경으로 중앙정계에서 입지를 확고히 할 수 있었다.[76] 이때 올린 進言에서 그는 老少聯政體制 유지를 위해 少

---

73) 『星湖全集』Ⅰ, 권15 「書」, '答吳永伯光運 丙辰', 총간 198권, 322쪽.
74) 『星湖全集』Ⅰ, 권15 「書」 '答吳永伯', 총간 198권, 322~323쪽.
75) 이익은 본인이 직접 출사하여 현실 정치에 참여하는 것은 포기했지만 간접적인 방법을 통해 자신의 경륜을 실현해 보고자 하는 의지를 갖고 있었다. 이는 아들의 과거응시를 막지 않은 점과 문인 중 안정복의 출사를 적극 권장한 사실에서 확인할 수 있다. 그는 소속문인들 가운데 안정복을 仕學兼敦의 능력을 갖춘 인물로 평가하였다(『順菴集』Ⅱ, 권27 「行狀」 '順庵先生行狀', 총간 230권, 398~399쪽). 실제 안정복이 仕路에 진출했을 때 이익은 학자 관료로서 '尊主裨民'의 본분을 다하여 천하국가의 경영에 이바지 할 것을 권면하기도 했다(『星湖全集』Ⅰ, 권24 「書」 '答愼耳老 壬申', 총간 198권, 490쪽 ; 『星湖全集』Ⅰ, 권24 「書」 '答安百順 癸酉', 총간 198권, 494쪽). 이 같은 사실은 이익의 현실참여 방식을 이해하는 데 반드시 고려해야한 내용이다. 이와 관련하여 당대 이루어졌던 청남계 정론가들과의 지속적인 교유관계가 주목된다.

論이 제기하였던 '調劑保合'적인 탕평방식의[77] 문제점을 지적하였다. 현상유지 차원에서 세력균형에만 주력한 조제보합은 진정한 의미의 탕평이 아니라는 것이다. 그는 대안으로 각 당에서 名流로 지칭되는 自好者를 임용할 것을 주장하였다.[78] 이때 주목되는 점은 그가 상정한 군주의 역할이다. 오광운은 위엄과 權柄을 보유한 군주가 調劑主人으로서 군자소인을 엄격히 구별하여 군자를 서용함으로써 建極을 이룰 것을 거듭 촉구하였다.[79] 그가 소론의 탕평방식에 대안으로 제시한 정치론의 핵심은 자호자를 판별할 수 있는 객관적 통치기준의 확립과 이를 운영해 나아갈 군주권 강화였다.

이익 역시 조제보합·雙擧互對를 표방하면서도 당리당략에 얽매여 종국에는 탕평당으로 변모된[80] 소론 탕평방안의 문제점을 지적하였다. 그는 각 당파 내에 군자소인이 혼재되어 있는 상황에서 세력 균형을 위해 노소보합적 調用에만 집착하는 방식으로는 탕평의 취지를 살리기 어렵다고 보았다. 이에 붕당을 제거하고 탕평을 실현시킬 방안으로 立法을 上策으로 삼아야 한다고 했다. 법이 조정에서 확립되면 아래에서 전개되는 당쟁의 풍속을 바꿀 수 있다고 보았다.[81] 그는 '法出於國'의 원칙에 따라서 입법의 주체로 군주를 상정하였다. 모든 명령

76)『영조실록』권62, 21년 7월 辛卯 43책, 188쪽 ;『영조실록』권35, 9년 7월 庚辰 42책, 362쪽 ;『영조실록』권21, 5년 정월 병인 42책, 101쪽·3월 甲寅 42책, 112쪽 ;『영조실록』권21, 5년 3월 乙卯 42책, 112쪽 ;『영조실록』권34, 9년 5월 辛丑 42책, 353쪽 ;『영조실록』권45, 13년 9월 壬寅 42책, 569쪽.
77) 鄭萬祚,「英祖代 初半의 蕩平策과 蕩平派의 活動」,『震檀學報』56, 1983 ; 鄭萬祚,「英祖代 中半의 政局과 蕩平策의 再定立」,『歷史學報』111, 1986 참조.
78)『藥山漫稿』I, 권6「雜著」'嶺南按覈使回論事疏 己酉 三月', 총간 210권, 439쪽.
79)『영조실록』권52, 16년 7월 己丑 42책, 674쪽.
80)『黨議通略』, 81~85쪽 ;『영조실록』권12, 3년 8월 壬辰 41책, 653쪽 ;『영조실록』권27, 6년 9월 乙亥 42책, 224쪽.
81)『星湖僿說』(상) 권9,「人事門」'朋黨', 308~309쪽.

은 군주로부터 나오며, 국정운영에 필요한 실무는 신료들에게 분속되어야 한다고 했다.[82] 이익은 이러한 위상을 갖춘 군주가 붕당제거의 강한 의지를 갖고 있으면서도 오히려 당쟁을 격화시키는 것을 요령부득한 것으로 보았다. 탕평을 실현하기 위해서 상벌·생살의 권한을 보유한 군주가 權度에 입각하여 군자소인을 엄밀히 구분할 것을 제안하였다.[83] 양자 모두 소론 탕평방식의 문제점을 거론하면서 그 대안으로 군주권 강화와 自作義理가 아닌 객관적 통치기준의 확립을 통해 군자소인 혹은 자호자의 구분을 주장하였다.

이처럼 청남계는 숙종대 초반 등장 이래 영·정조대 이르도록 성호 가문과 밀접한 관계를 맺으면서 정치활동을 전개하였다. 한편 성호학파 역시 숙종대 후반 형성된 이래 청남계와 동일한 정치환경 속에서 학문활동을 벌였다. 이익은 비록 재야에 은거했지만 성호 가문과 청남계의 관계 속에서 자연스럽게 규정된 자신의 학문적·정치적 위상과 역할을 의식하지 않을 수 없었을 것이다. 그리고 이는 어떤 형태로든 자신의 학문관과 사상체계, 나아가서 성호문인들의 학문활동에 직·간접적으로 영향을 미쳤을 것으로 보여진다.

2. 학인들의 입문과 사생문우 관계

1) 입문과정과 그 학문적 계기

성호학파가 형성되기 시작한 시기는 대략 1711년(숙종 37)에서 1717년 사이로 추정된다. 1711년은 성호문인 중 가장 연장자였던 尹東奎(1695~1773)가 입문한 시점이었다. 그리고 이익의 명성을 듣고 각 지역으로부터 學士들이 문하에 모이기 시작한 시기가 모친상을 마

---

82) 『星湖僿說』(상) 권7, 「人事門」 '君逸臣勞', 218쪽.
83) 『星湖僿說』(상) 권7, 「人事門」 '朋黨', 308쪽.

친 1717년이었다.[84] 대체로 최초단계로부터 5~6년 사이에 학문집단 으로 체모를 갖추게 되었다. 이때 입문했던 학인은 문인, 시인, 方外之 類로 표현되었듯이[85] 다양한 학문성향을 지닌 인물이었던 것으로 보 인다.

이렇게 해서 형성된 성호학파는 『李子粹語』가 완성될 무렵(1753) 학문집단으로서의 면모를 완전히 갖추고 왕성한 학문활동을 전개하고 있었다. 이는 당시 상황을 묘사한 다음의 표현을 통해 확인할 수 있다. 이 시기 성호문인들은 윤동규와 李秉休(1711~1776)를 중심으로 강론 을 통해 인사를 절실히 권면했다고 한다. 이때 문인들은 강론과정에서 드러난 작은 차이점도 반복해서 논변하여 일정한 결론에 도달하였으 며, 그 결과 乾淳한 遺風이 조성되었다고 했다.[86] 이는 학파로서의 면 모가 이미 완숙해진 단계로 접어들었으며, 일정한 학문경향과 사상지 향이 나타나고 있었음을 의미하는 것이다. 또한 학파가 결성된 지 30 여 년의 세월을 경과하면서 직계제자들이 중심이 되어 운영될 정도로 안정된 체제를 갖추게 되었다. 이 같은 학파의 면모를 유지하기 위해 서는 성호학에 대한 문인들의 지속적인 관심과 이해가 전제되지 않고 서는 불가능했을 것이다.

그런데 그것은 통상적으로 조선시대 학파 구성의 주요 요소였던 성 리학설이나 경학관의 일치에서 기인하지 않고 있었다. 구성원들 상호 간에 합의된 철학체계를 공유하지 않았던 성호학파가 어떻게 학문집 단으로서의 면모를 유지할 수 있었는지에 대한 최초의 실마리는 아마 도 입문단계에서부터 찾아보아야 할 것이다. 이를 해명하기 위한 분석 대상으로 신후담과 안정복을 들 수 있다. 양자는 학파에 입문하기 이 전 이미 각자 일정한 학문체계를 확립하였다.[87] 이들이 입문하게 되

---

84) 『星湖全集』Ⅲ, 「附錄」 권1 '家狀', 총간 200권, 178쪽.
85) 『下廬集』 권4, 「書」 '答鄭希仁 丙戌 別紙', 총간 260권, 336쪽.
86) 『下廬集』 권16, 「行狀」 '順庵安先生行狀', 총간 260권, 519~620쪽.
87) 성호문하에 입문하기 이전의 신후담과 안정복의 학문활동은 崔東熙, 『西學

었던 데에는 자신들이 확립했던 학문체계를 보완하려는 의도가 크게 작용했을 것으로 보인다. 이들의 입문계기를 통해 학인들이 존숭했던 이익의 학문관의 구체적인 면모를 확인할 수 있다.

우선 안정복은 직계제자 가운데 비교적 늦은 나이인 35세에 문하에 들어왔다. 그는 경기도 安山의 星村에서 제자들을 모아 놓고 강론한다는 소문을 들으면서 관심을 갖게 되었다.[88] 그가 밝힌 입문의 계기는 '學未知方'이었다. 이익과의 첫 대면에서 40세가 다 되어 가는 나이에도 불구하고 학문의 방도를 모르기 때문에 방문하게 되었다고 그 경위를 밝히고 있다.[89] 이것이 단순한 겸양의 표현이 아니었음은 첫 面論시 양자 사이에 오간 문답 내용들을 통해 확인할 수 있다.

안정복은 이익에게 평소 의문을 품고 있었던 경학관련 사안뿐만 아니라 학문의 성취를 위해 필요한 자세와 공부방법에 대해서 질문하였다.[90] 그 중에서도 특별히 학문의 요지를 묻는 안정복의 질문과 이에 대한 이익의 답변이 주목된다. 그는 안정복에게 "학문의 요지는 자기 신상에 있을 뿐 다른 사람과는 관계가 없다."는 가르침을 주었다. 부족한 학문방법을 전수 받기 위해 星湖莊을 방문한 초면의 학자에게 이익은 학문 주체로서의 인식을 가질 것을 당부했다. 그리고 대면을 마치고 돌아가는 안정복에게 지식의 탐구에 힘쓸 것을 충고하였다.[91] 이익을 만나기 이전에 일정한 학문 수준에 도달해 있었던 안정복이었지만 주체적인 학문활동의 중요성과 끊임없는 지식탐구 노력을 강조한 가르침은 양자간 본격적으로 사제관계를 맺게 하는 주요한 계기로 작용했을 것이다.

에 대한 韓國實學의 反應』, 고려대학교 민족문화연구소, 1988 ; 姜世求, 『순암 안정복의 학문과 사상 연구』, 혜안, 1996 참조.

88) 『順菴集』Ⅱ, 권27 「行狀」, 총간 230권, 399쪽.

89) 『順菴集』Ⅱ, 권16 「函丈錄」, 총간 230권, 114쪽.

90) 『順菴集』Ⅱ, 권16 「函丈錄」, 116 · 119쪽.

91) 『順菴集』Ⅱ, 권16 「函丈錄」, 117 · 120쪽.

한편 신후담의 입문계기와[92] 관련하여 주목되는 점은 교육방식이었다. 이익과 처음 대면할 당시(1724) 그는 이미 다양한 학문편력을 거치면서 『易學啓蒙』등 주요 경전에 대한 자설을 확립한 상태였다. 경학분야에 대한 그의 학문관심은 입문 이후로도 지속되었으며, 스승과 많은 의견을 나누면서 해당 주제와 관련하여 적지 않은 저술을 남기고 있었다.[93] 비록 신후담의 입문 계기를 증언을 통해서 직접 파악할 수 없지만 성호문하에서 본인의 학문관심을 더욱 진작시켜 구체화했다는 사실은 스승의 교육방식과 관련하여 주목되는 점이다. 즉 자신의 학문관심을 잘 이끌어줄 수 있다고 파악된 교육방식이 입문의 직접적인 계기로 작용했을 가능성에 대해서 검토해 볼 필요가 있다.

이와 관련하여 주목되는 내용은 성호문하에서 학문활동을 전개할 당시 신후담의 학문태도에 대한 후배문인들의 평가가 주목된다. 평소 그는 헤아려 생각하며, 꼼꼼하게 내용을 살피고 그 의미를 헤아리는 자세를 견지했다고 하였다.[94] 신후담은 정미한 이치를 궁구해야 할 경학공부에 적합한 자세를 갖추고 있다. 그가 이러한 태도를 견지할 수 있었던 것은 개별 문인들이 보유한 재능과 소질을 파악하고, 이에 적합한 연구주제를 선정하여 궁구할 것을 권장했던 훈도의 결과로 추정해 볼 수 있다. 비슷한 사례로 이병휴를 들 수 있다.

이병휴는 신후담과 마찬가지로 경학분야에서 다수의 학문성과를

---

92) 신후담의 外祖 李瑞雨는 청남계로서 숙종대 정치활동을 전개하였다. 당시 이서우는 大北의 餘孽로 평가받았다(『숙종실록』 권4, 1년 6월 辛酉 38책, 287쪽 ; 『숙종실록』 권4, 1년 7월 丁酉 38책, 293쪽). 한편 신후담은 그의 외숙인 李穧이 戊申餘黨으로 몰려 物故를 당한 직후 이와 관련하여 문초를 받기도 하였다(『영조실록』 권61, 21년 11월 庚午 43책, 196쪽).

93) 신후담은 입문한 이래 스승의 권유에 따라서 『西學辨』을 지었으며, 『小學箚疑』(23세), 『周易象辭新編』·『大學解』(30세)를 필두로 『論語箚疑』, 『孟子箚疑』등 많은 저술들을 이익의 문하에서 남기고 있었다. 보다 상세한 내용은 崔東熙, 앞의 책, 1988, 59~67쪽 참조.

94) 『貞山雜著』 권5, 「祭愼進士耳老文」.

제출하였다. 그런 그가 해당분야에 관심을 갖게 되었던 것은 이익의 지도 때문이었다. 십대에 이익의 문하에서 수학하였던 그는 季父의 지도아래 연구주제를 확정하고, 평생 동안 궁구해 나아갔다.[95] 그렇게 되기까지는 평소 이병휴의 품성을 파악하고 이를 독려한 이익의 숨은 공이 있었다. 그가 볼 때 이병휴는 世用보다 경전을 궁구하며, 예설을 강론하는 데 재질이 있었다.[96] 따라서 이익은 이병휴에게 경학관련 공부를 적극 권장하였다. 그는 이런 스승의 가르침에 따라서 해당분야에 정진하였으며, 그 결과 이익의 예설을 집대성한 예서와 『心解』 등의 저술을 남길 수 있었다.

이익은 문인들의 학문진취를 위해 무엇보다 각 개인의 재능과 특장을 파악하는 데 힘썼다. 그리고 그는 가능하면 문인들 각자가 보유한 소질에 맞는 방향으로 지도하였다. 재능에 따른 특성교육을 시행한 셈이었다. 이러한 점에서 볼 때 경학분야에 재질을 보였던 이병휴에게 적용되었던 교육방식은 당연히 신후담에게도 그대로 적용되었을 것이다. 그 결과 성호문하에서도 신후담은 자신이 평소 갖고 있었던 경학에 대한 관심을 견지하면서 적지 않은 학문성과를 남길 수 있었다.

이익의 지도법은 간단 명료하였다. 글을 읽고 깨우치는 과정에서 거듭 스스로 사색하기를 당부하였다. 그 과정에서 스승은 제자들이 체득하지 못한 점에 대해서 몇 마디 말로써 알아듣도록 타일러 주는 것이다. 이러한 방법을 통해 학문진척의 효과를 본 문인들은 한결같이 "비록 각자 자득의 깊이는 달랐지만 성현의 가르침을 배워 대성할 수 있었다."라고 하였다.[97] 이익은 각각의 재능에 맞는 학문주제와 방법

---

95) 『貞山雜著』 권11, 「自序」 ; 『貞山雜著』 권7, 「祭從子晶煥文」.
96) 『貞山雜著』 권7, 「祭季父星湖先生文」, "秉休幼而魯鈍且失學 先生察其才不中世用 使之窮經講禮 爲儒者之學 諄諄善誘 或警而責之 或奬而進之 不容其不勉 故秉休得竭其力 根側於門墻間……".
97) 『星湖全集』III, 「附錄」 권1 '家狀', 총간 200권, 178・186쪽 ; 『昭南先生文集』 권13 「祭文」 '再祭星湖先生文'.

을 제시해 줌으로써 본인의 개성을 충분히 살려서 스스로 궁구할 수 있도록 인도해 주었다. 이때 스승의 역할은 제자들이 미처 해득하지 못한 내용을 깨달을 수 있도록 곁에서 도와주는 것이었다. 이러한 교육방법은 그 자체로 직계문인들에게 전수된 教學내용이기도 하였다. 안정복은 학인들의 학문수준을 동일한 잣대로 파악하기보다는 개인별 재능의 편차를 고려하여 가르침도 달라야 한다고 했다.98)

이 같은 지도법이 효과를 거두기 위해서는 무엇보다 자득을 이루려는 문인들의 학문노력이 전제되어야 했다. 즉 학문의 주체로서 인식을 갖고 있어야만 했다. 이 점은 만년제자였던 권철신의 사례에서 확인할 수 있다. 부친 權巖과 안정복의 교유를 인연으로 문하에 들어온 권철신은 이익으로부터 특정한 학설보다는 연구활동에 필요한 기본적인 소양에 대한 가르침을 받았다. 이익은 권철신의 뛰어난 학문 재질을 높이 평가하면서 그에게 학자로서 평생 견지해야 할 자세로서 자득을 하교하였다. 그리고 스스로 깨달은 내용이라면 굳이 스승의 언설에 의존할 필요가 없다고 하였다.99) 이제 갓 입문하려는 후학에게 師說에도 의지하지 말고 자득을 강구하라는 가르침을 내린 사실은 만년에 이르기까지 이익이 얼마나 자득을 중시했는지를 알게 해 주는 대목이다.100)

그런데 자득의 중요성은 이익이 학파형성 초기부터 문인들에게 강

---

98) 『順菴集』Ⅱ, 권11「雜著」'經書疑義', 총간 230권, 9쪽.
99) 『與猶堂全書』1,「詩文集」권15 '鹿庵權哲身墓誌銘', 324쪽 ;『星湖全集』Ⅱ, 권30「書」'答權旣明 庚辰', 총간 199권, 33쪽.
100) 이 같은 이익의 가르침은 이후 권철신의 학문활동에 지대한 영향을 미쳤던 것으로 추정된다. 그는 1766년 이후 1770년대 들어서 주자학 체계에 대한 비판적 검토와 서학·양명학을 대상으로 한 본격적인 학문활동을 전개하였다. 그 과정에서 안정복 등 선배 문인들로부터 선현의 학설에 대한 지나친 회의와 자득만을 추구한다는 우려를 살 만큼 독자적인 학설을 구축해 나아갔다 (徐鍾泰, 앞의 논문, 1995, 36~101쪽 ; 차기진, 앞의 책, 2002, 99~125쪽 참조).

조해 온 가르침이었다. 이 점은 윤동규의 학문태도에서 확인해 볼 수 있다. 그는 성호문인들 중 가장 연장자로서 평생토록 이익을 곁에서 모셨으며, 스승을 대신하여 문도를 지도했다.[101] 따라서 윤동규를 통해서 자득이 얼마나 오랫동안 일관되게 전수되었던 가르침인지를 가늠해 볼 수 있다. 당시 후배문인이 주목했던 윤동규의 학문태도는 경전의 본지를 강론할 때 항상 의문을 품고 스승에게 질문하며, 이해가 안 되는 어려운 부분은 반복해서 질문하여 자득을 이루는 것이었다. 또한 그는 자득한 내용을 찬술하여 학문성과로 제출하기보다는 오로지 실천하는 모습을 보여주었다.[102]

윤동규가 견지했던 회의와 자득, 적극적인 실천의 면모는 성호문인이라면 반드시 갖추어야 할 기본자세로서 이익이 평소에 강조해 온 가르침이었다. 이를 잘 계승한 윤동규는 후배문인들로부터 師表로서 존숭받았으며,[103] 그 역할을 훌륭히 수행한 것으로 보인다. 이병휴의 진술에 따르면 강론시 문인들은 난해하여 풀기 어려운 의문점이 있으면 반복하여 질문하였고, 구차하게 자신들의 견해를 굽히고 따르는 자세를 보이지 않았다고 했다.[104] 그 자신도 시시비비를 분명히 가리고, 의심스러운 곳은 반드시 의심함으로써 해당사안을 명백히 밝히고자 하였다.[105] 이로써 보건대 자득을 통해 학문주체로서 인식을 강조했던 이익의 가르침은 특성교육과 함께 학인들로 하여금 그의 문하에 출입하게 만든 주요한 요인이었다. 그리고 이는 후술하겠지만 학문활동을 전개하는 과정 내내 성호학파에서 공유했던 학풍의 요소이기도 했다.

한편 이익의 문하에 출입하는 학자 가운데에는 청남계의 政論家들

---

101) 『順菴集』Ⅱ, 권26 「行狀」 '昭南先生尹公行狀 乙巳', 총간 230권, 324쪽.
102) 『貞山雜著』 권11, 「祭龍湖尹丈文」.
103) 『貞山雜著』 권11, 「自序」, "當時及門之士 如龍湖尹丈幼章氏 余所師表也".
104) 『貞山雜著』 권11, 「祭龍湖尹丈文」.
105) 『貞山雜著』 권5, 「書」 '又答尹丈書'.

이 있었다. 앞서 살펴보았듯이 숙종대 이래 성호 가문은 청남계에 소
속되어 해당 정파의 주요 인사들과 종유관계를 맺고 있었다. 그들 중
에 이익 및 문인들과 빈번히 접촉했던 인물로서 이미 거론한 오광운
과 강박,106) 채제공 그리고 李獻慶(1719~1791),107) 丁範祖(1723~
1801) 등을 들 수 있다.

그 중에서도 채제공은 이익으로부터 직접 친교를 받아 입문한 사례
로 볼 수 있다.108) 경기감사 재임시절 성호장을 방문하여 이익으로부
터 평생 자득한 내용들을 친수받았다.109) 그가 깊은 인상을 받았던 가
르침 중에는 경학관련 내용과 함께 학문방법에 대한 교시도 있었다.
그것은 언구의 말단에 얽매이지 말고 眞知·力行하라는 것이었다.110)
이는 관직에 몸담고 있었던 채제공에게 실질적으로 필요한 학문지침
이었다. 그에게도 재질과 상황을 고려한 특성교육이 베풀어졌다. 스승
으로부터 친수 받은 하교내용은 이후 그의 학문과 정치활동 과정에서
주요한 지침이 되었다.111) 그는 이익의 종손인 李森煥(1729~1813)의

---

106) 강박은 신후담, 오광운 등과 함께 梅花社를 결성하여 詩會를 여는 등 문학
    적으로 긴밀한 유대관계를 맺고 있었다(『菊圃集』 권6, 「詩」, '四月雨中携權
    士恢愼後聘耳老向北城', 여강출판사 영인본, 1991, 519쪽 ; 『菊圃集』 권11,
    「哀辭·跋·雜著」 '梅花辭'·'書愼耳老後聘正陽編後', 846~848·863~867
    쪽).

107) 이헌경은 윤동규와 안정복 등과 더불어 태극설을 주제로 한 논쟁을 벌이기
    도 하였다(『艮翁集』 권13 「書」 '寄安順菴書', 총간 234권, 284쪽). 또한 그는
    이가환과 문학적으로 긴밀한 관계를 유지해 나아갔다(鄭雨峰, 「李家煥의 文
    學論과 詩世界」, 고려대학교 석사학위논문, 1984, 7쪽 참조).

108) 그것이 가능했던 것은 가문간의 오래된 세교 때문이었다. 채제공의 종조부
    인 蔡彭胤(1669~1731)의 딸이 이맹휴와 통혼하였다(『星湖全集』 Ⅱ, 권56 「題
    跋」 '祭蔡參判希庵彭胤文', 총간 199권, 544쪽). 한편 채제공은 嗣子로 입양한 弘
    遠을 이가환과 같은 집안인 李謙煥의 딸과 혼인시켰다(『星湖全集』 Ⅱ, 권56
    「南譜」, 641쪽).

109) 『樊巖集』 Ⅱ, 권51 「墓碣銘」 '星湖李先生墓碣銘', 총간 236권, 444쪽.

110) 『星湖全集』 Ⅲ, 「附錄」 권1 '墓碣銘 幷序', 총간 200권, 193쪽.

111) 채제공은 우의정으로 재임했던 시절(1795) 정조에게 올린 箚子에서 군주성

의뢰를 받고 작성한 이익의 묘갈명에서 致知와 역행을 강조하였다.112) 비록 단 한 차례의 면대를 통해 이루어진 가르침이었지만 그것은 본인이 평생토록 기억하고 고수했던 교학내용이었다.

한편 정범조는 이익의 학문을 사숙한 사례로 볼 수 있다. 그는 이삼환과 종유하면서 그의 조부인 이잠을 산림의 중망을 받았던 인물로, 이익의 도학과 문장에 대해서 '近世宗師'라고 평가하였다.113) 이잠은 숙종대 名義를 진작하며 죽음으로써 청의를 고수한 사실로 인해 청남계 정론가들에게는 주요한 추숭의 대상이었다. 이잠과 더불어 이익이 거론된 점은 당시 청남계 인사들이 정치적 측면에서뿐만 아니라 학문적으로도 성호 가문에 대해서 큰 관심을 보이고 있었음을 반증한다. 더욱이 정범조가 이익을 종사라고 표현한 점은 평소 그가 이익의 학문에 깊은 관심을 갖고 사숙했음을 의미하는 것이다.114)

성호문인 가운데에는 채제공과 정범조와 같이 학문적 계기와 함께 정치적인 요인으로 인해 이익의 학문에 관심을 갖고 있었던 인사들도 있었다. 이는 당대 정치상황과 밀접한 관계를 맺고 있었던 것으로 보

학의 핵심으로 주체적인 성학연마를 강조하였다. 그는 인주 스스로 應事接物하여 이치를 궁리하며 역행하는 것을 귀하게 여길 것을 진언하였다(『정조실록』권43, 19년 10월 甲午 46책, 605~606쪽). 이익으로부터 전수 받은 진지와 역행의 가르침이 그의 정치활동에도 일정한 영향을 미치고 있었음을 보여주는 사례이다.

112) 『樊巖集』Ⅱ, 권51「墓碣銘」, '星湖李先生墓碣銘', 442·444쪽.

113) 『海左集』Ⅰ, 권19「序」'贈李子木序', 총간 239권, 387~388쪽.

114) 丁時翰(1625~1707)을 매개로 양자의 사숙 관계가 형성되었을 가능성이 있다. 이익은 스스로 정시한에게 배우지 못한 것을 한탄하면서 사숙존모의 정을 간직하였다(『星湖全集』Ⅲ, 권59「墓碣銘」'愚潭丁先生墓碣銘 竝書', 총간 200권, 21쪽). 자연히 그의 玄孫이었던 정범조와는 어떠한 형태로 교유관계를 맺었을 가능성이 컸다. 한편 정시한의 조부인 丁好寬(1568~1618)은 광해군대 持平으로서 廢妃에 반대하는 글을 올렸으며, 종조부 丁好善은 대북계의 영수였던 李爾瞻(1560~1623)과 정치적으로 대립하였다(『星湖全集』Ⅲ, 권59,「南譜」, 620쪽). 선대의 정치지향에 있어서도 성호 가문과 공통된 면모를 보이고 있다.

인다. 청남계는 영·정조대 탕평정국에서 자파의 정치적 입지를 확고히 하고, 서인·노론계의 정치운영 방식에 적극 대처하기 위한 노력을 기울여 왔다. 그러한 상황에서 이익을 종주로 하는 성호학파는 학문적으로 뿐만 아니라 정치적으로 자파에 필요한 정치이념과 운영논리 및 인재를 제공해 줄 수 있는 학문집단으로 인식되어졌다. 이러한 점은 채제공과 동료 혹은 후배문인들간의 교유관계를 통해서 확인해 볼 수 있다.

채제공은 문인들의 정계진출과 정치활동을 적극적으로 지원하고 있었다. 1772년 그는 40년 동안 知己로써 관계를 유지했던[115] 안정복을 세자시절 정조의 翊衛司翊贊으로 천거하였다.[116] 또한 이가환과 정약용을 적극 후원하여 차세대 청남계 지도자로 성장하기를 기대하였다.[117] 뿐만 아니라 안정복과 함께 성호학파와 청남계의 몰락을 초래할 수도 있었던 천주교 문제에 적극 대처하여 동학들을 보호하려 노력하였다. 그는 정계일선에 있으면서 '扶正學'을 통해 이단사설을 척결해야 한다는 원론적인 입장을 견지하면서 가급적이면 온건한 처벌을 통해 사태를 조기에 수습하려 노력하였다.[118] 비록 신유박해로 인해 상당수의 문인들이 죽임을 당했지만 당대 학파가 폐문 당하는 극단적인 상황은 모면할 수 있었다.

이처럼 영·정조대 활약했던 청남계 정론가들 중에는 이익의 친교를, 혹은 사숙을 계기로 입문하는 사례가 있었다. 채제공 등은 학문적으로 뿐만 아니라 정치적으로 성호문인들과 유대관계를 지속적으로 유지해 나아가고 있었다. 청남계 입장에서 볼 때 당대 남인계 학문집단을 대표하였던 성호학파와의 관계유지는 탕평정국에서 자파의 정치

115)『順菴集』I,「書」, '與樊巖蔡伯規濟恭書 辛丑', 총간 229권, 434쪽.
116)『樊巖集』II, 권35「記」'不衰軒記', 총간 236권, 126쪽 ;『順菴集』II, 권27「年譜」, 총간 230권, 380쪽.
117)『與猶堂全書』1,「詩文集」권15 '貞軒墓誌銘', 318~319쪽.
118) 趙珖,『朝鮮後期 天主教史 研究』, 고려대학교 민족문화연구소, 1988 참조.

론 형성에 필요한 사상기반을 제공받을 수 있는 현실적 의미를 지니
는 것이었다.[119]

2) 상호존중의 사제관계와 문우의식

이익은 師門의 역할로 소속 문인들에게 배우고 사변하며, 실천하는
학문 활동 전 과정을 총괄적으로 지도하는 것을 상정하였다.[120] 그는
학문수수 과정에서 사제간 견지해야 할 원칙으로 '師道'와 '友道'를 제
시하였다. 사람이란 태어나면서부터 아는 것이 아니기 때문에 사도를
확립하여 가르침을 받는 것이 무엇보다 중요하다고 보았다. 동시에 사
도에 못지 않게 배우고 익히는 과정에서 우도의 중요성을 강조하였다.
그는 붕우간에 우도를 확립하여 仁을 보충하고, 서로 도와 더불어 강
명함으로써 실득을 이룰 수 있다고 하였다.[121] 학문활동에 필요한 기
본적인 지식을 습득하는 단계에서는 사도가, 일정한 학문 수준에 도달
하여 主見이 정립된 단계에서는 우도가 강조되었다.

그런데 주목되는 점은 이익이 사제간에도 서로를 보익해 주는 동료
의 관점을 갖고 있었다는 사실이다. 그 전형적인 모습이 신후담의 관
계에서 잘 나타나고 있다. 이익은 그와의 관계를 회고하면서 자신의
부족한 점을 보충하고 도움을 준 사이였다고 술회하였다.[122] 신후담
을 제자로서 뿐만 아니라 동료학자로서 학문의 진척을 위해 필요한
도움을 주고받을 수 있는 상대로 인정하였다.[123] 양자의 관계는 四端

---

119) 실제로 청남계 주요인사들이 제시했던 정치운영론에서 이익의 그것과 동일
　　　한 논리와 지향이 발견되고 있다. 이 점에 대해서는 원재린,「英·正祖代 星
　　　湖學派의 學風과 政治指向」,『東方學志』111, 2001, 165~183쪽 참조.
120)『星湖僿說』(하) 권23,「經史門」'顔淵進止', 219쪽.
121)『星湖全集』II, 권31「書」'與李景祖祉承 辛巳', 총간 199권, 36쪽.
122)『星湖全集』III, 권64「墓誌銘」'成均進士愼公墓誌銘幷序', 총간 200권, 103
　　　쪽.
123)『星湖全集』I, 권23「書」'答愼耳老 壬戌', 총간 198권, 474쪽.

七情의 논쟁(이하 사칠논쟁)과정에서보다 명확히 나타나고 있다. 聖
人의 公喜怒에 대한 理發·氣發 문제를 둘러싸고 일어났던 최초의
논쟁은 이익과 신후담으로부터 시작되었다.124)

이익은 신후담에게 해당주제에 대한 자설을 검토해 줄 것을 요청하
였다. 이는 의례적 차원에서 이루어진 것이 아니었다. 이 점은 스승의
요청에 응대했던 신후담의 태도에서 잘 나타나고 있다. 그는 스승의
말씀에 따라서 사설의 문제점을 지적하고, 더 나아가 자신의 견해에
따라 수정해 줄 것을 요구하였다. 일련의 논쟁과정에서 신후담은 사설
에 얽매이기보다는 자신의 견해를 거리낌없이 피력하였으며, 더 나아
가 자신이 보기에 잘못되었다고 생각된 부분을 지적하는 데 주저하지
않았다.125)

논쟁과정에서 보여준 사제관계는 기본적으로 우도에 입각하여 동
등한 연구자로 상대방을 존중하지 않고서는 유지될 수 없었다. 이 점
은 제자의 지적에 대한 스승의 반응을 통해서 확인할 수 있다. 이익은
자신의 견해가 오랜 기간 자세히 살펴서 연구하여 스스로 확정한 학
설이었음에도 불구하고 제자의 반론이 있자 그 타당성 여부를 검토하
였다. 그리고 신후담의 견해가 수용 가능한 것으로 판명되자 즉각 자
신의 학설에 반영하였다.126) 스승의 입장에서 신후담의 비판을 우도
로 간주하고 받아들였던 것이다. 이익은 애당초 사설을 고수하거나 혹
은 이에 입각하여 문인들을 훈도해 나아갈 의사를 갖고 있지 않았다.
그보다는 제자의 견해라 할지라도 자설의 미흡함을 보충할 수 있는
내용이라면 적극적으로 수용하려는 학문태도를 견지하였다.

---

124) 이익과 문인 간 논쟁의 전개과정은 姜世求, 「星湖學派의 理氣相爭과 그 영
　　향」, 『龜泉元裕漢敎授定年紀念論叢』(하) 혜안, 2000 참조.
125)『星湖全集』I, 권23「書」, '與愼耳老 辛酉', 총간 198권, 473쪽 ; 위의 책, '答
　　愼耳老 壬戌', 총간 198권, 474쪽 ; 위의 책, '與愼耳老 乙丑', 총간 198권,
　　475쪽.
126)『星湖全集』I, 권21「書」, '答尹源明 壬戌', 총간 198권, 435쪽.

이러한 사제관의 일단은 '선생'의 어휘를 풀이하는 데에서도 잘 나타나고 있다. 이익은 '先'字에는 스승이나 어른을 상징하는 것 이외에도 先知·先覺의 뜻도 포함되어 있다고 보았다.[127] 전자가 연장자로서 상대를 높이는 어의였다면, 후자는 그야말로 학문의 진취를 기준으로 하는 것이다. 이익은 후학이라 할지라도 선지 혹은 선각한 경우 선생으로 인정하고 그들로부터 배울 수 있다는 우도 중심의 사제관을 견지하였다.

이 같은 면모는 윤동규와의 관계에서도 나타나고 있다. 스승을 모시고 이루어진 강학·토론하는 자리에서 보여주었던 그의 태도에 대해서 다음과 같은 평가가 남아있다. 당시 분위기를 묘사한 내용 중에서 주목되는 점은 "사제간의 의견이 일치하는 경우 그것은 그저 같은 것이 아니었고, 이견이 발생할 경우에도 그저 다른 것이 아니었다."라는 구절이다.[128] 구체적인 토론내용과 상황은 파악할 수 없지만 일단 윤동규가 사설을 그대로 따르지 않았음을 쉽게 확인할 수 있다. 그렇다고 해서 사설을 무조건 배척한 것도 아니었다. 본인이 판단하기에 부합된다고 생각한 부분에 대해서는 적극 수용하는 자세를 보였다. 다음에 주목되는 내용은 이러한 제자의 태도에 대한 스승의 반응이었다. 이익은 그의 의견을 허심 탄회하게 받아들였으며, 가상하게 여긴 적이 많았다고 했다.[129] 우도 중심의 사제관계가 잘 드러나는 대목이다. 토론을 통해 진리를 탐구하는 자리에서 사제의 간격이란 있을 수 없으며, 비록 후학의 견해일지라도 그 타당성이 인정되면 스승의 입장에서도 기꺼이 수용할 수 있는 개방적인 풍모가 엿보인다.

이익은 자신과 윤동규의 관계를 '有心同而迹異者'였다고 표현하였다. 비록 각자가 살아온 자취나 살아가는 방식은 다를지라도 마음 속

---

127) 『星湖僿說』(하) 권29, 「詩文門」 '先生', 484쪽.
128) 『順菴集』II, 권26 「行狀」 '邵南先生尹公行狀', 총간 230권, 324쪽.
129) 『順菴集』II, 권26 「行狀」 '邵南先生尹公行狀', 325쪽.

으로 몸소 행동하여 힘써 실천하는 학문자세를 견지한다면 한마음 한
뜻이라고 했다. 이에 그는 윤동규와 사제간이라는 분수에 얽매이지 않
고 공통의 학문목표를 달성하기 위해 互豪證論하여 서로를 相勉할
수 있었다고 말하였다.130) 스승과 제자 사이라 할지라도 일정한 수준
학문진전을 이루고난 후에는 사도보다 우도가 부각되었다. 이는 이익
의 일방적인 생각만은 아니었다. 실제로 사제관계를 형성하면서 학문
활동과정에 참여하였던 문인들도 공감했던 사안이었다.

사실 돈독한 사제관계를 강조한 것은 서인·노론계도 마찬가지였
다. 송시열과 재전제자인 韓元震(1682~1751)의 관계에서도 잘 나타
나고 있다. 그는 송시열을 주자에 비견하여 師門으로 존신하고 있음
을 말하였다. 통상적으로 스승을 존경하는 제자의 태도로 이해할 수
있다. 그러나 그는 스승의 論道의 뜻을 미혹되게 하거나 배척하는 것
을 용납하지 않았다. 이는 진정으로 스승을 존숭하는 태도가 아니라고
본 것이다.131) 그는 심지어 사설 중 言議에 차이와 실수가 있는 부분
에 대해서 의문을 제기하는 것조차 부적절한 태도라고 질책하였다. 근
본에서 크게 어긋나지 않는데도 의심을 갖고 사설을 대하는 것은 불
경스러운 태도였다.132) 그는 新學後生으로서 前輩의 견해를 경시하여
마음대로 비평하는 태도를 용납할 수 없다고 했다.133) 후생의 임무는
다만 사문의 종지를 잘 받들어 사설만을 추종하는 것이었다.

실제로 한원진은 엄격한 사제관계에 입각하여 송시열이 제기한 학
설에 대해 존신하는 태도를 보였다.134) 본인 스스로 '守師門'說에 입
각하여 스승의 학설이나 입장에 대해서 어떠한 의문이나 비판을 제기
함이 없이 선인의 설을 본받아 그 뜻을 펴서 서술하는 자세를 견지하

---

130) 『星湖全集』Ⅱ, 권51, 「序」 '送尹幼章序', 총간 199권, 440쪽.
131) 『南塘集』Ⅰ, 권12 「書」 '與宋信甫相久 癸卯 二月', 총간 201권, 290쪽.
132) 『南塘集』Ⅰ, 권14 「書」 '答蔡君範之共 癸巳 三月', 총간 201권, 322쪽.
133) 『南塘集』Ⅰ, 권22 「書」 '答舍弟啓震 癸巳 正月', 총간 201권, 501쪽.
134) 『南塘集』Ⅰ, 권19 「書」 '與宋士能 庚申 十月', 총간 201권, 447쪽.

였다.135) 한원진이 상정한 사제관계는 사설에 대한 확고한 믿음과 후학으로서 선현의 견해를 분수에 벗어나 어길 수 없다는 인식을 전제로 할 때 유지될 수 있었다. 先師에 의해 한 번 확정된 정설은 그 자체로 완결된 논리구조를 지닌 것으로 비판이나 의심의 대상이 될 수 없었다. 오직 후학의 입장에서 그대로 믿고 따르는 것만이 학문의 진취를 이루는 방도였다. 이 점이 성호학파의 우도 중심 사제관과 차이나는 점이었다.

한원진이 견지했던 사제관은 당시 노론 일반이 갖고 있었던 일반적 정서로 보인다. 人物性同異 문제를 둘러싸고 한원진과 견해를 달리했던 李縡(1680~1746)는 스승과 문인의 관계를 부모와 자식의 관계에 비유하였다. 스승의 학문적 위업에 대한 절대적 존숭과 그 엄격성을 강조하는 노론의 사제관은 혈연적인 의제 관계로서 부자지간과 등치시키면서 한층 강화되었다. 이재는 송시열의 문인인 鄭澔(1648~1736)의 행장에서 스승과 문인 관계의 전형을 제시하였다. 정호는 송시열이 살아 있을 때는 스승의 언동과 출처를 행위의 준칙으로 삼았으며, 송시열의 사후에도 동료 문인들과 협력하여 정치와 학술 방면에서 스승의 유업을 완수하려고 노력하였다.136) 즉 올바른 제자의 태도

---

135) 金駿錫, 「韓元震의 朱子學 認識과 湖洛論爭」, 『李載龒博士還曆紀念 韓國史學論叢』, 한울, 1990, 574쪽.

136) 崔誠桓, 「朝鮮後期 李縡의 學問과 寒泉精舍의 門人敎育」, 『歷史敎育』77, 2001, 93쪽. 이 같은 이재의 문인교육 방식은 후계자인 金元行(1702~1772)의 石室書院에서의 교육활동과는 구별되는 면모가 보인다. 김원행은 문인들에게 학문을 대하는 주체적 자각과 능동적 노력을 촉구하였다. 이를 위해 그는 實心을 강조하였다. 그가 제기한 실심은 유학 본연의 자세에 대한 진지한 성찰을 강조하는 차원을 넘어, 天理를 체득한 보편적 심 혹은 천리가 순전히 발현된 심으로 강조되는 것이다. 그리고 이를 잘 구현한 實士로 송시열이 주창한 尊周攘夷를 이어받아 종신토록 지켜낸 權尙夏(1641~1721)를 꼽았다 (李坰丘, 「17~18세기 壯洞 金門 연구」, 서울대학교 박사학위논문, 2003, 186~195쪽 참조). 노론의 학통 계승의식을 견지하면서도 북학파 학문론의 단초가 나타나고 있었다.

는 어떤 경우에도 아버지의 말씀을 따라야만 하는 자식처럼 사설을 엄격히 준수하는 것이다.[137]

이익 역시 사제지간을 부자관계와 등치시켜 이해하였다. 그러나 그는 사제관계가 부녀의 私過와 다르다는 점을 분명히 하였다.[138] 그는 자신의 견해를 굽히고 스승의 견해를 무조건 따르는 태도를 비판하였다. 그는 尊師之重에 입각하여 자득하지 못하는 내용을 이미 자득한 것으로 간주하는 태도를 스스로를 속이는 일일 뿐만 아니라 진정한 師事之義도 아니라고 하였다.[139] 스승을 섬기는 올바른 도리는 존사의 마음을 가지면서도 잘못된 점을 지적하는 것이다. 이는 사제지간이 부자지간에 비견되면서도 부녀의 사과와는 구별되어야 할 이유였다.

스승은 아버지와 같은 존재로 마땅히 존경해야 할 대상임에는 틀림이 없다. 그러나 스승과 제자는 모두 학문을 통해서 진리를 추구하는 학자였다. 따라서 학문활동 과정에서 스승의 견해에 잘못된 점이 발견되면 제자의 도리로 해당 사안을 질정하는 것은 당연하였다. 이것이 아버지의 허물을 고치기 위해 세 번 간하다가 뜻을 이루지 못하면 그저 따라야만 하는 혈연관계와 다른 점이었다.

이러한 사제관의 면모는 윤휴에게서 이미 나타나고 있다. 그는 별도의 사제관을 제시하고 있지 않았다. 다만 예송논쟁 당시 송시열과 견해가 달랐던 黃世楨에게 권고했던 말을 통해서 그 일단을 살필 수 있다. 윤휴는 반론을 제기했다가 사문으로부터 죄 받을 것을 두려워했던 황세정에게 "스승의 잘못을 바로 잡는 것이 師生의 의리이다."라는

---

137) 이러한 사제관은 단지 학문관계에만 적용되는 것이 아니었다. 정치적으로 背師說을 통해 소론에 대한 공세를 강화하였다. 한원진은 송시열에 대한 尹拯(1629~1714)의 배사는 亂臣賊子의 弑君弑父에 버금가는 패륜으로 간주하였다(金駿錫, 「18世紀 老論 專制政治論의 構造」, 『湖西史學』 18, 1990, 5 ~6쪽).

138) 『星湖全集』 I, 권24 「書」 '答安百順 癸酉', 총간 198권, 495쪽.

139) 『星湖全集』 I, 권24 「書」 '答安百順 癸酉', 494쪽.

말을 들려주었다. 사생의 도가 의리로 맺어진 관계임을 고려할 때 시비경중을 구분하여 스승에게 숨김없이 말하는 것이야말로 제자의 바른 도리라고 보았다.[140] 이 같은 발언 속에 담겨진 다른 의도를 감안하더라도 윤휴의 충고는 사설만을 추숭하는 노론의 사제관계에 대한 평소 생각을 솔직히 밝힌 것으로 생각된다.

이러한 사제관은 이익이 사숙을 통해 윤휴로부터 전수 받았을 가르침의 하나로 상정해 볼 수 있을 것이다. 다만 윤휴에 비해 보다 경계했던 점은 사생관계가 형식적인 데로 치우치는 것이었다. 이점은 퇴계 문인들에 대한 그의 평가 속에 잘 반영되어 나타나고 있다.

퇴계의 門生錄에는 이황 생존 당시 그의 높은 학덕을 존숭하여 찾아오는 손님들과 편지를 내왕한 사람들의 성명이 모두 기재되어 있었다. 그러나 이익은 단지 이름이 문생록에 기재되었다고 해서 모두 이황의 가르침을 받아 계발하고 進益한 사람이라고 보기 어렵다고 했다. 그는 진정한 문인이란 문생록에 기재된 성명 여부만으로 판단해서는 안 된다고 보았다. 그렇다면 진정한 문인을 판별하는 기준은 무엇인가. 이익은 현달한 벼슬만으로 평가할 수 없다고 보았다. 또한 특이한 재주를 보여서 이름을 드러난 것도 우선 고려해야 할 기준이 아니라고 하였다. 비록 성명이 드러나거나 도가 높지 않더라도 일관되게 한마음으로 깊이 배우는 자만이 군자의 문도로 인정할 수 있다고 했다. 즉 세속적인 명성이나 뛰어난 학문재질도 그 자체만으로 진정한 문인의 평가기준이 아니었다. 그보다 문하에서 자신의 능력을 다해 꾸준히 학문에 정진하는 자세를 갖춘 자만이 문인의 반열에 들 수 있다고 생각하였다. 따라서 이익은 학파를 문생의 다소만을 따져 평가하는 것을 문제라고 보고, 숫자보다는 얼마나 스승의 가르침을 잘 계승하여 시행했는지에 여부가 중요하다는 말을 남겼다.[141]

---

140) 『白湖全書』(상) 권6, 「疏箚」 '引黃世禎疏辭職疏 乙卯 正月 二十日', 187쪽.
141) 『星湖僿說』(상) 권7, 「人事門」 '門生', 231쪽.

이익은 진정한 제자상으로 張顯光(1554~1637)을 들었다. 장현광은 스승인 鄭逑(1543~1620)의 喪事에서 다른 문인들과는 달리 成服하지 않고 손을 받들어 곡을 하였다. 스승을 존경하는 제자의 마음을 예로써 표했을 뿐 스스로 제자의 반열에 들지 않았다. 이익이 주목했던 것은 상복이라는 형식에 집착하지 않고 스승의 학문을 흠모하고 가르침을 받았던 제자로서 속에서 우러나온 참된 마음을 드러낸 점이었다. 이러한 관점에서 그는 세속적인 위세에 이끌려 제자로 자처하고, 문인록에 성명을 기재하려는 당시 士風을 비판하였다.142) 진정한 사제관계란 얼마만큼 스승의 가르침을 잘 따르고 충실히 학습하여 자신의 학문체계를 확립하는 가에 달린 것이었다.

이러한 사제관을 토대로 이익은 문인을 분류하는 기준을 제시하였다. 문생록을 정리하는 세 가지 기준 중 첫 번째 조건은 成德達才이었으며, 이를 이룬 문생을 一科로 정해야 한다고 보았다. 그 이외에 문인들에 대해서는 답문한 것으로 한 과를 만들고, 사숙한 것으로 한 과를 분류할 것을 제안하였다. 그는 이 기준에 따라서 문생록을 만들 때 비로소 유감이 없을 것이라고 하였다.143) 이익이 제시한 기준을 종합해 보면 답문 혹은 사숙의 방법을 통할지라도 스승의 가르침을 받아 성덕달재를 이룬다면 진정한 문인이 될 수 있었다. 직접 가르침을 받았는지에 여부는 사제관계를 유지해 나아가는 데 있어서 반드시 고려해야 할 조건이 아니었다. 어떤 경로를 통해서든 스승의 가르침에 따라 자신의 능력을 다해서 꾸준히 학문에 정진하여 성덕달재를 이룬 사람이야말로 진정한 제자로서 문인록에 등재될 수 있었다.

이것이 성호 문하에 다양한 학문경향과 현실지향을 갖고 있는 학인들이 출입할 수 있었던 이유였다. 이익의 입장에서 볼 때 형식적인 인간관계는 상호존중의 사제관계를 유지해 나아가는 데 있어서 우선 조

---

142) 『星湖僿說』(상) 권17, 「人事門」 '旅軒奉巾経', 608쪽.
143) 『星湖僿說』(상) 권7, 「人事門」 '門生', 231쪽.

건이 못 되었다. 그보다 자신이 강조했던 학문방법과 원칙에 따라서 충실히 학문활동에 전념하려는 학인들이라면 친소나 입문 경로에 상관없이 사제간에 우도를 나눌 수 있는 사이로 간주되었다.

이러한 사제관은 문우들간의 학문교유에 적지 않은 영향을 주었다. 사제간에 부각되었던 우도는 門友관계에 있어서 더욱 강조되어야 할 원리였다. 이익은 문우간의 이상적인 교제형태로 주자와 張栻(1133~1180)의 관계를 들었다. 양자는 서로 다른 사상지향을 보이면서도[144] 교유관계를 유지해 나아간 사이였다. 당시 장식은 주자에게 편지를 보내 강학방식의 문제점을 지적하였다. 그는 "정직한 벗이 서로 경계함은 마치 곧은 신하가 임금에게 간하는 것 같아서 서로 깊이 믿고 혐의로 여기지 않아야 한다."고 했다. 이어서 주자와 문인간에 질문과 토론이 부족함을 지적하였다. 주자는 이 같은 장식의 충고를 받아들여 자신의 견해만을 고집하지 않는 강론방식을 채택하였다고 했다.[145]

이익이 철학사상의 차이를 보였던 주자와 장식을 사례로 든 점과 이들간에 있었던 많은 학설논변을 주제로 삼기보다 강학방식을 주목한 이유가 관심을 끈다. 이는 이익이 문우간에 강조했던 우도의 내용과 성격을 규정할 수 있는 단서이다. 동일한 사상지향을 갖고 있는 사이에서만 우도를 나눌 수 있다고 보지 않았다. 비록 각자 다른 철학체계를 보유했더라도 기본적인 학문방법과 태도를 공유한 사이라면 문우로써 교유할 수 있었다.

이익의 가르침은 실제로 문인간 종유과정에서 관철되었다. 이병휴는 본인의 학설을 곧잘 안정복에게 평가해 줄 것을 의뢰하였다. 그리고 안정복으로부터 질정 받은 내용이 타당하다고 생각될 경우 적극 반영하여 자설을 수정하였다. 반대로 이병휴는 스스로 인정할 수 없는

---

144) 장식은 程顥(1032~1085)-胡宏(1106~1162)으로 이어지는 明道學派 혹은 湖湘學派에 소속되어 程頤(1033~1107)-주희 계열과 다른 성리학을 지향했다(勞思光, 『中國哲學史-宋明篇』, 탐구당, 1987, 49·316·383~397쪽).
145) 『星湖僿說』(하) 권18, 「經史門」 '南軒東萊', 45쪽.

견해에 대해서는 자설을 확고히 하기 위해 논쟁을 벌였다고 했다.[146] 잘 알려져 있다시피 양자는 상이한 경학관과 성리학설을 갖고 있었다. 그럼에도 불구하고 양자간에도 함께 강명하여 실득을 이루려는 우도의 면모가 나타나고 있었다. 이러한 점 때문에 주요한 학술논제에 있어서 서로 다른 학문경향을 지니고 있었던 학인들로 구성된 성호학파가 학문집단으로서 그 면모를 유지해 나아갈 수 있었다고 본다. 상이한 학설을 주장하면서도 우도의 원칙에 동의하고, 스승으로부터 전수받은 교학내용을 충실히 이행한다면 자득의 차이에 따른 이견은 크게 문제될 것이 없었다. 또 다른 사례로 안정복과 신후담의 관계를 들 수 있다.

안정복은 이병휴에게 몇 년 전 영남지방에서 신후담이 강론한 경전해석을 소개하면서 다음과 같이 말하였다. 그는 신후담이 주장한 이기설이나 『중용』·『대학』 등에 관한 견해는 모두 선유들의 정설을 무시하고 자기 스스로 문호를 세우기 위한 것이라고 평가하였다. 더 나아가서 안정복은 이로 인해 그의 반평생 독서가 모두 헛되버렸다고 혹평하였다. 그러나 안정복은 이와 같은 비판에도 불구하고 이병휴에게 신후담과의 교유를 권하였다. 그 이유는 신후담이 사설을 충실히 따르고 있기 때문이었다. 여기서 말하는 사설이란 양자간에 상이한 차이를 보였던 경전해석이나 성리학설이 아니었다.

그것은 앞서 이익이 규정한 진정한 문인으로 갖추어야 할 기본적인 학문자세와 태도를 의미하였다. 이 점은 안정복이 이병휴에게 신후담과의 교유를 권고하게 된 이유를 밝힌 대목에서 확인할 수 있다. 그는 스승의 말을 돈독히 믿고, 전일하고 정밀하게 한결같이 공부해 나가는 신후담의 뜻만은 가상하다고 평가하였다.[147] 사문에서 강조한 기본적인 학문방법과 원칙을 견지했다면 비록 동의할 수 없는 경전해석을

---

146) 『貞山雜著』 권5, 「書」 '再答安百順書'.
147) 『順菴集』Ⅰ, 권4 「書」 '答李景協書 戊子', 총간 229권, 413쪽.

주장했더라도 同門師友로 인정할 수 있었다.

성호학파에서 문생간에도 우도를 강조한 이유는 '麗澤'의 이로움 때문이었다. 이는 이익이 안정복에게 신후담과의 종유를 권했던 사실에서 확인할 수 있다.[148] 나란히 있는 두 연못 중 하나가 고갈되었을 때 옆에 있는 연못의 물을 보충 받듯이[149] 문생간에는 각자 부족한 점을 서로 도와 보익해 주는 학문태도가 필요하였다. 이때 이택의 효과는 학설상의 일치로 나타나는 것이 아니었다. 주지의 사실이지만 안정복과 신후담은 사단칠정설에 있어서 이견을 보여왔다. 이 점을 잘 알고 있었던 이익이 양자의 교유를 권장하면서 기대했던 이택의 효과란 학문방법과 관련된 내용이었다. 앞서 안정복이 이병휴에게 소개한 신후담의 학문태도와 같았다. 이미 교육과정에서 문인 개개인의 적성과 능력을 파악하였던 이익은 신후담의 장점을 안정복에게 소개해 줌으로써 그에게 부족한 점을 보완해 주고자 했던 것이다.[150]

안정복은 이러한 스승의 가르침을 기릴 수 있는 강학장소로서 경기도 광주 터골에 '麗澤齋'를 세웠다. 그 곳에서 안정복은 후배문인들과 강론을 지속하였으며, 후학들에게도 스승의 생전에 이루지 못하고 남긴 뜻을 받들어 붕우간에 서로 모여 학문을 강론할 것을 권하였다.[151] 이익이 평소 강조했던 이택의 원리가 '이택재'의 공간을 통해서 구현되었다. 우도 중심의 문우관에 입각할 때 동료제자들간에는 특정 주제에 대해 상이한 의견을 갖고 있더라도 상호 관계를 유지해 나아가는 데는 문제가 될 수 없었다. 기본적으로 스승이 강조했던 학자로서 갖추어야 할 학문원칙과 목표에 공감한다면 각기 다른 자득 내용과 이

---

148) 『星湖全集』I, 권24 「書」 '答安百順 癸酉', 총간 198권, 494쪽.
149) 『周易』 권20, '兌', 보경출판사 영인본, 1988, 510쪽.
150) 이익이 평가한 신후담의 장점은 '尤尙自得 不拘於舊說'이었다(『星湖全集』 III, 권64 「墓誌銘」 '成均進士愼公墓誌銘幷序', 총간 200권, 104쪽).
151) 『性齋先生文集』 3, 권15 「記」 '麗澤齋重修記', 한국역대문집총서 850권, 경인문화사 영인본, 1994, 272쪽.

로부터 발생한 견해 차이는 오히려 이택의 효과로 볼 수 있었다.

이익이 학파를 형성하고, 문인들과 관계를 유지해 나아가는 데 있어서 가장 주안점을 둔 사안은 각 개인이 보유한 학문적 개성과 다양성을 최대한 보장하면서도 학파로서 공유할 수 있는 기본적인 학문방법론과 그 목표를 확실히 주지시키는 것이었다. 비록 문인들이 사설에 부합되지 않는 견해를 주장했다 하더라도 그것은 부차적인 문제에 불과할 뿐이었다. 이러한 사제와 문우간에는 스승과 선배의 견해를 엄격히 준수해야하는 상하관계보다 각자 진리를 추구하는 학자로서의 수평적인 관계가 강조되었다.

성호학파에서 견지했던 우도 중심의 사제관과 문우의식은 기성의 학문체계를 비판적으로 검토하고 새로운 것을 모색하는 데 적합한 것이었다. 이 점은 사설의 謹守를 사제관계의 최우선 과제로 상정했던 한원진의 그것과 비교할 때 더욱 분명해 진다. 이익은 제자들에게 특정 주제에 대한 자설 혹은 기왕의 학설을 강조하기보다는 각자 적성에 맞는 학문분야에서 일가를 이루는 데 필요한 기본적인 학문방법론을 제시하였다. 나머지 부분은 자신의 역량에 맞게 스스로 노력해서 자득해 나아가는 것이다. 이때 스승의 역할은 교시한 가르침을 잊지 않도록 권면하는 조력자에 불과할 뿐이었다. 이러한 사제관과 문우관계, 교육방법에 공감했던 학인들이 문하에 출입하면서 본인의 재능과 품성에 따라 학문활동을 전개하였고, 우도를 나누면서 이택의 효과를 진작시켜 나아갔다.

제3장 회의·자득의 방법과
경술·사무 일치의 지향

1. 회의자득법과 주자인식의 상대화

1) 회의중심의 경전 학습법

이익이 사제·문생간에 우도를 강조하고 이택의 효과를 기대했던 것은 학문의 진취를 이루기 위해서였다. 顔淵(B.C. 521~490)의 사례를 통해 문생들이 사문에 거처하는 이유로 배움의 진취를 들었다. 문생들은 스승에게 날마다 배움을 청하여 매일매일 깨달음을 얻어야 한다. 이때 견지해야 할 학문자세는 다음과 같다. 우선 배운 것이 능하기 전에는 그만두지 않으며, 질문을 하되 질의내용을 제대로 이해하기 전에는 중단하지 말 것을 당부하였다. 또한 사변할 때 생각한 것을 온전히 깨닫기 전에는 멈추지 않으며, 분변할 때도 역시 그 내용을 명확히 인지하기 전에는 중단해서는 안 될 것으로 보았다. 마지막으로 배운 내용을 독실히 실천하되 중도에 포기하지 말 것을 권면하였다.[1] 이처럼 사문은 소속 문인들에게 배우고 사변하며, 실천하는 학문활동 전 과정을 총괄적으로 지도하는 역할을 수행하였다.

이익이 학파운영과 관련하여 중점을 두었던 사안은 문생들 스스로 학문주체임을 인식하고, 적극적으로 각자의 학문체계를 확립해 나아

---

1)『星湖僿說』(하) 권23,「經史門」'顔淵進止', 219쪽.

가는 것이었다. 이러한 사문의 역할과 목표를 달성하기 위해서 경전학
습 단계에서 회의를 통한 자득을 강조하였다. 그는 문인들에게 경전을
읽을 때 이미 정해진 가르침을 그대로 따르기보다는 스스로 널리 알
맞은 방법이나 방책을 연구하여 본 뜻을 정확히 이해해야 한다고 보
았다. 그렇게 해야만 깊은 깨달음을 얻을 수 있었다.[2]

이익은 자득을 이루기 위해서 회의를 강조하였다. 그는 경문과 주
설을 읽을 때 의심을 품고 해당 사안에 대해서 깊이 생각하여 스스로
깨달으려 노력해야 한다고 했다. 이때 그는 자득하지 못한 부분에 대
해서 반복하여 사색할 것을 당부하였다.[3] 처음에는 회의를 통해 얻은
성과에 대해서 확신하기 어렵겠지만 오랜 시간 동안 반복하여 경전을
검토하게 되면 반드시 그 뜻을 통할 수 있게 될 것으로 보았다.[4] 설혹
회의를 통해 소기의 성과를 얻지 못했다 하더라도 말과 구절을 서로
바꿔 보는 것만으로도 경전의 본지를 찾아서 밝히는 데 도움이 될 것
이라고 하였다.[5] 이미 정설화된 기성의 경전해석에 대해서 회의하는
것을 꺼려했을 문인들에게 그 필요성을 강조하기 위해 내려준 가르침
이었다고 생각된다.

이익은 학자로서 선현들의 해석에 대해 아무런 의문도 제기하지 않
고, 그저 남들이 정한 견해를 맹목적으로 따르는 태도에 대해서 비판
하였다. 기성의 학설을 존신하는 태도를 어른이 집안 모든 일을 빈틈
없이 정돈하기 때문에 자제들이 집안 일에 관심을 기울이지 않는 상
황에 빗대어 설명하였다. 이처럼 집안 일을 전적으로 부형에게만 의존
했을 경우 돌발상황이 발생했을 때 본인들은 아무런 조처도 취할 수
없을 것이라고 보았다.[6] 선현의 학설을 존신했을 경우 정작 자신의

---

2) 『星湖僿說』(하) 권21, 「經史門」 '論語首章', 129쪽.
3) 『星湖全集』Ⅲ, 권1 「附錄」 '家狀', 총간 200권, 180쪽.
4) 『星湖僿說』(하) 권26, 「經史門」 '昭穆', 338쪽.
5) 『星湖僿說』(하) 권22, 「經史門」 '格致誠正', 170쪽.
6) 『星湖全集』Ⅱ, 권54 「題跋」 '中庸疾書後說', 총간 199권, 502쪽.

견해를 피력해야 할 상황에 직면해서는 아무런 의사도 표명하지 못하였다. 따라서 그는 학문의 진취를 이루고자 할 때 존신은 부적합한 방법이라고 이해하였다. 자득을 귀하게 여기고 남에게 의지하는 것을 부끄러운 일이었다.[7]

이익은 항상 의문을 갖고[致疑] 경전학습에 임할 때 비로소 원하는 일정한 학문성과를 달성할 수 있다고 보았다.[8] 홀로 앉아서 깊이 궁구하여 깨달은 내용이라면 굳이 스승의 언설을 기대하거나 옛 학설에 얽매일 필요가 없다고 했다.[9] 이는 경전을 공부하는 과정에서 의심하는 태도를 금지할 수 없다는, 즉 '스승을 섬기는 데 의문을 숨길 수 없다[事師無隱]'는 원칙에 부합되었다. 그는 이 원칙에 따라서 회의하지 않고 스스로 아는 척하는 태도를 비판하였다.[10] 학문이란 회의로부터 출발하여 차츰 의심이 없는 단계에 이르며, 학문의 진전은 회의한 만큼 달성되는 것이라고 보았다.[11]

이익은 다음의 비유를 들어 회의의 의미와 그 중요성을 강조하였다. 복숭아와 살구를 먹을 때 혹시 씨에도 맛이 있지 않을까 의심해 보고 직접 맛을 본다면 개암이나 밤을 먹을 때 도움이 될 것이라고 했다. 그러나 만약 의심이 없는 사람이라면 '밤송이도 먹을 수 있다'는 잘못된 지식을 듣게 될 때 아무 생각 없이 따라서 먹으려고 할 것이고 하였다.[12] 그가 상정한 회의는 기왕에 알고 있던 사실을 좀더 분명히 인식하기 위해 필요한 방법이었다. 그리고 이미 숙지한 사실로부터 미루어 미처 깨닫지 못한 새로운 사실까지도 알 수 있는 학습법이었다. 또한 회의는 존신의 학문풍토를 해소하는 데 적절한 방법이었다. 회의

---

7) 『順菴集』II, 권20 「祝文」 '復祭星湖先生文 甲申', 총간 230권, 205쪽.
8) 『星湖全集』II, 권31 「書」 '答禹大來 丙子', 총간 199권, 43쪽.
9) 『星湖全集』III, 권64 「墓誌銘」 '成均進士愼公墓誌銘幷序', 총간 200권, 104쪽 ; 『星湖全集』II, 권30 「書」 '答權旣明 庚辰', 총간 199권, 33쪽.
10) 『星湖全集』II, 권49 「序」 '孟子疾書序', 총간 199권, 398쪽.
11) 『星湖全集』I, 권9 「書」 '答李畏庵', 총간 198권, 206쪽.
12) 『星湖全集』II, 권54 「題跋」 '中庸疾書後說', 총간 199권, 502쪽.

는 잘못된 지식이나 혹은 남의 의견만을 무조건 따르다가 사리분변의 판단 능력마저 상실하여 낭패를 당하는 폐단을 막을 수 있기 때문이었다.

이익은 올바른 회의의 경전학습법을 잘 유지해 나아가기 위해 다음의 몇 가지 사항을 주의해야 한다고 보았다. 우선 속으로 의심하면서 겉으로 순종하는 이중적인 학문태도를 지양했다.13) 회의의 목적이 기성의 지식체계를 객관적으로 검토하고, 진리를 추구하는 데 목적이 있었던 만큼 항상 진지한 학습자세가 요구되었다. 따라서 회의하는 태도를 일부러 감추는 것은 그 자체로 믿음성 있고 착실한 학문자세가 아니었다. 다음으로 제 학설을 회의하는 과정에서 남의 의견에 휩쓸려서 아무런 결정이나 선택도 내리지 못하는 태도를 지양했다.14) 회의는 자득을 목표로 할 때 진정한 의미를 갖는 것이며, 이를 통해 학문주체로서의 면모를 확립하기 위해 추구되었던 학습법이었다. 만일 남의 견해에 휩쓸려 그 목표를 이루지 못한다면 진정한 회의의 태도를 견지했다고 할 수 없었다.

마지막으로 자설을 강변하기 위해서 회의를 남용하는 태도를 비판하였다. 회의는 어디까지나 선현의 견해를 객관적으로 검토함으로써 본지를 자득하기 위해 필요한 학습법이었다. 이러한 관점에서 볼 때 '이기고자 하는 마음'에 따라 자설을 강조하기 위해서 무조건 정설을 의심하는 태도는 학문의 객관성 유지라는 측면에서 볼 때 결코 바람직하지 못한 태도였다. 대표적인 사례로서 "太極而無極" 논쟁을 들었다. 그는 불과 다섯 글자에 대한 해석인데도 그 자구의 뜻을 해결하지 못해서 수많은 해석들이 난무하게 된 것을 문제로 보았다. 그 이유로 후학들이 편벽된 마음과 고집스러운 학문으로 자기의 뜻과 글만 갖고 본의를 해치면서까지 일부러 의심했기 때문이었다고 보았다.15) 이러

---

13) 『星湖全集』Ⅰ, 권24 「書」 '答安百順 壬申', 총간 198권, 491쪽.
14) 『星湖全集』Ⅱ, 권54 「題跋」 '中庸疾書後説', 502쪽.

한 지적은 안정복의 견해에서도 확인할 수 있다.

안정복은 회의를 이루어 가는 과정에서 필요한 덕목으로 신중함을 들었다. 일정한 귀결처나 실득함이 없이 선유들의 교훈에 대해 일부러 하자만을 찾아내려는 태도를 문제로 보았다.16) 그는 심사숙고하지 않은 채 잠시 본 내용 속에서 생각난 새로운 뜻으로 즉석에서 시시비비를 가리는 것을 경솔한 태도로 간주하였다.17) 사물의 이치를 천착하지 않은 채 자기 마음대로 생각하다가 우연히 본 내용을 가지고, 현인들이 모르는 자신만의 창조적인 견해로 착각하는 것은 경서를 무시한 잘못된 회의의 태도였다.18) 그는 이러한 문제점을 존신으로 인해 文義에 얽매여 빠져 나오지 못하는 묵수적인 태도와 함께 잘못된 학문 방법이라고 했다.19)

그럼에도 불구하고 학문의 진전을 위해서 회의는 반드시 필요하다고 생각했다. 안정복은 "의문난 점을 스스로 해석해서 새롭게 알아질 때 학문의 진전이 있다."는 張載(1020~1077)의 견해를 소개하였다. 그는 치의를 강조한 장재의 독서법을 통해 性理와 관련된 여러 책을 읽을 때도 예의 회의와 자득의 학문방법을 따라야 한다고 했다.20) 또한 주자의 견해를 빌어서 讀經을 경전의 본지에 대한 의문을 풀어 가는 과정으로 이해하였다. 주자는 "처음에 의문이 없는 것 같지만 경전을 읽어 갈수록 점점 의문이 생기게 되며, 중간에 이르게 되면 더 많은 의문들이 생겨나게 될 것이다."라고 하였다. 이어서 주자는 "일단 이 과정을 경과하고 나면 의문이 점점 풀리기 시작하여 자세히 이해하고, 관통하는 경지에 이르게 되며, 이때 비로소 학이라고 할 수 있

---

15) 『星湖僿說』(하) 권19, 「經史門」 '太極說', 71쪽.

16) 『順菴集』 I , 권6 「書」 '答權旣明書 丙戌', 총간 229권, 450쪽.

17) 『順菴集』 I , 권6 「書」 '答權旣明書 戊子', 총간 229권, 456쪽.

18) 『順菴集』 I , 권8 「書」 '答黃耳叟德吉書 辛丑', 총간 229권, 509쪽.

19) 『順菴集』 I , 권3 「書」 '與昭南尹丈書 癸酉', 총간 229권, 383쪽.

20) 『順庵全書』 2, 「下學指南」 '讀書之法章', 여강출판사 영인본, 1984, 56쪽.

다."고 하였다.21)

안정복은 장재와 주자의 견해를 인용하여 경전의 본지를 회의하는 과정이 곧 학문이라는 인식을 확고히 하였다. 그는 경전에 대해 疑義를 가지는 태도야말로 선현이 후학들에게 원하는 바라고 여겼다.22) 그는 후학들에게 현인의 견해에 대해서 철저히 회의할 것을 당부하였다. 천하의 무궁한 의리를 인도만 했을 뿐 제대로 밝히지 못한 현인의 견해에 대해서 귀신에게 질정해도 의심이 없을 정도로 심사숙고하여 자득을 이루어야 한다고 했다.23) 후배문인들에게 신중함을 겸비한다면 선현들이 제대로 구명하지 못한 경전의 본의를 후학의 입장에서도 얼마든지 회의를 통해 자득할 수 있다는 확신을 심어주고자 했다.

다른 성호문인들 역시 경전학습 과정에서 회의의 방법을 서로 권면하면서 자득을 이루어 갔다. 윤동규는 이병휴에게 보는 편지에서 경전의 주석을 볼 때 반드시 피차의 득실을 파악하고, 전후를 살펴서 자득을 이룰 것을 당부하였다.24) 이러한 선배의 충고를 받았던 이병휴는 회의하는 것을 후생된 도리라고 생각하였다. 후생으로서 古經의 뜻을 강구할 때는 항상 眞義를 회의하고 분변해야 한다고 했다.25) 그는 시시비비를 명변하고, 의문난 사안에 대해서 자신의 견해를 솔직히 제기하여 그 뜻을 구명하려 했다. 만약 주장을 회피하거나 치의를 중단한다면 육경 모두가 의문투성이 되고 말 것이라고 보았다.26)

이익과 문인들이 경전학습 과정에서 회의를 중시했던 것은 일차적으로 문자의 전달매체로서 경서가 갖는 불완전성 때문이었다. 이익은 기록물로서 경서에는 성인의 말씀이 모두 기술되어 있지 않으며, 또한

---

21) 『順菴集』Ⅰ, 권6 「書」 '答權旣明 別紙 庚辰', 총간 229권, 449쪽.

22) 『順菴集』Ⅱ, 권11 「雜著」 '經書疑義', 총간 230권, 22쪽.

23) 『順菴集』Ⅰ, 권6 「書」 '答權旣明書 戊子', 총간 229권, 456쪽.

24) 『昭南先生文集』 권3, 「書」 '與李景協 戊寅 十二月'.

25) 『貞山雜著』 권2, 「左衽不紐說」.

26) 『貞山雜著』 권5, 「書」 '又答尹丈書'.

그 뜻도 다 전하지 못하는 한계가 있다고 보았다.[27] 심지어 『논어』조
차도 의심을 갖고 보아야 한다고 했다.[28] 완벽해 보이는 『논어』의 내
용 중에도 전후 관계가 미진하여 성인의 본의를 제대로 이해할 수 없
는 부분이 있다는 것이다.[29]

　그러나 보다 중요한 이유는 선유들의 경전해석에서 발견되는 미진
함과 오류 때문이었다. 이익은 주요한 聖經과 書史의 箋注 등에서 잘
못된 부분들이 적지 않다고 보았다.[30] 그는 선유의 부족한 점을 보충
하기 위해서 육경과 程朱之書, 諸子와 經史 등 거의 모든 종류의 경
서를 회의의 대상으로 상정하였다.[31] 그는 註疏와 經旨간에 차이가
발생했을 경우 반드시 자세히 살피고 통변해서 그 적중함을 구해야
한다고 했다.[32] 이때 이익은 아주 작은 부분이라고 치밀하게 분석하
고, 그 은미한 뜻을 구명하는 학습태도가 필요하다고 보았다.[33] 회의
를 추구하는 과정에서 철저한 훈고의 자세가 자연스럽게 요구되었
다.[34]

---

27) 『星湖全書』 권3, 「易經疾書」, 여강출판사 영인본, 1986, 410쪽.

28) 이익은 『논어』에 회의적 관점을 적용한 가운데 『論語翼』이라고 하는 주석서
　　를 편찬하려 했다고 밝히고 있다(『星湖僿說』(하) 권20, 「經史門」 '聖人之
　　言', 112쪽).

29) 『星湖僿說』(하) 권20, 「經史門」 '聖人之言', 112쪽. 이러한 모습은 유년시절
　　이잠 문하에서 동문수학했던 오광운에게서도 나타나고 있다. 그는 기본적으
　　로 '경서를 무조건 믿는 것은 없는 것만 못하다'는 인식을 갖고 있었다. 심지
　　어 공자조차도 의심할 수 있다고 보았다. 공자가 성인인 것은 학자 본인이
　　大聖임을 알고 그 마음에 조금이라도 회의가 없는 연후에 비로소 성인으로
　　여길 수 있다는 것이다(『藥山漫稿』 I, 권11 「雜著」 '程叔子廢嫡孫立己子
　　辨', 총간 210권, 507쪽).

30) 『星湖僿說』(하) 권28, 「詩文門」 '酒德頌', 439쪽 ; 『星湖僿說』(하) 권29, 「詩
　　文門」 '沈雲黑', 486쪽.

31) 『順菴集』 II, 권20 '祝文' '復祭星湖先生文 甲申', 총간 230권, 204쪽 ; 『星湖
　　全集』 III, 「附錄」 권1 '墓誌', 총간 200권, 192쪽.

32) 『星湖全集』 I, 권21 「書」 '答尹幼章 戊寅', 총간 198권, 427쪽.

33) 『順菴集』 II, 권20 '祝文' '復祭星湖先生文 甲申', 총간 230권, 205쪽.

훈고 대상에는 주자의 주석도 포함되어 있었다. 이익은 주자의 주석 중에서도 세밀하지만 그 뜻이 분명하지 못한 곳이 있다고 했다.35) 이는 성호문인 모두가 공감했던 사안이었다. 안정복 역시 정·주자의 경전 해석 가운데 시작만 해 두고 결론을 내리지 않은 미진한 부분이 적지 않다고 보았다.36) 심지어 정약용은 13경에 대한 해석에서 주자가 처음에는 '갑'이라 하였고 나중에는 '을'이라 하는 등 자신의 학설을 완벽하게 제시하지 못한 부분이 많다고 했다.37) 신후담은 주자의 장구·혹문 등에도 성현의 무궁한 의리를 해석하지 못한 미흡한 점이 있다고 하였다. 주자가 이 같은 상황을 미리 예견하고, 후학들의 질정을 기대했다고 보았다.38) 주자 스스로도 자신의 학설의 문제점을 인식하고 후학들의 비판을 용인했다는 것이다.

이와 관련하여 이병휴의 주자인식이 주목된다. 그는 주자를 선현의 학설을 일방적으로 따르지 않고 회의하며 본지를 자득하고자 노력했던 학자로 보았다.39) 특히 정자와 주자 사이에서 발생하였던 의견차이에 주목하였다.40) 평소 주자는 공·맹자에 못지 않게 정자를 존경하였다. 그러나 경전의 문의를 해석하는 데에 있어서 만큼은 주자가 정씨의 견해를 따르지 않은 부분이 적지 않았다. 그 실례로 주자가 卦說을 획정하는 데 있어서 정자의 설을 버리고 邵雍(1011~1077)의 견

---

34) 이익은 聖經 중에서도 착오가 발견되는 원인의 하나로 草書로 인해 글자가 잘못된 경우를 꼽고 있다. 즉 초서의 모양이 동일한 경우 傳寫하는 과정에서 착오가 발생하게 되었다(『星湖僿說』(하) 권29, 「詩文門」 '誤字因草', 468쪽).

35) 『星湖僿說』(상) 권11, 「人事門」 '禫服', 371쪽.

36) 『順菴集』Ⅰ, 권2 「書」 '上星湖先生書 戊寅 別紙', 총간 229권, 374쪽.

37) 『與猶堂全書』1, 「詩文集」 권8 '十三經策', 161쪽.

38) 『河濱集』 권9 「中庸後說」下, "朱子又爲章句或問等書 拔輝靡不用極 然義理無窮 或不能無遺義之 有待於後人 乃後來諸家 過於尊信先賢 而不敢疑難於其間 非所以求其知常得也 其或不加深究而輕爲異說者 又難免於僭妄之罪".

39) 『貞山雜著』 권10, 「論學術之獘」 ; 『貞山雜著』 권11, 「書」 '答李希度'.

40) 『貞山雜著』 권5, 「書」 '再答安百順書'.

해를 취한 사실을 들었다. 이밖에 주자가『대학』에 대해서 양 정씨의 정본에 대해서 존숭하지 않았던 사실과 종법의 경우 정자가 時制를 따른 반면 주자는 고례를 준수함으로써 상호간의 의견이 일치하지 않았던 사실을 예시하였다.[41)

이처럼 이병휴가 정자의 경전 해석을 따르지 않은 주자의 면모를 거론한 이유는 무엇일까. 주자의 사례를 통해 이익으로부터 전수 받은 경전학습법의 정당성을 강조하고자 했던 것으로 보인다. 이병휴는 회의와 자득을 스승의 학문 위업을 평가하는 주요한 기준으로 상정하였다. 이익을 사림의 종사로 추존하는 이유로 성인들의 깊은 뜻을 나누어 분별하고 회의함으로써 선유들이 빠뜨린 부분을 보충하여 학문을 크게 완성시킨 점을 들었다.[42) 집주를 통해 육경의 본지를 파악하는 데 있어서 선유들이 미처 발명하지 못한 뜻이 있다고 보고,[43) 항상 회의하고 분석함으로써 그 속에 담긴 본지를 자득해 나아갔다는 것이다.[44) 이익이 문인들에게 전수해 준 회의자득법은 사설이라 할지라도 무조건 따르지 않고 의문을 갖고 자득을 추구했던 주자의 면모를 통해서 한층 강화될 수 있었다.

이러한 방식은 이익과 다른 문인들에게서도 공통적으로 나타나고 있었다. 성호학파에서 회의를 강조할 때 인용한 어구가 바로 주자의 견해였다. 이들은 모두 주자의 언설을[45) 인용하여 회의의 경전학습법을 강조하였다. 그리고 이를 통해 회의가 학문의 진전을 이루기 위해서 반드시 갖추어야 할 필수조건이라고 확신하였다.[46) 주자의 경전인

---

41)『貞山雜著』권3,「書」'上龍湖尹丈書' ; 앞의 책,「論學術之弊」.

42)『貞山雜著』권7,「季父星湖徵士府君壙記 甲申 二月 二十七日」.

43)『星湖全集』Ⅲ,「附錄」권1'家狀', 178쪽.

44)『貞山雜著』권7,「季父星湖徵士府君壙記 甲申 二月 二十七日」.

45)『朱子語類』권11,「學五」'讀書法 下', 京都 : 中文出版社 영인본, 1979, 220쪽.

46)『星湖全集』Ⅰ, 권24「書」'答安百順 壬申', 총간 198권, 491쪽 ;『星湖全集』Ⅱ, 권31「書」'與李景祖 辛巳', 총간 199권, 37~38쪽 ;『順菴集』Ⅰ, 권6

식태도에 근거하여 회의를 강조하게 된 데에는 다음과 같은 가르침이 있었다.

이익은 선현의 성리학설을 정리한 주자의 학문노력을 높이 평가하였다. 그는 주자의 집주가 완성된 이후 경전 해석을 둘러싼 여러 이견들이 마침내 하나로 정리될 수 있었다고 보았다.[47] 그런데 이때 주목되는 점은 이익이 주자의 경전 주석을 보기에 앞서 '주자의 마음'에 대한 이해를 촉구하였던 사실이다. 그가 제시한 주자의 마음은 주자의 경전인식 태도와 깊은 관련을 맺고 있었다. 우선 경전주석에 임했던 주자의 학문자세에 주의하였다. 그가 이해한 주자는 옛날 학설 가운데서 따를 만한 것을 수용하고, 구태여 새로운 학설에 얽매이지 않았던 학자였다. 또한 주자는 앞선 학설과 뒤의 학설간 차이로 인해 이견이 발생한 경우에는 전설에 구애받지 않았다.[48] 주자는 주석을 편찬하는 과정에서 스스로 판단하기에 합당하다고 인정되는 선현의 견해를 참고로 하여 자설을 확충해 나아갔다. 그리고 선현들의 견해와 상충되는 경우 새로운 학설을 제기하는 데 주저하지 않았다. 이익은 주석가로서 주자가 견지했던 주체적인 경전해석 태도에 주목하였다.

이와 함께 이익은 주자가 주석작업에서 문인들에게 보여준 학문자세에 관심을 보였다. 집주완성 과정에서 주자가 제자들의 견해를 적극적으로 청취하여 자설에 반영한 사실에 주목하였다. 당시 주자는 주석을 정리하는 과정에서 제자들이 생각나는 대로 개진한 의견 가운데 조금이라도 뛰어난 견해가 있으면 버리지 않고 모두 채택하였다고 했다. 이에 주자문인들은 비록 식견이 부족한 자일지라도 의문점에 대해 질문하는 학문태도를 견지할 수 있었다. 여기에서 이익이 특히 주의했던 것은 자신의 학설만을 고집하지 않은 주자의 태도였다. 주자는 이

「書」'答權旣明 別紙 庚辰', 총간 229권, 449쪽.

47) 『星湖全集』II, 권49 「序」'孟子疾書序', 총간 199권, 397쪽.

48) 『星湖全集』II, 권49 「序」'論語疾書序', 총간 199권, 400쪽.

익에게 문인들과의 공개적인 문답을 통해 자설의 오류를 시정하고자
했던 학자로 비춰졌다.[49] 동시에 주자는 경전주석 과정을 문인들과의
가르치고 배우는 마당으로 활용한 교육자적 면모를 갖춘 학자였다.

결국 이익이 주자주석을 높이 평가한 것은 경전 해석 그 자체의 완
결성 때문이 아니었다. 그보다는 주석을 완성시켜 나아가는 과정에서
주자가 견지했던 주석가로서 혹은 교육자로서의 면모 때문이었다. 그
리고 이는 평소 이익이 경전학습과정에서 문인들에게 강조했던 회의
와 자득의 정당성을 한층 강조할 수 있었던 근거였다. 실제로 이익은
주자주석을 비판하는 태도야말로 주자가 기대했던 바라고 하여 『孟
子』의 주자경해를 회의했던 자신의 학문노력을 정당한 것으로 간주하
였다.[50]

이익이 주자의 학문활동을 통해 회의와 자득의 중요성을 설명했던
것은 학파를 이끌어 나아가는 종사로서 문생들을 교육해야 할 위치에
있었기 때문이라고 보여진다. 이러한 의도는 문인들에게 잘 전달되었
다. 신후담은 주자의 뜻을 근거로 하여 선현을 존신할 뿐 의심나고 해
석하기 어려운 점에 대해서 궁구하지 못하는 태도를 비판하였다.[51]
안정복 역시 정·주자의 학문적 권위를 빌어 미혹된 부분에 대해서
의심을 막는 행위는 잘못된 것이라고 보았다.[52] 이병휴는 한발 더 나
아가 주자학설에 대해 회의하는 것을 죄주려는 태도를 세속의 천박한
학문이자 폐단으로 규정하였다.[53] 오히려 자신이 추구했던 회의의 방
법이 주자가 후학들에게 바라던 바라고 했다.[54] 이 같은 견지에서 그
는 주자의 집주가 집대성한 것이긴 하지만 모두 경지에 맞는다고 볼

49) 『星湖全集』II, 권49 「序」'論語疾書序', 400쪽.
50) 『星湖全集』II, 권49 「序」'孟子疾書序', 398쪽.
51) 『河濱集』 권9, 「中庸後說」下.
52) 『順菴集』I, 권2 「書」'上星湖先生書 戊寅', 총간 229권, 373쪽.
53) 『貞山雜著』 권11, 「書」'答李希度'.
54) 『貞山雜著』 권10, 「論學術之弊」.

수 없다는 의견을 내놓았다.[55]

결국 이익과 문인들이 주자의 경전학습법을 인용하고, 주자의 학문 활동 내역을 소개했던 것은 이를 통해 주자주석의 잘못된 점을 교정하며, 나아가 주자학설만을 존숭하는 학문태도를 극복하기 위해서였다. 이는 성호학파가 유학에서 일반적으로 사용되었던 회의와 자득의 방법을 18세기 역사적 상황 속에서 적절히 활용한 결과 나타난 현상이었다. 성호학파가 견지했던 치의법의 특징과 의미에 대해서는 당대 주자인식과 학문방법에 있어서 차이를 보였던 서인·노론과의 비교를 통해 구체적으로 살펴보기로 하겠다.

2) '謹守'의 학풍 비판과 致疑法

이익과 문인들은 주자주석을 존신하는 분위기가 조선 후기에 이르러 더욱 심화되었다고 보았다. 宋代 주자장구가 설파된 이래 장구만을 믿고 의심하지 않는 태도가 나타나게 되었으며, 특히 조선에 들어서 그 정도가 심각한 수준에 이르렀다.[56] 조선 초까지만 해도 주자학설을 암기하여 학습하는 폐해는 나타나지 않았던 것으로 보았다. 이익은 李彦迪(1491~1553)이 『대학』장구를 수정하여 補遺書를 내놓은 것과 이이가 『중용』장구의 구절에 대해 이견을 제시한 사례를 들었다.[57] 즉 16세기까지만 해도 학계에서 주자 경해에 대한 자유로운 비판이 가능했던 것으로 생각하였다. 따라서 주자존숭의 태도가 조장되었던 것은 그 이후의 일로써 조선 후기에 이르러 더욱 심화되었다. 그 양상에 대해서 신후담은 이익의 견해를 인용하여 다음과 같이 묘사하였다. 당시 주자 장구는 해와 달, 사계절과 같이 절대적인 것으로 간주되었으며, 학자들은 마치 해와 달처럼 높이 우러러 존신하였다. 심

---

55) 『貞山雜著』 권5, 「答龍湖尹丈書」.
56) 『星湖全集』 Ⅱ, 권54 「題跋」 '中庸疾書後說', 총간 199권, 501~502쪽.
57) 『星湖僿說』(하) 권21, 「經史門」 '儒門禁網', 141쪽.

지어 그 권위에 압도되어 형벌처럼 두려워하는 경향까지 나타나고 있
었다.58)

그렇다면 성호학파에서 주자의 학설을 송습하는 태도를 조장했다
고 지목했던 학파 혹은 정파는 어디였는가. 이에 대한 해답은 이익과
안정복의 문답 속에서 찾을 수 있다.59) 안정복은 간혹 선생의 명성을
듣고 찾아오는 다른 사람들의 존재 여부를 물었다. 이익은 서인들의
학문경향을 평가하는 것으로 대답을 대신하였다. 당시 남인계 이외 간
혹 다른 당색 출신으로 서인계 학자들의 출입이 있었다. 이익은 자신
을 찾아온 서인들의 학문경향을 '謹守規矩'(이하 근수)로 평가하였다.
정해진 법도를 잘 지킬 뿐이어서 그 지식이 매우 거칠고 투박하다는
것이다. 회의와 자득의 방법을 강조하였던 이익의 입장에서 볼 때 근
수는 잘못된 학문태도로서 교정의 대상이었다. 당시 그는 회의를 통한
자득을 권고했던 것 같다. 그러자 그들은 마치 화살에 한 번 상처를
입은 새와 같이 그 속에 어떤 함정이 숨겨져 있지 않나 두려워할 뿐
이익의 가르침을 받아들이지 않다고 했다.60) 순수한 학문적 충고로
볼 수 있는 사안을 어떤 저의를 갖는 견해로 의심할 만큼 당시 학풍의
차이로 인한 양측간 불신의 골이 깊었다.

이 시기 서인계 내부에서 공공연히 주자학설에 대해서 근수의 학풍
을 주창하였던 학자는 누구였을까. 이익과 동시기 학문활동을 전개했
던 인물로 한원진을 들 수 있다. 일단 그는 주자의 정론을 근수해야
한다고 했다. 주자가 미처 언급하지 않은 내용이라면 몰라도 이미 말

---

58) 『河濱集』 권9 「中庸後說」下 ;『星湖全集』Ⅱ, 권49 「序」 '孟子疾書序', 총간
　　199권, 397쪽 ;『星湖全集』Ⅱ, 권54 「題跋」 '中庸疾書後說', 총간 199권, 501
　　쪽.
59) 원재린, 「星湖 李瀷의 人間觀과 政治 改革論 -朝鮮後期 荀子學說 受容의
　　一端」, 연세대학교 석사학위논문, 1996 참조/『學林』 18, 연세대 사학연구회,
　　1997, 64쪽 재수록.
60) 『順菴集』Ⅱ, 권16 「函丈錄」, 총간 230권, 119~120쪽.

한 것이라면 후학으로서 마땅히 주자의 견해에 따라서 생각해야 한다
고 보았다.[61] 이러한 태도는 주자의 학설에는 오류가 없다는 확신에
서 비롯되었다. 이익이 주석가로서 주자의 경전인식 태도에 주목하여
주자 학설을 회의했던 것과는 달리 한원진은 주자 경전해석 자체의
완결성을 강조하였다. 따라서 주자에 의해 확정된 경해는 모두 무오류
의 정설이었다. 한원진은 주자가 강구한 訓釋이 틀린 것이라면 文王,
周公, 孔子의 훈석 역시 잘못된 것이라고 하였다.[62]

이러한 완결성 때문에 주자의 주석은 그에게 근수의 대상일 뿐이었
다. 후학으로서 주자학설을 근수하되 강명하지 말며, 주자의 정론에
반하는 별도의 새로운 학설을 세울 필요가 없었다고 하였다.[63] 만일
요·순, 공·맹자 이래 제 설을 완벽하게 정리한 주자의 견해를 정미
하게 분석하려 한다면 이는 道體를 어지럽히는 행위로 간주하였다.[64]
더욱이 주자가 말하고 생각한 바를 부정하고 주자의 범위를 벗어나
공부하는 것은 곧 주자에 대한 배반이라고 보았다.[65] 주자의 정설을
궁구하여 주자의 본지를 이해하는 것이야말로 후학의 도리였다.[66] 주
자학설에 대한 존신을 통해 주자학 자체를 절대화 하려는 시도는 주
자의 경전인식 태도에 따라 주자학설을 회의의 대상으로 상정했던 성
호학파의 태도와 좋은 대비를 이루고 있었다.

한원진이 얼마나 주자학설을 완전무결한 것으로 인식하고 근수하
려 했는지는 다음의 사례를 통해 확인할 수 있다. 그는 『대학』장구
'補亡'章에 대한 설명에서 "주자가 같다고 말하는 것은 같은 것으로
보아야 하며, 같지 않다고 하는 것은 같지 않은 것으로 보아야 한다."

---

61) 『南塘集』II, 권29 「雜著」 '浩氣辨 示朴心甫 癸巳', 총간 202권, 127쪽.
62) 『南塘集』II, 권27 「雜著」 '王陽明集辨 幷跋', 총간 202권, 90쪽.
63) 『南塘集』I, 권9 「書」 '與李公擧柬 別紙 辛卯 六月', 총간 201권, 213쪽 ;
　　『南塘集』I, 권13 「書」 '再答尹瑞膺 壬戌 正月', 총간 201권, 307쪽.
64) 『南塘集』I, 권6 「經筵說」下, 총간 201권, 151쪽.
65) 『南塘集』II, 권29 「雜著」 '浩氣辨 示朴心甫 癸巳(1713)', 127쪽.
66) 『南塘集』II, 권30 「雜著」 '人心道心說', 총간 202권, 144쪽.

라고 하였다. 오히려 무엇 때문에 다시 주자의 주석을 천착하여 앞선 학자에 비해 많은 것을 구하려 하는지 반문하였다.[67] 그가 판단하기에 고금의 의리에 대한 주자의 학설은 모두 옳기 때문에 주자의 글을 버리고 강설할 바가 없었다.[68]

이익과 문인들이 비판해 마지않았던 존신의 학문방법이 한원진에게는 주자의 본지를 깨닫기 위해서 필요한 학습법으로 적극 권장되었다. 이러한 주자인식 속에서 한원진은 주자의 글을 보충하여 주자의 뜻을 완성시키는 것을 자신에게 부여된 최대의 과제로 인식하였다.[69] 이를 위해 주자가 남긴 저작과 언론에 대한 훈고와 주석작업에 전념하였다. 그의 사고 속에서는 개인의 비판적인 사고, 자유로운 개성의 발휘를 통한 학문·사상활동은 용납되기 어려웠다. 이러한 묵수답습은 학문주체로서 치의의 면모를 유지하는 것과는 거리가 먼 것이었다.[70]

주자의 주석을 존숭함으로써 주자학을 절대시하려는 노력은 이미 송시열에 의해서 본격적으로 시도되었다. 그에게 주자의 학문성과는 어느 누구에게도 비견할 수 없는 그 자체로 완결된 것이었다. 비록 주자에 앞서 二程子가 있었지만 그들의 경전해석에는 의심스러워서 따르기 어려운 점이 많았다.[71] 상대적으로 주자의 말 한마디, 한 구절을 지극히 올바르며 천리를 밝히는 것으로 간주하였다.[72] 송시열은 『대학』을 사례로 들어 정자는 단지 순서를 개정한 학자라고 했다. 반면 주자가 자기의 뜻에 맞는 것을 채취하여 장구를 제정한 점을 높이 평가하였다.[73] 그는 주자의 노력으로 인해 『대학』 문장의 이치가 통하

---

67) 『南塘集』Ⅰ, 권13 「書」 '答尹瑞膺 辛酉 十二月', 총간 201권, 306쪽.
68) 『南塘集』Ⅱ, 「拾遺」 권3 '與沈信夫 乙卯 八月', 총간 202권, 372쪽.
69) 『南塘集』Ⅱ, 권31 「跋」 '儀禮經傳通解補跋', 총간 202권, 174~175쪽.
70) 金駿錫, 앞의 논문, 1987, 114쪽.
71) 『宋子大全』Ⅷ, 권212 「語錄」 '沙溪先生語錄', 총간 115권, 133쪽.
72) 『宋子大全』Ⅰ, 권18 「疏箚」 '進朱子封事奏箚箚疑箚 癸亥 六月 二十八日', 총간 108권, 436쪽.

고 의리가 정당해졌다고 보았다.[74] 주자는『대학』의 經文과 傳文을
분리하지 못한 이정자의 개정내용을 보완하여 이를 분리하고, 장구를
바로잡음으로써『대학』의 본 뜻을 남김없이 드러나게 했다.[75] 송시열
은 주자의 노력이 깃든 '격물'장을『대학』장구의 핵심으로 파악하고,
더 이상 미진한 부분이 없다고 보았다. 주자주석의 완결성을 부각시키
기 위해 이황도 주자의 학설을 따랐다는 점을 강조하였다.[76]

  그렇다고 해서 송시열이 학문활동 과정에서 회의 자체를 부정했던
것은 아니었다. 그 역시 주자의 언설을 인용하여 회의의 중요성을 강
조하였다.[77] 그렇다면 성호학파가 견지했던 회의방식과는 어떤 차이
가 있는 것일까. 가장 큰 차이점은 회의대상에서 주자의 학설이 제외
되었다는 사실이다.[78] 그 이유는 회의에 입각하여 경전의 본의를 검
토하는 작업은 주자에 이르러 완결되었다고 보았기 때문이었다.[79] 주

---

73) 주자는 공・맹자 이후의 유가의 도통을 확립하고, 經學과 理學을 하나로 묶
   어 유학의 의리를 밝히기 위해『대학』과『중용』을『禮記』로부터 독립시켰다
   (佐野公治,『四書學史の研究』, 東京 : 創文社, 1988, 157~166쪽).

74)『宋子大全』Ⅳ, 권101「書」'答鄭景由 庚申 八月 二十五日', 총간 111권, 401
   쪽.

75) 앞서 이병휴가 동일한 사례를 통해 주자가 사설을 극복한 점을 높이 평가했
   던 것과는 상당한 관점의 차이를 보이고 있다. 그 원인은 이미 지적되었듯이
   주자를 이해하는 방식의 차이에서 비롯되었다. 즉 이익과 문인들은 주석가
   로서 장구를 확립하는 과정에서 견지했던 주자의 주석태도에 주목했다. 반
   면 송시열계는 주자가 확정한 주석의 완결성을 전제로 하여 정자에 비해 주
   자를 부각시켰다.

76)『宋子大全』Ⅴ, 권122「書」'答或人', 총간 112권, 278쪽.

77)『宋子大全』Ⅳ, 권82「書」'答韓汝尹聖佑', 총간 111권, 21쪽.

78) 반면 송시열은 서인・노론의 학맥에서 벗어나는 학자들에 대해서는 회의를
   허용하였다. 예컨대 이황의 경우 그 학설이 틀렸다고 확정짓지는 않았으나
   회의할 수 있는 대상으로 상정하였다(『宋子大全』Ⅴ, 권114「書」'答洪聖休',
   총간 112권, 95쪽). 송시열에게 이황의 학문은 상대적으로 인식하고 분석되
   어야 할 대상이었다. 그 이유는 주자의 학설과 다르기 때문이었다(『宋子大
   全』Ⅴ, 권133「雜著」'退溪四書質疑疑義一 丁巳', 총간 112권, 458쪽).

79)『南塘集』Ⅰ, 권15「書」'答沈信夫 癸丑', 총간 201권, 340쪽 ;『宋子大全』Ⅷ,

자학설이 천명된 이후 모든 점에서 명백하여 조금의 의심스러움도 소멸되었다. 송시열이 볼 때 주자 이후 후학들에게 부여된 과업은 그 설을 근수하는 것뿐이었다.[80) 그는 몸소 자신의 소신을 실천해 보였다. 평소『朱子大全』읽기를 거듭하여 이치와 취지를 반복함으로써 마음속으로 깨달음을 얻었다고 했다.[81) 후학의 입장에서 볼 때 주자의 경해가 나온 이후 더 이상 회의적 관점에서 傳註를 검토해야 할 필요성은 사라졌던 것이다. 그는 다시 한 번 주자의 주석에는 오류가 없다는 점을 확신하였다.[82)

송시열이 주자의 학설을 회의의 대상에서 제외시키고, 그 절대성을 강조할 수 있었던 것은 주자에게 계승된 유학의 道統 때문이었다. 주자는 堯 · 舜, 禹 · 湯, 文 · 武, 孔 · 孟子의 도통을 계승한 유일한 학자였다.[83) 심지어 그는 주자를 공자 이후 유일하게 존경받아 마땅한 인물로까지 평가하였다.[84) 오직 주자만이 맹자 이후 끊어진 도학의 전통을 천명하고 理와 欲을 밝히고 義와 理를 구분했다고 하였다. 이 점때문에 주자가 백세의 종사로서 존숭받아 마땅하다고 여겼다.[85) 따라서 주자의 경전해석에 대해서 자설을 강구하는 태도는 그 내용의 적실 여부를 떠나서 유자로서의 기본자세가 아니었다. 주자의 글에는 聖統이 내재해 있기 때문에 함부로 트집잡을 수 없었다.[86) 송시열은 주

附錄 권17,「語錄 -崔愼錄(상)」, 총간 115권, 549쪽.

80)『宋子大全』Ⅳ, 권102「書」 '答奇子亮挺翼 己酉 七月 四日', 총간 111권, 425쪽.

81)『宋子大全』Ⅰ, 권1「詩」 '戊午十月 送疇孫歸懷德 既歸 以沿道作百六韻 見寄 聊步還示之', 총간 108권, 103쪽.

82)『宋子大全』Ⅷ, 附錄 권17,「語錄 - 崔愼錄(상)」, 547쪽.

83)『宋子大全』Ⅷ,「附錄」권2, '年譜 一', 총간 115권, 208쪽 ;『宋子大全』Ⅰ, 권19「疏」 '論大義仍陳尹拯事疏 丁卯 正月 二十八日', 총간 108권, 455쪽.

84)『宋子大全』Ⅲ, 권77「書」 '答趙光甫 癸亥 別紙', 총간 110권, 529쪽.

85)『宋子大全』Ⅲ, 권75「書」 '與李彝仲 丙辰', 총간 110권, 473쪽.

86)『宋子大全』Ⅰ, 권1「詩」 '戊午十月 送疇孫歸懷德 既歸 以涓道作百六韻見寄 聊步還示之', 총간 108권, 103쪽.

자주석의 적합성을 도통론에 결합시켜 이해함으로써 그 절대성을 한층 더 강화시켜 나아갔으며, 이에 대한 일체의 회의를 용납하지 않았다.

이러한 주자인식을 견지했던 송시열은 윤휴의 『중용』해석을 옹호했던 宋基厚를 비난하였다. 일족이었던 송기후는 『중용』을 새롭게 해석한 윤휴의 저술을 읽고 "아직 발명하지 못한 것을 발명한 것이다."라고 평가하였다. 그러자 송시열은 즉각 주자의 논의에 어긋나는 것으로 후학을 그르치게 한다며 꾸짖었다.[87] 이미 살펴보았듯이 윤휴는 『중용』과 함께 『대학』에 대해서도 주자장구의 문제점을 지적하였다. 그는 『대학』의 경문만으로도 충분히 격물치지의 의미를 자득할 수 있는 상황에서 별도로 분장하여 만든 '보망'장을 주자의 개인적인 견해로 보았다. 따라서 주자가 자득을 위해 재구성한 견해를 반드시 따를 필요는 없었다.[88] 주자의 주석태도를 주목하여 그를 주석가로서 이해하는 방식과 도통론에 입각하여 주자를 절대적 성현으로 이해하는 방식의 차이점을 확인할 수 있다.

주자가 추구했던 경전인식 태도에 주목하여 회의를 진작시켰던 이익 역시 주자의 사상체계를 구성하는 핵심 경전인 사서, 그 중에서도 『대학』과 『중용』장구에 대해서 비판적인 안목에서 객관적으로 검토할 것을 촉구하였다. 그 이유는 이익 자신이 주석이 제일 잘 갖춰진 것으로 평가했던 두 경전에서조차 자구의 오류가 발견되었기 때문이었다.[89] 이익은 오류가 확인된 『대학』과 『중용』을 읽으면서도 의심할 줄 모르는 태도를 비판하였다. 더 나아가 "정·주자 이후에 경서의 문의가 크게 밝혀져서 더 이상 미진한 것이 없으므로 그대로 따르기만 하면 된다."는 말들이 나오는 것을 경계하였다.[90] 致疑法에 입각하여 주자가 확정한 자구해석은 물론 문의까지도 비판적 관점에서 새롭게

---

87) 『白湖全書』(하) 「附錄 二」 '行狀', 1894쪽.
88) 『白湖全書』(하) 권37, 「雜著」 '大學全篇大旨按說', 1518～1519쪽.
89) 『星湖僿說』(하) 권21, 「經史門」 '儒門禁網', 141쪽.
90) 『順菴集』Ⅱ, 권16 「函丈錄」, 총간 230권, 116·119쪽.

인식하려 했다.

이익은 "주자의 글에서 대해서 치의하는 것을 망령되이 여기고, 자세히 검토하여 대조하는 것을 죄이다."라고 단정하는 태도를 문제로 여겼다.[91] 장구 이외에 한 글자도 모두 참람되게 여긴다면 이는 주자를 제대로 이해하는 것이 아니라고 보았다.[92] "주자의 주석에 대해 생각하여 헤아리고, 의심하는 것을 문제삼거나, 사소한 부분까지도 성역으로 설정해 놓는 것은 단지 옛 주석을 그대로 지키는 것일 뿐 마음으로 체득하는 태도가 아니다."라는 점을 분명히 하였다.[93] 후학으로서 취해야 할 학문자세로서 정 · 주자의 학설에 대해서 더 이상 미진함이 없다고 섣불리 단정하기보다는 후인으로서 자신의 견해를 적극 개진해야 한다고 보았다.[94] 이익은 주자의 집주를 읽는 자는 해석 내용 가운데 미흡한 부분에 대해서 반드시 의심해야 할 책임이 있다고 했다.[95]

반면 송시열은 주자의 경해에 이견을 제기하는 것은 그 뜻을 깊이 깨닫지 못한 후학의 불찰에서 비롯되었다고 생각하였다. 『중용』 1장 '率性之謂敎'의 '敎'자에 대한 주자주석에 이견을 제기한 張維(1587~1638)의 주장에 대해서 "주자의 설에 의심을 품은 것은 깊이 생각하지 않고 정밀히 살피지 않은 불찰 때문이다."라고 질책하였다.[96] 그가 볼 때 주자의 주석은 총명하고 슬기로워서 온갖 이치를 다 아는 경지에 이른 사람만이 이해할 수 있는 것이었다.[97] 이 말은 높은 학식을 갖추

91) 『星湖僿說』(하) 권21, 「經史門」 '儒門禁網', 141쪽.
92) 『星湖全集』Ⅱ, 권54 「題跋」 '中庸疾書後說', 총간 199권, 502쪽 ; 『星湖全書』 4, 「中庸疾書」 '跋', 646쪽.
93) 『星湖全集』Ⅱ, 권49 「序」 '論語疾書序', 총간 199권, 400쪽.
94) 『順菴集』Ⅱ, 권16, 「函丈錄」, 119쪽.
95) 『星湖僿說』(하) 권24, 「經史門」 '奧竈', 293쪽.
96) 『宋子大全』Ⅳ, 권90 「書」 '答李汝九 癸丑 十二月 二十六日 別紙', 총간 111권, 187~188쪽.
97) 『宋子大全』Ⅷ, 附錄 권17, 「語錄 - 崔愼錄(상)」, 총간 115권, 552쪽.

지 못한 대부분의 학자들은 다만 주자의 가르침에 따라야만 한다는
의미로 받아들일 수 있다. 심지어 그는 후학 가운데 주자와 같은 학식
을 겸비한 사람이 등장해도 주자주석을 그대로 따를 것이라고 보았다.
만일 그러한 재주도 갖추지 못한 자로써 주자의 주석을 비판한다면
陸九淵(1132~1180)과 王守仁(1472~1529) 같은 류가 된다고 했다.[98]
이는 후학으로서 주자의 학문적 위업을 뛰어넘을 수 있는 자는 나올
수 없다는 확신과 함께 주자학설은 반드시 근수 되어야 한다는 평소
소신을 재천명한 것이다.

　송시열은 주자를 존신해야 한다는 의견을 밝혔음에도 불구하고 끊
임없이 시도되는 주자 비판에 대해서 어떤 형태로든 방안을 강구하지
않을 수 없었다. 주자언설 가운데 상호모순되는 점을 해명할 필요성을
절감하였다. 일단 주자학설에서 상충된 점이 나타나는 이유를 학문 수
수과정에서 비롯된 어쩔 수 없는 상황 때문이라고 보았다. 그는 특별
히 주자가 문인들에게 보낸 편지와 語類에 기록된 내용 중에서 異同
이 많이 나타나고 있다고 판단하였다. 그리고 그 원인을 "대개 천도를
따라 말하기도 하고 인성을 따라 말하기도 하는 과정에서 비롯된 것
이다."라고 하였다. 동이가 발생하게 된 것은 주자가 학설을 설파하는
과정에서 전수받는 문인의 이해수준을 고려한 결과이지 교시 자체의
문제에서 비롯된 것이 아니라는 논리였다.[99]

　송시열은 이러한 점을 감안하면서 주자의 진의를 파악하기 위해서
전후맥락을 정리하고, 이를 통해 그 지향하는 바가 어디에 있는지를

---

98) 『宋子大全』IV, 권104 「書」 '答金仲固 丙辰', 총간 111권, 471쪽.
99) 이러한 관점에서 송시열이 편찬을 기획했던 저술이 『朱子言論同異攷』였다.
　　그는 『주자대전』과 『朱子語類』에서 서로 차이나는 부분이 많다고 보았다.
　　그 이유로 대개 대전에는 주자가 초년에 가졌던 견해와 만년에 가졌던 견해
　　의 다름이 있으며, 어류의 경우는 한 사람 손으로 기록한 것이 아니기 때문
　　에, 서로 차이가 나는 것으로 보았다(『宋子大全』V, 권130 「雜著」 '朱子言論
　　同異攷', 총간 112권, 414쪽).

정확히 이해하기 위한 학문작업에 착수하였다.[100] 이에 『朱子大全箚疑』를 편찬하여 사람들로 하여금 주자의 의리를 알게 하고, 邪說을 제거하려 노력하였다.[101] 『주자대전차의』를 통해 주자를 선양하고 주자의 논지를 확정해서 후진을 교도하는 표준을 세움으로써 반주자 학풍의 확산을 저지하고자 했다.[102] 송시열과 한원진에게 있어서 근수의 학풍은 주자주석의 절대성을 강조함으로써 주자학 체계를 온전히 계승하고 유지해 나아가기에 가장 적합한 학문방법이었다.[103]

물론 성호학파에서도 근수는 자득을 추구하는 과정에서 자설만을 강조하는 폐습을 교정하기 위한 방법으로 권장되었다.[104] 그러나 주자도통주의에 입각하여 경전학습 단계에서부터 주자의 경전해석을 근수하지 않았다.[105] 그 학문지향에 있어서 근본적인 차이를 보이고 있

---

100) 『宋子大全』V, 권113 「書」 '答朴景初 乙丑 三月 初吉 別紙', 총간 112권, 77쪽.
101) 『宋子大全』VII, 「宋書續拾遺附錄」 권2 '墓誌', 斯文學會 영인본, 1971, 698쪽.
102) 金駿錫, 앞의 논문, 1987, 103쪽.
103) 서인·노론계 내부에서 이 같은 학풍을 극복하려 노력한 학자로 金昌協 (1651~1708)과 金昌翕(1653~1722)을 들 수 있다. 洛論系를 대표하는 이들은 '주자를 조술하자[守朱子]'는 태도에서 벗어나 자득을 통한 새로운 학설 방안을 모색하였다(李埈丘, 앞의 논문, 172~173쪽 참조). 이러한 학문경향이 나타나게 된 원인으로 湖西지역과 변별되는 서울·경기지역의 독자적 학풍의 영향을 들 수 있다. 즉 李端相(1607~1689)과 趙聖期(1638~1689)로부터 邵雍 象數學과 心學의 영향 받음으로써 사상적으로 송시열계와 구분되었으며, 이 같은 학문경향은 湖洛 논쟁의 중요한 원인으로 작용하였다(趙成山, 「朝鮮後期 洛論系 學風의 形成과 經世論 硏究」, 고려대학교 박사학위논문, 2003, 132~141쪽).
104) 안정복은 이익에게 '有好新務奇之習'하여 前輩의 견해를 경시하는 폐단을 제거하기 위한 방안으로 근수를 권고하였으며, 이에 이익이 동감하였다(『順菴集』II, 권16 「函丈錄」, 총간 230권, 119쪽).
105) 이익은 도통과 관련된 여러 유자들의 견해를 소개하면서 서인·노론에 비해 상대적으로 주자에게로 계승되는 도통에 대해 큰 의미를 두지 않았다. 그는 요·순, 공·맹자, 주자, 兩程을 이어서 주자로 계승되는 도통을 강조한 원

었다. 근수의 학풍이 문제가 되었던 것은 방법 그 자체 때문이 아니라 자신의 주관을 주자의 그것에 일치시켜 가기 위한 학습법으로 전용했기 때문이었다. 당연히 주석가로서 주자의 학문방법에 주목했던 성호학파에서는 주자의 경전 해석을 상대적으로 평가함은 물론 오류가 발생된 사안에 대해서 잘못을 지적하고 시정해 나아가려 했다. 즉 주자의 경전 인식태도에 주목하는 입장에서 볼 때 집주나 장구를 존숭하기 위해 부각되었던 근수의 학풍은 극복의 대상이었다.

여기에 성호학파의 회의와 자득 학문 방법이 갖는 사상적 의미가 분명히 드러나고 있다. 이익과 문인들은 치의법을 통해 주자학설을 객관적으로 검토하였으며, 그 과정에서 자연스럽게 주자학의 문제와 한계를 인식할 수 있었다. 주자가 추구했던 인간이해와 사회운영 원리에서 벗어나 질적인 사회변화가 초래되었던 조선 후기 상황에 적합한 학문체계를 모색할 수 있게 되었다. 이는 주자인식과 경전해석 문제를 둘러싼 차이가 순수한 학문의 차원을 떠나 현실에서의 갈등을 빚고 있었던 사실을 통해 확인할 수 있다. 즉 학풍의 차이는 각기 다른 사상체계의 형성과 그로부터 발생하는 정치적 갈등을 예고하는 것이었다.

3) 자득법의 모색과 주자학풍과의 대립

성호학파와 송시열계의 주자학에 대한 인식과 경전학습법의 차이는 학문의 관점에서 사회 변동에 따른 조선 후기 사대부 지식인들의 사상 분화 양상을 보여주는 사례로 간주할 수 있다. 그러나 현실의 측면을 고려할 때 양측간 학풍의 차이는 당대 사상적·정치적 대립을

대 학자 吳澄(1249~1333)의 견해에 대해서 조리가 맞지 않고 억지로 끌어 맞춘 인상이 있다고 평가하였다. 오히려 명나라 陳眞晟의 '맹자가 죽자 드디어 그 전통을 잃었다'는 말이 도통을 발명한 점이 있다고 보았다(『星湖僿說』(상) 권10, 「人事門」 '道統', 327쪽).

야기했던 주요한 원인이었다. 이 점은 송시열의 주장을 통해 확인할
수 있다.

송시열은 선유를 경시하고 방자하게 자신의 소견을 마음대로 주장
하기보다는 정·주자의 교훈을 착실하게 따르는 학문태도를 권장하였
다. 따라서 그는 주자를 비방하거나 업신여기는 학풍에 대해서 亂臣
賊子로 규정하여 엄중히 처벌해야 한다고 했다.106) 이때 난신적자를
판단하는 기준은 주자도통과 학설의 존숭 여부였다. 이러한 기준에서
그는 윤휴를 사문난적으로 규정하였다. 윤휴는 주자에게 계승된 도통
의 의미도, 주자학설의 내용도 제대로 파악하지 못한 학자였다.107) 송
시열은 자신의 처사를 주자가 呂祖謙(1137~1181)이 이단을 공격하지
않는 것을 우려했던 사실을 들어서 정당화시켰다.108) 사실 그는 학문
적으로 윤휴의 경전인식 태도에 대해서 크게 걱정하지 않았다. "中天
에 비견되는 주자의 도와 비교할 때 윤휴와 같은 자들이 아무리 많다
하더라도 그 도를 손상시키기 어렵다."고 보았다. 그럼에도 불구하고
그가 윤휴를 배척했던 것은 바로 반주자적인 학문경향이 世道에까지
영향을 줄 수 있다는109) 현실인식 때문이었다.

이는 송시열이 강조했던 주자도통론 속에 일단의 정치적 의도가 내
재되어 있음을 의미한다. 즉 주자학을 절대화함으로써 자파의 학문위
상을 제고함은 물론, 이로부터 확보된 학문적 권위를 활용하여 정치적
으로 서인·노론의 세도를 확고히 하려 했다. 따라서 자신들의 세도를
위협하는 근거가 될만한 학문과 사상경향은 반드시 제압되어야 할 대

---

106) 『宋子大全』Ⅳ, 권104 「書」 '答金直卿仲固 丙辰 三月 二十七日', 총간 111권,
    458쪽 ; 『宋子大全』Ⅷ, 「附錄」 권2, '年譜 一', 총간 115권, 208쪽.
107) 『宋子大全』Ⅷ, 「附錄」 권2, '年譜 一', 총간 115권, 208쪽 ; 『宋子大全』Ⅲ, 권
    78 「書」, '答韓汝碩 戊辰 七月 別紙', 총간 110권, 550쪽.
108) 『宋子大全』Ⅳ, 권91 「書」 '答李汝九 甲子 六月 一日 別紙', 총간 111권, 204
    ~205쪽.
109) 『宋子大全』Ⅰ, 권19 「疏」 '論大議仍陳尹拯事疏 丁卯 正月 二十八日', 총간
    108권, 455쪽.

상이었다. 이 점은 송시열이 崇正學·闢異端의 차원에서 윤휴를 이단의 효시로 규정하고 모든 수단을 강구하여 성토했던 사실에서 확인할수 있다. 그리고 마침내 윤휴를 축출함으로써 그 목표를 달성할 수 있었다.110) 주자학에 대한 각기 다른 인식차이에서 비롯된 학풍의 차이는 정치적으로 상반된 학문경향과 사상지향을 추구하는 개인 혹은 학문집단을 제거하는 데에까지 이르고 있었다.

그런데 이러한 양상은 송시열 단계에서만 모색되어진 것이 아니었다. 숙종 후반 이래 서인·노론의 정치적 입지가 정국상황에 따라 유동적으로 변화하면서 이단사설 시비는 더욱 확대 재생산 되었다. 동시에 주자학에 대한 근수 경향과 반주자학풍에 대한 비판은 노론의 사승관계를 통해 더욱 확고하게 전수되었다. 이는 權尙夏(1641~1721)가 근세학문의 폐단으로 이단의 문제를 거론한 사실에서 확인할 수 있다. 그 역시 주자학을 존신하지 않고, 윤휴와 같이 邪說을 앞장서서 주창하여 주자의 經義를 훼손하는 학문태도를 용납할 수 없다고 하였다. 그는 후학들에게 더욱더 주자학을 존신할 것을 촉구하는 한편, 망령되게 異說을 제기하는 자들을 망령된 무리로 규정하여 배척했다.111) 송시열에 이어서 권상하에게서도 근수의 학풍이 학문적으로 반주자학풍을 저지하고, 정치적으로 망용의 무리를 몰아내는 데 적절히 활용되고 있었다.

한원진에 이르게 되면 사문난적을 배척하는 양상은 영조대 초반 복잡한 정국상황과 맞물려 더욱 강화되었다. 그는 군자소인론에 입각하여112) 학문적·정치적으로 노론측과 대립적 면모를 보였던 북인, 소

---

110) 『숙종실록』 권9, 6년 5월 戊午 38책, 453쪽.

111) 『南塘集』Ⅱ, 권34 「行狀」 '寒水齋權先生行狀', 총간 202권, 245쪽.

112) 이 시기 노론은 辛壬義理에 대한 是非分別 문제를 기준으로 명분의리에 입각하여 군자소인의 엄격한 구분을 촉구하였다. 그리고 이를 통해 확보된 정치명분을 활용하여 상대당을 소인당으로 변척하고 정계에서 완전히 축출함으로써 자파의 입지를 확고히 하였다(鄭萬祚, 「朝鮮時代 朋黨論의 展開와

론계 출신 주요 인사들에게 이단의 혐의를 부과하였다. 이때 거론된 학자들로서 鄭汝立(?~1589), 鄭仁弘(1535~1623), 朴世堂(1629~ 1703), 尹拯(1629~1714) 부자 등을 들 수 있다. 그가 우려했던 바는 송시열과 마찬가지로 반주자적인 학문성향이 그대로 반노론의 정치지향으로 발현되는 것이었다. 그는 "이들이 黨與를 만들어 그 세력을 확장시켜 국가에 해를 끼칠 존재로 간주되었기 때문에 단죄하는 것이 불가피하다."고 주장하였다.113)

사실 조선 전기 이래로 주자학설에 이의를 제시한 학자들은 적지 않았다. 한원진은 대표적인 인사로 이언적과 趙翼(1579~1655)을 들었다. 그런데 이들이 제기한 반론에 대해서 "순전히 학문적 차원에서 견식이 모자라서 의심을 품고 스스로의 견해를 고찰한 것에 불과할 뿐이었다."고 평가하였다. 반면 윤휴와 박세당에 대해서 '有慢侮爭衝之意'를 가진 사람으로 평가하였다.114) 한원진에게 양자는 노론의 학문적 권위뿐만 아니라 정치적 위상에 손상을 입힐 수 있는 존재로 인식되었던 것이다.

특히 윤휴는 한원진대에 이르러서도 여전히 난적의 효시로 규정되었다. 이미 제거되고 없는 윤휴를 지목한 것은 동시기 윤휴의 학풍을 지향하는 동일 계열의 학자들과 정치세력에 대한 경계를 의미하는 것

그 性格」, 『朝鮮後期 黨爭의 綜合的 檢討』, 한국정신문화연구원, 1992 참조).

대표적인 노론측 인사로 한원진과 이재를 들 수 있다. 한원진은 노론만이 유일한 군자당이라고 생각하였고, 반면에 소론당은 징토 대상인 역적당이라고 하였다. 그리고 주자의 붕당론에 입각해서 영조의 탕평을 조정론으로 비난했다. 이재 역시 노론이 참화를 당한 辛壬獄事(辛丑·壬寅옥사 : 1721~1722)를 사화로 단정하고 우선적으로 奸凶들의 죄악을 바로잡은 후에야 탕평도 가능하다는 견해를 피력하였다(朴光用, 「朝鮮後期 '蕩平' 硏究」, 서울대학교 박사학위논문, 1994, 68~70쪽).

113) 『南塘集』II, 권38 「雜識」 '外篇 下', 총간 202권, 314~315쪽 ; 『南塘集』I, 권2 「疏」 '丙申擬辨師誣疏', 총간 201권, 44쪽.

114) 『南塘集』II, 권38 「雜識」, '外篇 下', 320쪽.

이다. 실제로 한원진은 아직까지도 그러한 학문경향이 지속되고 있다고 확신하였다. 그리고 이로 인한 폐해를 명나라 말기 초래되었던 국가폐망의 위기에 비견하였다.115) 누구를 염두에 둔 것인지는 정확히 알 수 없지만 한원진의 발언 속에는 자파와 다른 학문경향을 보일 때에는 좌시하지 않겠다는 엄중한 경고가 담겨져 있었다. 그런데 이러한 서인·노론의 압박은 동시대를 살았던 이익과 문인들에게 감지되고 있었다.

이익은 선현들의 학설과 다른 견해를 변척하는 당대 학계 풍토를 칼과 톱으로 사람을 잡는 것에 비유하였다. 지금도 여전히 자신의 학설과 일치하지 않을 경우 禁網을 설치해 놓고 제거하려는 시도가 계속되고 있다고 믿었다. 그가 가장 우려했던 것은 이로 인해 학문적으로 이설을 전혀 제기하지 못하는 상황이 초래되는 것이었다. 그는 조금 아는 것 이외에는 발언하지도 못하고, 아무 의미도 모르는 채 억지로 대답하는 학문풍토가 만연되는 것을 걱정하였다.116) 이병휴 역시 주자의 집전과 장구에 대해서 한 글자, 반쪽 글이라도 의심하면 주자를 배반했다는 혐의로 배척하거나 현인을 모욕하는 법으로 처벌하는 상황을 우려하였다. 이를 도학의 미명 하에 사사로운 이욕을 취하는 행위로 간주하였다. 그리고 이로 인한 해악이 적지 않을 것으로 내다보았다.117) 당시 이익과 이병휴는 주자학을 근수하는 학풍의 문제점과 함께 이를 빌미로 상대방을 제거하려는 시도에 대해서 크게 걱정하였다.

실제로 이익은 이설을 적극 처단하려는 데에는 어떤 정치적 의도가 내재해 있다고 확신했다. 그는 당대 학문경향이 학자 본연의 임무는 방기한 채 세도를 주장함으로써 스스로 의리를 만들어서 상대방을 얽

---

115) 『南塘集』Ⅱ, 「拾遺」 권3, '與姜甥奎煥 辛亥 八月', 총간 202권, 379쪽 ; 『南塘集』Ⅱ, 권36 「雜識」 '內篇 下', 총간 202권, 291쪽.
116) 『星湖僿說』(하) 권21, 「經史門」 '不恥下問', 145쪽.
117) 『貞山雜著』 권10, 「論學術之弊」.

어 넣는 수단으로 악용되는 것을 문제로 보았다.[118] 명나라 제3대왕이
었던 成祖의 사례를 통해 이단사설을 빌미로 주자학 이외의 다른 학
설을 정치적으로 억압하는 행태의 문제점을 지적하였다. 당시 성조는
『經傳大典』(＝五經 · 四書大全)을 만들어 천하의 모든 유자들로 하여
금 주자의 학문을 따르게 하였다. 그리고 만약 이를 어기는 자가 있으
면 극형으로 다스렸다. 이익은 성조의 행동을 斯文을 위한 충심으로
이해할 수도 있지만 사사로운 마음에서 비롯되었다는 점에서 그 같은
처벌은 온당치 못한 것으로 보았다.[119] 학문의 차원에서 충분히 운위
될 수 있는 문제를 정치적 문제로 확대해서 주자학과 다른 학문경향
을 보이는 학자 혹은 학파를 제거하는 데에 이용하는 것은 옳지 못한
것으로 판단하였다. 한원진이 명나라 멸망 원인으로 주자학을 존중하
지 않은 점을 거론한 것과는 커다란 인식 차이를 보이고 있다. 이익이
지적한 문제점은 이후로도 결코 개선되지 않았다. 이는 똑같은 明代
의 비유를 들어 당대 조선학계의 문제점을 지적한 정약용의 견해에서
확인할 수 있다.

정약용은 명의 멸망 원인으로 주자 존숭의 문제를 들었다. 명나라
학자들이 주자를 존신하고 이설을 금지한 이후부터 지혜와 의사를 버
리고 모두 하나로 좇아 따라가게 되었다.[120] 그 계기로 이익과 마찬가
지로 명초 胡廣(1370~1418)이 편찬한 『七書大全』을 들었다. 그는
"대전이 편찬된 이후 한 글자 한 구절도 철칙으로 간주하여 스스로의
영명한 지혜를 폐쇄하며, 다른 생각이나 의논을 제기하지 못하게 되었
다."고 하였다. 그 결과 선유들의 주소는 기이하고 편벽한 글이 되었
고, 후세 선비들의 논변이 모두 사문난적으로 간주되는 학문풍토가 나
타나게 되었다.[121] 명대 상황을 빌어서 당대 조선학계의 문제점을 지

---

118)『順菴集』Ⅱ, 권16「函丈錄」, 총간 230권, 117쪽.
119)『星湖僿說』(하) 권24,「經史門」'成祖尊朱子', 292쪽.
120)『與猶堂全書』1,「詩文集」권8 '十三經策', 162쪽.
121)『與猶堂全書』1,「詩文集」권8 '孟子策' 157쪽.

적하였다. 더욱 큰 문제는 이로 인해 어리석은 선비들은 아예 학문의 이동설과 경적의 신구본이 있는 줄도 모른 채 이미 이루어진 학설만을 따르고 세속의 학문만을 숭상하게 되었다는 사실이다. 그 결과 명나라 학자들은 스스로의 총명을 발휘하여 경전을 이해하려 들지 않게 되었다.[122] 이익과 정약용은 명대 사례를 통해 주자학을 존숭하는 태도를 국가 존망의 차원에서 반드시 사라져야 할 해로운 풍습으로 인식하고 비판하였다. 이는 이익과 문인들이 겪었던 학문적·정치적 위협과 무관하지 않았다.

이미 이익 당대부터 諸經 疾書와 『星湖僿說』등 일련의 저술들에 대한 직접적인 배척의 조짐이 나타나고 있었다. 이에 성호문인들은 불안감을 떨쳐버리지 못하였다.[123] 이러한 비판은 이익 개인의 학문성향에만 국한된 것이 아니었다. 某人에 의해 제기된 주장에서처럼 이익과 함께 유형원이 배척되었다.[124] 이익을 포괄하는 북인계 남인의 학문경향이 노론의 주요한 변척대상이 되었다. 안정복은 즉각 이를 偏黨에서 나온 것으로 학풍을 빌미로 상대당을 제거하려는 정치적 의도로 간주하였다.[125]

당시 성호문인들이 느꼈던 위기의식은 회의와 자득의 방법을 유지해 나아가는 데 적지 않은 영향을 주었다. 즉 자신들이 학문의 진취를 위해 주자학설에 대해서 적용했던 치의법이 자칫 노론에게 정치공세의 빌미를 제공할 가능성이 컸기 때문이다. 이에 성호학파에서는 회의와 자득을 추구하되 신중함을 강조하였다.

---

122) 『與猶堂全書』1, 「詩文集」 권8, '十三經策', 162쪽.
123) 『順菴集』Ⅰ, 권2 「書」 '上星湖先生別紙 甲戌', 총간 229권, 366쪽 ; 『順菴集』 Ⅰ, 권8 「書」 '答黃莘叟書 戊申', 총간 229권, 510쪽.
124) 某人은 다름이 아니라 노론계 徐租修였다. 그가 바로 이익과 유형원은 利瑪竇의 무리로 규정하였다(차기진, 앞의 책, 2002, 235쪽).
125) 『順菴集』Ⅰ, 권8 「書」 '答黃莘叟書 戊申', 510쪽 ; 『拱白堂集』 권2, 「書」 '上順庵先生書 戊申', 총간 260권, 151쪽.

우선 이익은 회의를 할 때 자칫 참람하게 될 것을 염려하였다. 의문을 제기하되 지나치게 한계를 뛰어넘거나 경솔해서는 안 된다고 했다. 심지어 그는 회의를 위해 널리 수집하고 깊이 연구하여 증명하는 것은 낮은 위치에 있으면서 빗나간 의논을 하다가 죄에 걸려드는 것과 같다고 하였다. 자득은 고사하고 회의만을 추구하는 학문태도조차 용납치 않았던 학계 상황을 묘사하였다. 그럼에도 불구하고 "모르고 지내는 것보다는 차라리 따져서 밝히는 것이 옳다."는 의지를 보였다.126) 상대방의 정치적 공세를 피하면서도 치의법을 유지할 수 있는 방안이 적극 모색될 필요가 있었다. 그 대책은 스승의 학문성과에 대한 비판이 나오면서 적극 강구되었다. 그 선두에 섰던 문인이 바로 안정복이었다.127)

안정복은 후배문인들에게 진정한 자득을 이루기 위해서 감히 누구도 비판할 수 없도록 철저한 회의과정을 거칠 것을 당부하였다.128) 물론 그 이유는 당파의 습관에 젖어 자신의 黨類가 아닐 경우 간흉이라는 혐의를 씌워 몰아붙이는 조선학계의 현실 때문이었다.129) 그는 "중국학계와 달리 조선에서는 옛 학설과 위배되는 말을 했다가는 가부를 따질 것이 없이 일제히 일어나 공격을 퍼부어 곤경에 빠뜨리는 경우가 많았다."는 사실을 지적하였다. 심지어 후학들이 선현의 말씀에 의심을 갖고 기록한 내용까지도 문제삼았던 상황을 거론하였다. 직접 사사 받을 수 없는 처지에서 홀로 독서하다가 의심나는 부분을 기록한 내용에 대해서조차 큰 죄로 간주했던 東國의 풍속에 대한 비판이었다. 이에 그는 독서나 강의를 할 때 구설을 그대로 따를 뿐 새로운 학

---

126) 『星湖全集』II, 권54 「題跋」 '中庸疾書後說', 총간 199권, 502쪽.
127) 대체로 1754년 이익의 저술에 대한 비판이 공식적으로 확인된 이후부터(『順菴集』I, 권2 「書」 '上星湖先生別紙 甲戌', 총간 229권, 366쪽) 안정복은 후배문인들에게 신중한 자득 태도를 견지할 것을 강조하고 있었다.
128) 『順菴集』I, 권3 「書」 '與李景協書 甲戌', 총간 229권, 407쪽.
129) 『順菴集』I, 권8 「書」 '與柳敬之書 乙未', 총간 229권, 517쪽.

설을 발표하지 말라고 까지 하였다.[130] 이는 새로운 학설을 공인했을
경우 학파 전체가 받게될 위협을 우려해서 한 발언이었다. 또한 이단
사설의 혐의가 그에게 준 압박감을 새삼 확인할 수 있는 대목이기도
하다. 역설적으로 새로운 경전해석에 대해서 추호도 용납하지 않은 경
직된 당시 학문 풍토에 대한 강한 비판으로 볼 수 있다.

이러한 상황 속에서 스승을 대신하여 후배문인의 학문지도를 맡았
던 안정복은[131] 독경시 회의의 필요성을 말하면서도 자득을 지나치게
의식한 나머지 선유들 교훈에 대해 일부러 하자만 찾아내려는 태도를
경계하였다.[132] 특히『대학』장구 '보망'장의 불필요성을 강조한 권철
신의 주장에 대해 선유들이 이미 거론한 논설이라는 점에서 진정으로
자득한 내용으로 볼 수 없다고 하였다.[133] 사실 그는 같은 해(1768)
윤동규에게 보낸 편지에서 고본『대학』이 옳다고 주장한 이들의 견해
를 수긍하면서 " '격물치지'장을 다시 만들지 않더라도『대학』의 본의
를 이해할 수 있다."고 하였다. 그런 그가『대학』장구에 반대하는 견
해를 피력한 권철신의 주장에 대해서 자제와 경계를 촉구한 점은 자
칫 주자학설에 반대하다가 이단사설의 혐의에 몰릴 것을 우려했기 때
문이었다.

안정복은 지속적으로 이러한 지도방식을 견지해 나아갔다. 그는 후
배들의 소견 가운데 채택할 만한 것들이 있다는 점을 인정하였다. 동
시에 그는 이를 장려했을 경우 일어날 수 있는 폐단에 대해서 항상 걱

---

130)『順菴集』I, 권4「書」'與李景協書 戊寅', 총간 229권, 409쪽.

131) 안정복은 이익에 의해 '頂門針'에 비유될 정도로 후배 문인들에게 경계하는
    말을 자주 하였다(『星湖全集』II, 권30「書」'答權旣明 庚辰', 총간 199권, 33
    쪽). 이와는 대조적으로 이병휴는 후배들을 권장하여 이끌어 가면서 칭찬을
    많이 하는 방식을 취하였다(『順菴集』II, 권8「書」'與李士興書 庚子', 총간
    230권, 504~505쪽).

132)『順菴集』I, 권6「書」'答權旣明書 別紙 庚辰', 총간 229권, 449쪽 ;『順菴
    集』I, 권6「書」'答權旣明書 丙戌', 총간 229권, 450쪽.

133)『順菴集』I, 권6「書」'答權旣明書 戊子', 총간 229권, 456쪽.

정하였다.134) 안정복은 논란의 여지가 많은 장구에 대해서 이견을 제시하기보다는 글 전체의 큰 뜻에 대해 자신의 견해를 확정하는 것이 불필요한 혐의를 피할 수 있는 방법이라고 생각하였다. 자득의 묘를 글자 하나, 글귀 하나를 파고들어서 무슨 뜻 하나라도 발견하는 것이 아니라고 했다. 자구보다는 大本과 達道를 밝히는 데에 힘씀으로써 회의를 통해 자득을 이룰 수 있다고 보았다.135) 즉 경전의 본지를 거시적인 관점에서 논증하는 것이 그가 대안으로 제시한 신중한 자득법이었다.136)

그러나 이 같은 노력에도 불구하고 성호학파에 대한 탄압은 현실로 나타나게 되었다. 그 빌미는 안정복이 신중한 자득을 권고했던 권철신 등 후배문인들의 천주교 신봉문제였다.137) 당시 천주교와 관련된 혐의는 이들에게만 국한되지 않았다. 이미 세상을 떠난 이익에게까지 미치고 있었다. 정치공세의 최종목표는 이익을 종장으로 하는 성호학파 전체에 맞춰져 있었다. 안정복은 서학에 이익이 연루되었다는 소문이 나돌자 즉각 스승이 추숭한 학문은 공·맹자, 정·주자학이며 이단과 잡학을 배척한 것이라고 하였다.138) 그는 이 같은 반론을 통해 더 이상의 논란의 소지를 없애려 했다. 또한 그 자신은 儒道를 위해 선유들의 학설을 따라 법문을 지켰다고 하였다. 특히 이단 학설에 대해서는 엄격한 비판과 더불어 반드시 바른 도리로 돌려놓기 위해 노력했음을 부각시켰다.139) 주자학을 존숭하는 태도를 전면에 내세움으로써 이단

---

134) 『順菴集』Ⅰ, 권4 「書」 '與李景協書 乙未', 총간 229권, 418쪽.
135) 『順菴集』Ⅰ, 권5 「書」 '答李士賓書 辛丑', 총간 229권, 447~448쪽.
136) 안정복은 『易』·『書』·『詩』·『論語』·『孟子』·『中庸』·『大學』『禮記』 등 경전들에서 의문 나는 점을 정리한 經書疑義의 글을 남기고 있다(『順菴集』 Ⅱ, 권11 「雜著」 '經書疑義', 총간 230권, 3~27쪽). 대체로 그 정리방식은 형식에 얽매이지 않고 자유롭게 본지를 궁구하는 것이었다. 안정복은 자신이 추구했던 신중한 자득법을 활용하여 주요한 경전에 대한 자설을 남겼다.
137) 『정조실록』 권33, 15년 11월 甲戌 46책, 255쪽.
138) 『順菴集』Ⅰ, 권8 「書」 '答黃莘叟書 戊申', 총간 229권, 510쪽.

의 혐의로부터 벗어나려 했다.

안정복이 천주교 문제가 불거져 나왔을 때 가장 우려했던 것은 교리 자체의 이단성 여부만이 아니었다. 이를 기화로 촉발되었던 상대당의 정치적 공세였다. 그는 黨議가 갈라져 서로 틈을 엿보고 선을 가리고 악을 들추어내는 상황에서 만일 천주교 신봉 문제가 격화된다면 그 결과는 곧 학파의 멸문으로 이어지게 될 것으로 보았다.140) 안정복은 학파보호를 위해서 모든 방안을 강구하였으며, 자기방어의 차원에서 보수적인 서학관을 견지하게 되었던 것으로 볼 수 있다.141)

실제로 천주교 문제는 자득법에 직접적인 영향을 주었다. 신중한 자득의 면모는 천주교 신봉의 혐의를 받아 金井道察訪으로 좌천당해 있었던 정약용에서도 나타나고 있다. 이시기 정약용은 선유의 학설에 진실로 의심스러운 곳이 있더라도 신중하게 접근해야 한다고 했다. 즉 의문점에 대해서 별도의 의견을 제시하지 말며, 그렇다고 해서 간과해서도 안 될 것으로 보았다. 다소 애매해 보이는 그의 언설 속에 성호학파에서 견지해 온 치의법에 따라서 주자학설을 비판적으로 검토하면서도 상대방으로부터 이단의 혐의를 받지 않기 위해 고심한 흔적이 역력히 남아 있다. 그는 회의를 추구하되 해당사안을 면밀히 검토하고 자세히 연구하며, 말한 사람의 본지를 깨우칠 수 있도록 반복·참고하여 조사할 것을 당부하였다. 반면 그는 일면만을 보고 진기한 재물을 얻은 것처럼 흥분하여 옛 것을 배척하고 자기 의견을 내세우는 경솔

---

139) 『順菴集』II, 권27 「行狀」 '順庵先生行狀', 총간 230권, 400~401쪽.

140) 『順菴集』I, 권6 「書」 '答權旣明書 甲辰', 총간 229권, 465쪽.

141) 이 같은 평가는 동시기 영남 남인계의 서학 비판과 비교해 볼 때 한층 설득력을 갖는다. 李玄逸(1627~1704)—李栽(1657~1730)—李象靖(1710~1781)의 계보를 잇는 南漢朝(1744~1809)는 자연학의 측면에서 서학의 우수성을 인정하는 논의조차 일체 인정하지 않았다. 특히 성호학파의 학문 경향에 대해서도 의심의 눈초리를 보냈고, 심지어는 안정복의 서학 비판에 대해서조차 만족하지 않았다(具萬玉, 「朝鮮後期 朱子學的 宇宙論의 變動」, 연세대학교 박사학위논문, 2001, 198쪽).

한 태도를 지양했다.

뿐만 아니라 정약용은 의문을 해소하고 난 후 취해야 할 태도까지도 상세히 제시하였다. 의문이 명확하게 풀렸다고 해서 상대방을 신랄하게 비판하기보다는 스스로 만족하는 데 그쳐야한다고 했다. 또한 혹시 추가로 잘못된 곳이 발견되었을 경우 더욱 신중하게 대처해야 한다고 보고 그 요령까지도 제시하였다. 즉 "모씨는 그렇게 보았으므로 그렇게 말하였던 것이니 지금 이렇게 보면 마땅히 이렇게 말해야 한다."고 했다.[142] 천주교를 빌미로 한 정치공세가 심화되는 와중에서도 자득법을 유지해 나아가기 위해서 조심스럽게 대처했던 모습이 잘 나타나고 있다.

성호학파에서 견지했던 회의와 자득의 학문방법을 제대로 이해하기 위해서는 당시 학계 분위기와 정치적 상황이 함께 고려되어져야 할 것이다. 이익과 문인들은 학문적으로 주자학과 다른 사상경향을 이단사설로 간주하고, 정치적으로 이를 활용하여 상대당과 학파를 위협하는 풍토 속에서 자득법을 강구하였다. 더욱이 이익이 청남계이자 노론과 대립하였던 여주 이씨 가문 출신이라는 점에서 더욱더 신중한 학문태도가 요청되었다. 성호학파는 앞선 시기 반주자학적 학풍을 진작시켰던 북인계 남인 학자들보다 상대적으로 운신의 폭이 좁았던 상황에서 학문활동을 전개하였다. 안정복과 정약용이 제시한 신중한 자득법은 이러한 현실의 반영물이었다. 즉 회의할 때는 상대방이 승복할 정도로 철저히 논증하되, 논란이 많은 자구에 대해 이의를 제기하기보다는 경전 전체의 대지를 파악하고, 이에 대한 자설을 확정하는 것이었다. 이러한 방법은 주석가로서 주자의 면모에 주목하여 주자학설을 객관적으로 검토할 수 있는 근거를 마련했던 방식과 함께 주자학풍을 극복할 수 있는 대안으로 주목된다.

---

142) 『與猶堂全書』 1, 「詩文集」 권22 '陶山私淑錄', 463쪽.

2. 지식의 탐구와 학문교유 방법

1) '疾書'독법과 주견의 중시

이익은 窮經과정에서보다 효율적으로 회의와 자득의 방법을 구현하기 위해 張載(1020~1077)의 '妙契疾書'의 독서법을 채용하였다. 그는 질서란 장재가 『正蒙』을 저술할 때 기거하는 곳마다 붓과 벼루를 갖추어 두고, 혹 밤중이라도 해득한 것이 있으면 잊지 않기 위해서 빨리 써 두었던 독서법에서 연유한 것이라고 소개하였다.[143] 또한 張子의 질서를 의심이 없는 곳에서 의심을 보는 독서법으로, 또는 구절과 구절, 글자와 글자마다 의심함으로써 의심이 없는 데 이르게 하는 見得의 방법으로 이해하였다.[144]

이때 주의해 보아야 할 점은 질서와 『정몽』의 관계이다. 『정몽』은 장재가 만년에 완성한 저술이었다. 장재는 『정몽』에서 太虛卽氣·虛空卽氣의 이론을 통해 기를 물질의 궁극적인 근원으로 인식하여 이를 생성론과 존재론의 차원으로 전환시킨 氣一元의 성리학설을 주장하였다.[145] 장재 개인에게 있어서 질서는 독자적인 성리학설을 완성하는 데 유용하게 활용된 독서법이었다. 이러한 점을 고려할 때 새삼 이익이 질서를 채용하고자 했던 의도가 주목된다. 기능적인 차원에서 질서의 유용성에 주목함은 물론 궁극적으로 질서를 통해 자신의 학문체계를 확립하고자 했던 목적 또한 갖고 있었다. 이는 이익에 앞서 질서를 활용했던 학자들의 면모를 통해서 확인해 볼 수 있다. 그 대표적인 학자로 이황을 들 수 있다.

이황은 "주자의 『易學啓蒙』을 읽는 과정에서 묘계질서를 본받고자

---

143) 『星湖僿說』(하) 권29, 「詩文門」 '妙契疾書', 488쪽.

144) 『星湖全集』Ⅱ, 권45 「雜著」 '書贈克己讀書山堂', 총간 199권, 386쪽.

145) 勞思光, 『中國哲學史 - 宋明篇』, 探究堂, 1987, 208~230쪽 ; 中國孔子基金會編, 『中國儒學百科全書』, 北京 : 中國大百科全書出版社, 1997, 611~612쪽.

노력했지만 제대로 하지 못했다."고 하였다. 그가 주자의 주요한 저서
를 검토하면서 질서를 채용했던 사실을 확인할 수 있다. 이때 활용한
질서의 방법은 앞서 이익이 소개한 그것과 동일하였다. "『역학계몽』
을 읽다가 얻은 것이 있을 적마다 손 가는 대로 기록하여 잊지 않도록
대비하였으며, 뒤에 잘못된 점을 발견하면 계속 수정하였다."는 것이
다.146) 비록 완성된 저술의 형태로 나오지 못했지만 두 차례나 초고를
바꾸면서까지 깊이 고찰하여 연구했다고 한다.147)

이처럼 그가 독경과정에서 느낀 소감을 기록하고 이를 끊임없이 수
정했다는 사실은 질서가 단순히 『역학계몽』에 담긴 주자학설을 이해
하기 위한 차원에서 활용된 것이 아니었다는 점을 확인시켜 준다. 이
황 역시 질서를 활용하여 독자적인 성리학체계를 확립해 나아갈 수
있었다. 질서는 기왕의 학설을 객관적으로 검토하고 이로부터 얻은 성
과를 토대로 새로운 경학체계를 확립하고자 시도했던 학자들이 선호
했던 독서법이었다.

---

146) 『退溪集』I, 권10 「書」 '答盧伊齋 庚申', 총간 29권, 290~291쪽.

147) 이익이 이황의 영향을 받아 질서를 수용했는지 수용하지 않았는지의 여부는
단정지어 말할 수 없다. 하지만 이익 본인이나 문인들이 성호의 학문연원으
로서 퇴계학을 상정하였다는 점을 고려해 볼 때(『貞山雜著』 권11, 「自序」)
성호학파의 학문방법론은 퇴계학의 일정한 영향 속에서 형성된 것으로 판단
해 볼 수 있다. 이는 이황이 주장했던 학문방법론과 성호학파의 그것과의 유
사성을 통해 간접적으로 확인할 수 있다. 예를 들어 이황 역시 주자장구나
집주에 대해서는 높이 평가하면서도 주석가로서의 주자의 면모에 주목하여,
이를 근거로 하여 주자학설을 회의적 관점에서 검토하고 있었다(『退溪集』
II, 권24 「書」 '答鄭子中', 총간 30권, 77~78쪽).
이러한 주자인식 속에서 그는 師說을 무조건 추숭하는 태도를 배격하였다
(『退溪集』I, 권14 「書」 '答南時甫', 총간 29권, 369쪽). 또한 이황은 후학들
에게 자득을 강조함으로써 학문 주체로서의 의식을 확고히 할 것을 당부하
였다(『退溪集』II, 권29 「書」 '答金而精', 총간 30권, 189쪽 ; 『退溪集』II,
권41 「雜著」 '天命圖說後敍', 총간 30권, 409쪽). 이 점을 고려할 때 보다 다
양한 측면에서 이익이 퇴계학을 사숙한 면모에 대한 분석이 이루어져야 할
것이다.

이러한 질서 독법의 채용이 갖는 의미에 유념하면서 이익이 제시한 질서 방법을 구체적으로 살펴보겠다. 그는 질서의 첫 단계로 경전을 읽을 때 경문과 주설에 대해 회의를 갖고 그 의미를 생각하는 것을 상정했다. 일단 질서의 대상으로 경문과 주설이 모두 포괄된 점이 주목된다. 이는 질서가 자구의 해석에만 얽매이기보다는 해당 경전의 본지에 대한 전반적인 이해를 목표로 한 독서법이었음을 의미한다. 다음 단계로 이익은 질서란 생각을 거듭한 후 자득한 내용을 빠르게 기록하는 것이라고 했다.[148] 질서의 어의 자체에 대한 해설이었다. 또한 이는 항상 회의를 갖고 경전 내용을 깊이 사색할 때 질서의 효과가 나타날 수 있다는 사실을 설명한 것이기도 하다. 즉 질서 독법을 효과적으로 수행하기 위해서는 항시 회의하고 사색하는 태도가 몸에 배어 있어야만 했다.[149]

마지막으로 이익이 질서 독법에서 주목한 점은 자득을 이룰 때까지 회의를 멈추지 않는다는 사실이다. 그는 자득하지 못한 경우에는 다시 생각하여 반드시 스스로 깨달을 것을 강조하였다. 그리고 자득을 달성할 때까지 질서를 반복해서 실행해야 한다고 했다.[150] 다시 한 번 질서의 목적이 단순히 회의를 통해 선현의 견해를 비판하기 위함이 아니라 자득을 통해 主見을 보다 확고히 하는 데 있었음을 알 수 있다. 회의는 자득을 위한 수단일 뿐 그 자체로 목표가 될 수 없었다. 따라서 자득하지 못할 때는 회의를 거듭해야만 했다.

이익은 입으로 말하고 귀로 듣기만 하는 방식을 거부하였다.[151] 스

---

148) 『星湖全集』Ⅲ, 「附錄」 권1 '家狀', 총간 200권, 180쪽.

149) 질서와 같은 방식의 독서법은 윤휴에게서도 나타나고 있다. 그는 사색을 통한 자득과 기록의 중요성을 강조하였다. 즉 사색과 기록, 사색과 연역을 거듭해야만 비로소 식견과 사려가 증대되어 언행이 통달하게 된다. 윤휴는 만일 사색한 내용을 기록하지 않으면 식견과 사려가 없어져서 언행이 막히게 될 것으로 보았다(『白湖集』 권22, 「序」 '讀書記序', 총간 123권, 389쪽). 그의 경학관련 학문성과는 바로 이러한 독서방식의 결과물이었다.

150) 앞의 책, 「附錄」 권1 '家狀', 180쪽.

스로 궁구하는 과정을 거치지 않은 채 그저 남의 것을 본뜨기만 하고,
새로운 것을 창안해 내지 못하는 학문태도를 비판하였다.152) 그는 평
소에 주견이 없이 훈고에 의존하여 성현의 경전이해 방식을 그대로
따르기만 한다면 정작 본인의 판단이 요구되는 상황에 직면해서는 어
떤 결정도 내릴 수 없다고 보았다. 이러한 상황을 백 리 길을 걷는 두
명의 나그네에 비유하였다. 한 사람은 하인과 마부의 인도로 하루만에
목적지에 당도하였다. 반면 다른 사람은 온갖 고초를 겪으면서도 스스
로 길을 찾아 겨우 도달하였다. 이들이 도착한 직후 다시 왔던 길을
되돌아가게 한다면 직접 길을 찾아 온 사람은 정확히 자신이 갈 길을
알지만 남의 인도를 받아 온 사람은 갈림길이나 네 거리에서 헤매고
말 것이라고 하였다. 스스로 길을 찾아갔던 사람처럼 경전해석에 있어
서도 고초를 당하더라도 성현의 훈고를 참조하면서 자력으로 궁구할
때 비로소 성현의 본 뜻을 이해할 수 있을 것으로 내다보았다.153)

　이익은 箋註를 경전의 본지에 이르는 路脈으로 간주하고, 해당 내
용을 마음 속으로 확정하는 것은 독자에게 달려 있다고 보았다.154) 이
는 주자학풍을 추구하는 가운데 선현의 학설에 대해서 이견 없이 송
습 혹은 묵수하는 독서방식과는 구별되었다.155) 자연히 궁경과정에서
질서 독법을 적용할 때 모든 경문과 주설은 회의를 통해 객관적으로
검토되어야 할 대상이었다. 이익은 주자집주도 질서 독법의 대상으로
상정하였다. 주자주석 가운데 풀리지 않는 의문에 대해서 강독하여 익
힐 때 마다 공개적으로 논의하며, 사사롭게 필기해 두었다가 계몽해야

151)『星湖僿說』(하) 권21,「經史門」,‘論語首章’, 129쪽.
152) 앞의 책,「附錄」권1, ‘家狀’, 180쪽 ;『順菴集』Ⅱ, 권20「祝文」‘復祭星湖先
　　生文 甲申’, 총간 230권, 205쪽.
153)『星湖全書』4,「論語疾書」‘序’, 433쪽.
154)『星湖僿說』(하) 권27,「經史門」,‘窮經’, 386~387쪽.
155) 송시열은 독서시 註說을 존신할 것을 강조하였다. 오히려 경솔하게 자신의
　　견해를 드러내는 행동을 충후한 기상이 없는 것으로 간주하였다(『宋子大
　　全』V, 권111「書」‘答南鶴鳴’, 총간 112권, 37쪽).

한다고 했다.156) 또한 잘 알지 못해 이해하기 어려운 주자주석을 자득하기 위해서는 경전의 자구로부터 訓詁에 이르기까지 반복하여 사색하고, 깊이 궁구하는 독서자세를 견지해야 한다고 보았다.157) 주자주석에 대해서도 주견을 확립하기 위해 끊임없이 회의를 거듭하는 질서독법이 적용되었다.

실제로 이익은 질서 독법을 통해 주요 경전을 검토하였으며, 그 결과 총 11종에 달하는 여러 질서를 저술하였다. 諸經 질서는 질서 독법의 취지를 충분히 살린 성과물이었다. 이 점은 제경 질서에 대한 성호 문인들의 평가를 통해서 확인할 수 있다. 당시 문인들은 제경 질서에 대해서 "앞선 현인들이 미쳐 깨닫지 못한 내용들이 많았다."고 하였다.158) 질서 독법을 통해 실현하고자 했던 회의와 자득의 목표가 온전히 제자들에게 전달되었던 것이다.159)

그런데 여기서 주목되는 점은 이러한 평가가 단순히 이익의 경전 해석내용만을 대상으로 한 것이 아니었다는 사실이다. 문인들의 제경 질서에 대한 평가는 그 속에 구현된 질서 독법을 포함한 전반적인 경전인식 태도를 대상으로 이루어진 것이다. 이 같은 사실은 윤동규의 견해에서 확인할 수 있다. 그는「孟子疾書」와「論語疾書」의 서문을 읽고 난 후 밝힌 소감에서 본문 내용에 대한 이해에 앞서 前聖賢의 心法에 주목해야 한다고 했다. 이때 심법이란 정·주자 이래로 강조한 "讀書解義 辨別篤志"였다. 즉 경전의 본의를 자득하기 위해서 갖춰야 할 마음자세였다. 그는 이익이 두 서문을 통해 밝힌 주자집주의 본심을 이해하지 않고서는 스승의 고심하여 저술한 뜻을 알지 못할

156) 『星湖全集』Ⅱ, 권49「序」'孟子疾書序', 총간 199권, 397~398쪽.
157) 『星湖僿說類選』(하), 권6上「經書門」1, 景文社 영인본, 1976, 5~6쪽.
158) 『星湖全集』Ⅲ,「附錄」권1 家狀, 총간 200권, 180쪽.
159) 이상정도 "질서의 취지는 바로 세속에 잘못 전해지는 流傳을 교정하기 위함이었다."고 평가하였다(『大山集』Ⅱ, 권41「雜著」'讀李星湖家禮疾書', 총간 227권, 291쪽).

것이라고 하였다.160)

이미 살펴보았듯이 「논어질서」 서에서 이익은 주자집주를 보기에
앞서 '주자의 마음'을 강조하였다. 이때 마음은 주석가로서 주자가 견
지했던 주체적인 경전해석 태도로서, 이익은 이를 근거로 주자주에 대
해서 회의하고 자득할 것을 강조하였다. 윤동규의 평가는 두 질서를
저술할 때 스승의 의중에 담겨진 질서 독법의 의미를 이해해야 한다
는 취지에서 내려졌다.161) 제경 질서 속에 담겨진 회의와 자득의 경전
인식 태도에 대한 이해가 전제되지 않고서는 그 내용을 제대로 파악
할 수 없다고 본 것이다.

윤동규는 두 서문을 통해 감명 받은 스승의 가르침에 좇아 '讀書尋
思'를 추구하는 학자들에게 질서 독법을 추천하였다.162) 각종 주석을
통해 해당 경전의 뜻을 얻고, 직접 경을 완독할 때 자득할 수 있다고
보았다. 그리고 이러한 독서방식을 '溫故知新'이라고 평가하였다.163)
특히 독서시 발생하는 의문점에 대해서 그 내용을 기록하여 학문의
진도를 점검해야 한다는 의견을 제시하였다.164) 질서 독법을 최대한
활용하여 주견을 확립하려 진력했던 면모를 엿볼 수 있다.

한편 신후담은 질서를 통해 선현들의 주석을 객관적으로 검토한 사
실에 주목하였다. 그는 제경 질서들에 대한 논평에서 선현의 주석을
존신하기보다는 회의를 통해 그 과실을 보충하고, 남긴 뜻을 발휘한
점을 높이 평가하였다.165) 치의법을 구현하는 데 질서 독법이 매우 적

---

160) 『昭南先生文集』 권13, 「行狀」 '星湖李先生行狀';『星湖全集』Ⅲ, 「附錄」 권
　　1, '行狀', 총간 200권, 189~190쪽.
161) 『昭南先生文集』 권13, 「祭文」 '再祭星湖先生文';『星湖全集』Ⅲ, 「附錄」 권
　　2 '祭文 二', 총간 200권, 200쪽.
162) 『昭南先生文集』 권1, 「書」 '上星湖李先生書 丁卯 四月'.
163) 『昭南先生文集』 권3, 「書」 '與李景協 戊寅 十二月'.
164) 『昭南先生文集』 권6, 「書」 '答安百順 戊寅 十二月';『順菴集』Ⅱ, 권26 「行
　　狀」 '邵南先生尹公行狀', 총간 230권, 325쪽.
165) 『河濱集』 권13, 「李星湖易經疾書纂要」 '序說'.

합하다는 데 공감을 표시하였다. 이에 경전해석과 관련된 제설에 대해 회의를 용납하지 않는 학풍에 대해서 편협한 처사이고 앞선 현인들이 바라던 바가 아니라고 하였다. 따라서 자력을 통해 경전을 검토하고, 성인의 글에 대해 정밀히 탐구함으로써 구설에 얽매이지 않는 자설을 개진해야 한다고 보았다.[166]

이상 두 高弟의 견해들을 통해 보건대 성호문인들이 제경 질서를 높이 평가했던 것은 치의를 구현한 질서 독법과 그 속에 내재되었던 객관적인 경전인식 태도 때문이었다. 이러한 사실은 재전제자인 정약용의 평가를 통해서 재확인할 수 있다.

정약용은 제경 질서에 대해서 "스승의 학설을 전공하여 예전의 가르침을 계승한 것으로서 비록 저술이 많지만 귀착되는 것은 모두 한 곳이었다."라고 보았다. 그리고 각종 질서는 "蓋星翁之學 一生尊信朱子 故諸經疾書 皆就朱子傳註 發揮而闡陽之"라고 하였다.[167] 여기서 주목되는 점은 "이익이 평생 주자를 존신했다."는 평가이다. 이미 살펴보았듯이 이익은 주자장구 자체를 존신하는 태도에 매우 비판적이었다. 정약용의 이익의 학문에 대한 사숙 정도를 감안 할 때 주자주석은 그 대상에서 제외되어야 할 것이다. 그렇다면 정약용은 어떤 측면에서 이러한 평가를 내린 것인가. 이는 다음의 구절인 "주자의 전주를 발휘하여 천양하였다."는 표현에서 그 단서를 찾을 수 있다. 기술하였듯이 이익이 주자의 전주에서 주목한 것은 주자의 마음, 즉 학문주체로서의 인식을 갖고 주견을 확립하기 위해서 선현의 경해를 비판적 관점에서 검토한 주석가의 마음이었다.

결국 정약용은 제경 질서를 주자의 경전학습법을 활용하여 회의와 자득을 통해 선현들의 학설을 객관적으로 검토한 저술로 인식했다. 이

---

166) 『星湖全集』Ⅲ, 권64 「墓誌銘」 '成均進士愼公墓誌銘幷序', 총간 200권, 104
    쪽 ; 『河濱集』 권7, 「中庸後說」.
167) 『與猶堂全書』 1, 「詩文集」 권19 '答李文達', 399쪽.

같은 평가는 정약용 자신이 견지했던 독서법을 통해서 확인할 수 있다. 질서 독법을 사숙했던 정약용은 주자주석을 본지를 이해하는 데 도움이 되는 한 견해로 간주하였다. 그는 한나라 유자의 주해를 고증하여 훈고를 찾고, 주자의 집주를 통해 의리를 모색해야 한다고 했다. 이때 주자의 경전 해석을 참고대상으로 상정할 뿐 시시비비를 가리는 것은 어디까지나 해석가의 몫이었다.[168] 다시 한 번 이익과 정약용의 독서법의 지향을 분명히 파악할 수 있었다. 그것은 자득을 위해 주자의 경해를 회의적인 관점에서 검토하고, 그 결과 해당 경전에 대한 주견을 확립하는 것이었다.

회의자득법을 잘 구현했던 질서 독법은 그 자체로 사제간에 수수되었던 교학내용이었다. 이익은 윤동규에게 '始學之士'로서 반드시 聖經의 뜻에 부합되지 못할 것을 걱정하는 것은 올바른 태도가 아니라고 했다. 그보다는 의심을 품고 신기한 것을 좇아 꼼꼼히 검토하는 것이 났다고 보았다.[169] 그는 질서 독법의 방식을 처음 학문에 입문하는 학자들이 갖추어야 할 필수 조건으로 간주하였다. 이러한 가르침은 정약용의 사례에서처럼 재전 제자에 이르도록 전수되었다.

그런데 여기서 주목을 끄는 점은 성호문인들이 질서 독법을 전수받는 데에만 그치지 않고 스승이 이루어 놓은 학문성과에 그대로 적용하였다는 사실이다. 성호문인들에게 주자주석과 함께 제경 질서의 내용들은 자득을 이루기 위해 객관적으로 검토해야 할 회의 대상이었다.

윤동규는 사서집주에 대해서는 탐구하는 정신을, 제경 질서에 대해서는 자신의 소견을 갖고 읽을 것을 권고하였다. 그는 집주를 활용하여 사서의 본지를 깨닫기 위해서 익숙히 읽고 탐구하는 자세가 필요하다고 생각하였다. 또한 질서의 내용은 자신의 소견을 가지고 강독할 때만이 도움되는 바가 있을 것으로 보았다.[170] 집주와 질서의 내용은

---

168) 『與猶堂全書』 1, 「詩文集」 권11 '五學論 二', 231쪽.
169) 『星湖僿說』(상) 권13, 「人事門」 '尹彦明質魯', 476쪽.

어디까지나 해당 경전에 대한 주자와 이익이 자득한 견해에 불과할 뿐이었다. 따라서 경전의 본의는 선현들의 학문성과를 객관적으로 검토하는 가운데 회의하고 자득하려 노력할 때 이해될 수 있었다. 사설이라 할지라도 맹목적으로 존숭하지 않는 태도가 주목된다.

이러한 모습은 이병휴에게서 잘 나타나고 있다. 그는 『대학』을 이해하기 위해서 주자 장구는 물론 이익의 「대학질서」까지도 참고하였다. 그럼에도 불구하고 그 뜻이 풀리지 않으면 대학전서를 반복하여 읽어서 자득하고자 했다.[171] 스스로 경전의 본지를 이해하기 전까지 해당경전에 대한 확정된 정설은 없다는 태도를 보여주고 있다. 자득을 이루기 위한 독서법으로 먼저 正文을 숙독하고 난 후에 선현들의 주설을 보아야 한다고 했다. 그 과정에서 회의를 통한 내용 검증은 필수적이며, 이를 반복하여 시행할 때 극처에 도달할 수 있다고 보았다.[172] 경전에 대한 '歸宿之所'가 없이 여러 서적을 널리 통한다는 것은 무의미하였다.[173] 스스로 정문을 통해 성현의 본지를 비판적인 안목에서 파악하고, 미흡하거나 부족한 부분을 선현들의 주설을 통해 보충할 때 자득을 이룰 수 있다. 이 같은 독서법에 따라서 그는 정문과 주설의 큰 뜻을 파악하였으며, 또한 스승의 제경 질서들을 강독하였다. 그 결과 이병휴는 주설과 질서의 가르침 이외 별도의 자신의 소견을 가질 수 있게 되었다고 했다.[174] 질서를 활용한 궁경의 결과 선현

---

170) 『昭南先生文集』 권4, 「書」 '與李景協 壬辰 八月'.

171) 『貞山雜著』 권1, 「大學補義序」.

172) 『性齋先生文集』 5, 권29 「行狀」 '貞山李公行狀', 한국역대문집총서 852권 (이하 총서), 196쪽.

173) 『貞山雜著』 권11, 「答李希度」, "爲學之道 當以經訓爲本 於此有得 將來多少受用 不然則雖博通群籍 必竟無歸宿之所 是宜切戒也".

174) 『貞山雜著』 권11, 「自序」, "其授人經也 先熟正文 次熟註說 使之參互反覆 必造極豪而後止 毋得有舍胡鶻突之習 秉休受業以來 一遵其規 旣讀正文及 註說而窺其大意 又讀先生所撰諸經疾書 服膺精義 拳拳不敢忘也 讀之旣久 胸中秒豁 註說疾書之外 別有管見".

들의 경해는 물론 심지어 스승과도 다른 주견을 확립할 수 있었다. 이는 이병휴가 질서 독법의 취지를 살려서 스승의 경전해석을 그대로 따르지 않았던 사실을 반증한다. 이러한 태도는 정약용에게서도 나타나고 있다.

그는 자신의 경학체계를 정립하기 위해서 제경 질서의 내용을 참고하였다.『주역』을 주석할 때 상당히 많은 부분을「주역질서」로부터 채록하였으며, 다른 경서에 대해서도 마찬가지였다고 했다. 그렇다고 해서 그가 질서의 내용을 무비판적으로 수용한 것은 아니었다. 각종 질서를 검토하는 과정에서 스스로 판단하기에 문제점이 발견된 사설에 대해서는 그 잘못을 지적하고 자신의 견해를 관철시켰다. 일례로 정약용은 예식에 대한 사설이 지나치게 간소하여 지금의 풍속에도 위배되고, 고례에도 근거할 수 없게 되었다고 비판하였다.175) 이처럼 정약용은 제경 질서의 내용을 절대로 변경할 수 없는 정설로 간주하여 존신한 것이 아니라 철저히 상대화시켜 비판적으로 검토하고, 그 타당성을 스스로 확인한 후에야 받아들였다.

직계제자로부터 재전제자에 이르기까지 성호문인들이 제경 질서를 통해 존숭한 내용은 질서 독법과 그 속에 구현된 경전학습 태도였다. 결코 스승이 확정한 경전해석이 중심이 된 것이 아니었다. 오히려 이익의 경전 해석은 성호문인들에게 있어서 주자주석과 마찬가지로 주견을 확립하기 위해서 객관적으로 검토되어야 할 회의 대상이었다. 마치 이익이 질서 독법을 통해 주자주석을 궁구하였듯이 성호문인들 역시 제경 질서 속에 내재된 질서의 취지를 활용하여 사설을 비판적으로 검토하고, 이를 토대로 주견을 확충해 나아갔다.

사실 이 점은 이익이 제경 질서를 저술하는 과정에서부터 문인들에게 기대했던 사안이었다. 그는 여러 질서들에 대한 자평에서 그 내용이 처음부터 立定의 설로 확정한 것이 아니라 자설을 마련해 나아가

175)『與猶堂全書』1,「詩文集」권20 '上仲氏 辛未 冬', 428~429쪽.

는 과정에서 붕우와의 편지 왕래를 통해 사견을 수정한 것이라고 했다.176) 제경 질서의 적지 않은 부분들이 찬술과정에서부터 제자들과의 문목을 통한 보완을 거치면서 완성되었다. 제경 질서에 제자들의 의견이 반영되었다는 사실은 질서 독법에 사제간 토론 과정이 포함되어 있었음을 의미한다.

이익은 혼자 공부하는 과정에서 많은 의문이 생길 수 있다고 보았다. 이를 해소하기 위해 필요한 방식이 스승과 벗들과의 토론이었다. 스스로 해결하지 못한 의문점에 대해서 사우간의 강론을 통해 해결했다. 실제로 그는 자력으로 해소할 수 없는 의문은 반드시 기록해 두었으며, 다른 날에 강론하고 연마하는 데에 도움을 받아 깨달음을 얻곤 하였다.177) 특히 의심스러워서 풀리지 않는 집주에 대해서 강독하여 습관적으로 익히는 사이에 문제 제기를 하거나, 혹은 사사롭게 기록해 두었다가 깨우침이 있기를 구하는 방식을 활용하였다.178)

이처럼 이익이 평소에 의문 나는 점을 친구와 스승에게 질문하기 위해 기록하고, 토론을 통해 처음에 생각했던 내용에서 오류가 발견될 경우 기왕의 견해를 삭제하고 다시 기록·정리하면서179) 기대했던 것은 '朋友麗澤'의 효과였다. 결국 이익이 상정한 질서는 독서법으로뿐만 아니라 궁경을 통해 자득한 내용을 사제·문우간 토론을 통해 검토하는 강론과정이 포함된 경전학습법이었다. 이 같은 학문방법이 사설로써 문인들이 전수 받은 구체적인 교육내용이었으며, 이를 활용하여 문인들은 각자의 주견을 확립해 나아갔다.180)

176) 『星湖全集』I, 권25 「書」 '答愼耳老 甲戌', 총간 198권, 502쪽.
177) 『星湖全集』II, 권48 「雜著」 '書贈克己讀書山堂', 총간 199권, 387쪽.
178) 『星湖全集』II, 권49 「序」 '孟子疾書序', 총간 199권, 397~398쪽.
179) 『星湖全書』IV, 「大學疾書」 '跋', 680쪽.
180) 신후담은 경전에 대한 각종 후설을 저술할 때 자득하기 위해서 정주설과 다른 선유들의 설을 취하고, 사우간의 토론에서 얻어들은 바를 모아 완성했다고 술회하였다(『河濱集』 권9 「中庸後說」 下).

이익은 궁경과정에서 회의·자득의 학풍을 실현할 수 있는 구체적인 독서법으로 질서를 채용하였다. 질서는 주자의 주석에 얽매이지 않고 회의를 통해 경전의 본지를 자득하기에 용이한 독서법이었다. 이익과 문인들은 질서 독법을 활용하여 각자의 경학관을 확립하는 데 적지 않은 도움을 받을 수 있었다. 그런데 질서 독법에는 개인적 차원에서 추구되었던 자득의 내용을 객관적으로 검증할 수 있는 방법이 함께 포함되어 있었다. 스승의 학설이라 할지라도 사제와 문우간의 토론을 통해 그 내용을 검증하는 강론방식이 그것이었다. 이것은 학문 수수과정에서 스승으로부터 전수 받은 교학내용이기도 했다. 성호문인들은 그 가르침에 따라서 주자주석은 물론 사설까지도 분석대상으로 상정하고 검토할 수 있었다. 다시 한번 교육과정에서 이익이 주안점을 둔 사안을 확인할 수 있다. 개별 학문주체들이 보유한 역량을 최대한 발휘하여 독자적인 학문체제를 마련할 수 있는 독서법을 전수하는 데 초점을 맞추었다.

2) '麗澤'강론 : 토론문답식 탐구법

이익은 질서 독법에 따라서 주견을 확립할 때 미처 깨닫지 못한 내용에 대해서 사제간, 문생간 강론을 통해 해소하기를 기대하였다. 토론을 통해 학문을 진취할 수 있는 이택의 방식을 선호하였다. 그가 상정한 이택은 상호존중의 사제관계와 문우의식을 전제로 함께 모여서 서로 도와 학문을 토론하는 것이었다. 이익은 이택을 聖師의 가르침이자 후학으로서 반드시 의뢰해야 할 강론방식이라고 했다.[181] 또한 이택을 지속적인 공부를 통해 학문의 깊은 뜻에 도달할 수 있는 교학방법이라고 하였다.[182]

---

181) 『星湖全集』Ⅱ, 권45「雜著」'書贈克己讀書山堂', 총간 199권, 387쪽.
182) 『星湖僿說』(상) 권7,「人事門」'書讀勝面論', 224쪽.

이익 당대 시행하였던 '이택'강론의 모습은 다음의 단편적인 몇 가지 사례를 통해서 살펴볼 수 있다. 우선 강론태도와 관련하여 이익은 강론하고 수업할 때 마치 병든 자식을 고치기 위해서 훌륭한 의원에게 질문하듯 진지하게 열의를 다해야 한다고 했다.[183] 평상시 그는 이러한 태도를 갖고 자신을 찾아오는 손님·문생들과 더불어 식사도 거른 채 주야를 가리지 않고 경전의 본지에 대해서 강론을 진행하였다.[184] 그 과정에서 이익은 의문난 점에 대해서 문인들과 토론하는 경우가 다반사였다고 한다.[185] 이러한 스승의 강론태도에 대해서 문인들은 『논어』의 "學不厭而敎不倦"의 표현을 빌어 그 열정을 높이 평가하였다.[186]

성호문인들 역시 스승의 태도를 본받아 적극적으로 강론에 참여하였다. 이병휴의 진술에 따르면 강론자리에서 문인들은 난해하여 풀기 어려운 의문점이 있으면 반복하여 질문하였고, 조금이라도 구차하게 자신의 견해를 굽히고 따르는 자세를 보이지 않았다고 했다.[187] 그 자신도 시시비비를 분명히 가리고, 의심스러운 곳은 반드시 의심함으로써 해당사안을 명백히 밝히고자 하였다. 그는 이렇게 할 때 학문의 진보를 기대할 수 있었다고 믿었다.[188]

이로써 보건대 사제간에 진행되었던 강론은 일정한 정설을 사사 받는 자리이기보다는 각자의 견해를 솔직히 개진하고 상호 질정하는 토

183) 『星湖僿說』(상) 권13, 「人事門」 '有求讀書', 470쪽.
184) 『星湖全集』III, 「附錄」 권1, '家狀', 총간 200권, 186쪽.
185) 『昭南先生文集』 권7, 「書」 '答李森煥 戊子 十月', "凡有疑晦 與之講論 自是 吾黨 怕茶飯事".
186) 『昭南先生文集』 권13, 「行狀」 '星湖李先生行狀' ; 『星湖全集』III, 「附錄」 권1, '行狀', 총간 200권, 192쪽.
187) 『貞山雜著』 권11, 「祭龍湖尹丈文」, "其於念經講旨之際 苟有疑晦 必質于師席 反覆難疑 不得不措 無一毫苟合外循之意".
188) 『貞山雜著』 권5, 「書」 '又答尹丈書', "講學之道 是則曰是 非則曰非 疑則曰疑 十分明白 然後庶有進步處".

론장이었다. 그 일면을 새로운 禮編을 작성하는 과정에서 보여준 이익과 윤동규의 태도를 통해서도 재확인 할 수 있다. 양자는 사제간이라기보다는 동료학자의 입장에서 해당 주제에 대해서 토론하였으며, 그 과정에서 적극적인 의견교환이 이루어졌다. 그 결과 양자는 스스로 부족한 점을 보충 받고 각자의 견해를 완성시킬 수 있었다고 했다.[189] 이러한 토론문답식 탐구법은 문생간에도 활성화되었다.

이택의 취지를 살리기 위해 안정복, 신후담, 윤동규, 이병휴 등 직계 문인들은 활발한 강론을 벌였으며, 이를 통해 서로 학문을 권면하면서 자득을 추구하였다.[190] 주요한 학술주제에 있어서 견해를 달리했던 이들이 적극적으로 토론에 참여했다는 사실은 이택의 목표가 어디에 있었는지를 알게 해 주는 대목이다. 그것은 학파를 대표하는 학설을 확정하는 데에 있었던 것이 아니라 어디까지나 해당 주제에 대해 각자의 자득을 이루기 위한 것이었다. 따라서 본인이 판단하기에 납득할 수 없는 타인의 견해에 대해서 구차하게 받아들일 필요가 없었다. 그 것이 비록 사설이라 할 지라도 자득의 여부에 따라서 그대로 따를 수도, 그렇지 않을 수도 있는 상대적인 것이었다. 다시 한 번 회의와 자득의 방법이 궁경단계에서는 물론 강론과정에서도 철저히 관철되고 있었음을 확인할 수 있다.

이익은 이택을 위한 강론수단으로 서로 얼굴을 맞대고 토론하는 面論과 편지로 문답하는 書讀의 방식을 제시하였다. 이황의 견해를 인용하면서 "이견이 생겼을 때는 서독의 방법이 우수하다."는 의견을 내놓았다. 편지는 논의할 조항을 자세히 기재하고, 충분한 시간을 갖고 상고할 수 있는 장점을 지낸 수단이라고 했다.[191] 또한 편지는 심사숙고한 내용을 적어 보내기 때문에 보다 높은 차원의 논의가 가능한 강

189) 『星湖全集』Ⅱ, 권51 「序」 '送尹幼章序', 총간 199권, 440쪽.
190) 『性齋先生文集』 3, 권15 「記」 '麗澤齋重修記', 총서 850권, 272쪽.
191) 『星湖僿說』(상) 권10, 「人事門」 '近侍宣召', 343쪽.

론수단이었다.192) 제한된 지면을 통해 자신의 견해를 밝혀야 하기 때문에 가장 정제된 내용만이 기술되었던 것이다. 따라서 이익은 편지를 통해 답문할 때 경솔하게 立說을 제시하는 오류를 피할 수 있다고 보았다. 이밖에도 편지는 두고두고 상대방의 의중을 헤아려 볼 수 있는 이점을 지닌 수단으로 평가하였다.193) 이상의 장점들로 인해 이익은 서신 왕래 과정에서 논의가 잠시 중단되는 단점을 상쇄할 수 있을 것으로 기대하였다.194)

지금까지 밝혀진 사실에 따르면 이익은 면론보다는 편지를 보내 질문하는 강론방식을 선호했던 것으로 보인다. 대표적인 사례로 신후담과 안정복을 들 수 있다. 신후담의 경우 처음 이익을 방문한 이래 빈번한 서신왕래를 통해 각종 경전에 대한 의견을 스승에게 진술하고 논의하였다.195) 적통제자로 자타가 공인했던 안정복 역시 17년 간 스승과의 교유과정에서 단 네 차례의 면론을 제외하고, 대부분 편지를 통해 사제관계를 유지해 나아갔던 것으로 확인되고 있다.196)

그렇다고 해서 강론방식으로 면론을 무시할 수 없다. 실제로 편지왕래를 통해 사제관계를 유지했던 안정복은 정작 서독으로는 깊은 마음을 전하기 어렵다고 하였다. 보다 많은 기회를 통해 스승을 만나 뵙지 못한 아쉬움을 표시하였다.197) 따라서 사제간에 이루어진 면론방식의 특징은 이익과 안정복의 최초 대면과정에서 찾아보는 것이 좋을 것이다.

일단 이익은 초면의 후학을 위해 편안한 분위기를 조성하려 했다. 안정복은 당시 이익의 태도를 "즐겁고 편안하게 말씀하고 웃으시며

---

192)『星湖僿說』(상) 권7,「人事門」'書讀勝面論', 224쪽.
193)『星湖全集』II, 권45「雜著」'書贈克己讀書山堂', 총간 199권, 387쪽.
194)『星湖僿說』(상) 권7,「人事門」'書讀勝面論', 224쪽.
195) 崔東熙, 앞의 책, 1988, 59~67쪽 참조.
196) 강세구, 앞의 책, 혜안, 1996, 110쪽 ; 강세구, 앞의 책, 혜안, 2000, 82쪽 참조.
197)『順菴集』I, 권1「詩」'述病', 총간 229권, 345쪽.

전혀 단속함이 없었다."고 표현하였다.198) 이익은 낯선 분위기에 자칫
위축될 수 있는 후학을 배려하여 최대한 부드러운 분위기를 조성하고
자 노력했다. 이는 장차 전개될 문답과정에서 상대방의 솔직한 의견을
듣고자 한 의도에서 비롯된 것이다. 일찍이 이익은 강론의 실효를 거
두기 위한 방안으로 言路의 개방을 제안했다. 그는 마치 성인이 천하
를 다스릴 때 최우선 과제로 언로 개방을 보장하였듯이 강론시 후학
들에게 자설을 적극적으로 제기할 수 있도록 배려하는 일이 매우 중
요하다고 보았다. 이와 함께 그는 후배들에게 스승 혹은 선배의 말에
얽매여 위축되지 말 것을 당부하였다.199) 언로 개방의 목적은 사제와
선후배간 활발한 토론을 진작시키고, 그 과정에서 흉금을 털어놓고 각
자의 의견을 교환하여 이택의 성과를 이루기 위해서였다. 이익은 언론
의 개방을 통해 치의법을 더욱 진작시키며, 그 결과 각자 자득을 이루
기를 기대하였다.200)

　이러한 원칙이 면론과정에서도 적용되었기에 안정복은 이익에게
평소에 품고 있었던 관심 사안들을 스스럼없이 질문하고 그 대답을
들을 수 있었다. 이익은 일방적으로 자설을 강조하기보다 후학의 질문
을 충분히 청취하고 응대하는 토론문답 방식을 취했다. 결코 정해진
결론을 일방적으로 강요하지 않았다. 이익은 강론을 통해서 이택의 효
과를 기대했던 만큼 일방적으로 훈시할 의도를 애초부터 갖고 있지
않았다.201) 그 대신 이익은 후학과의 토론문답 과정에서 스스로 질의
한 내용을 풀어갈 수 있도록 배려하였다. 이러한 연유로 이익이 처음

---

198) 『順菴集』II, 권16 「函丈錄」, 총간 230권, 114쪽.
199) 『順菴集』I, 권4 「書」 '答李景協書 己丑', 총간 229권, 414쪽.
200) 『星湖全集』II, 권49 「序」 '孟子疾書序', 총간 199권, 398쪽.
201) 몇몇 경우 이익은 안정복에게 질문하여 자신의 부족한 견해를 보충 받고자
　　하였다(『順菴集』II, 권16 「函丈錄」, 118쪽, "又曰 書楊雄則死 而李林甫之流
　　却書卒何也 余對曰 母后殺嗣君 書弑之義 綱目凡例註 已言之……先生曰
　　吾未知其然也").

부터 편안한 분위기를 조성하는 데 신경을 썼던 것으로 본다. 즉 자유로운 분위기 속에서 후학 역시 질문자로서 수동적인 입장으로만 머무르지 않고, 자신의 소견을 적극적으로 답변할 수 있도록 유도한 것이다. 이 같은 사실은 면론을 마치고 이익이 안정복에게 당부한 말속에 잘 나타나고 있다. 그는 "내가 한 말 가운데 쓸 만한 것은 군이 한번 생각해 보기를 바란다."라고 하였다.[202] 이익은 면론을 끝마치는 순간까지도 일련의 과정에서 제시했던 자설을 스스로 헤아려 선택적으로 수용할 것을 권하였다.

다시 한번 양자간에 이루어진 면론이 가르침을 일방적으로 전달하는 자리가 아니라 이택의 강론을 구현하는 자리였음을 알 수 있다. 첫 대면에서 강론의 중요성을 몸소 체험했던 안정복은 앞서 언급하였듯이 '이택재'를 건립하는 등 스승이 남긴 가르침을 계승하려 노력하였다. 붕우간의 강론을 통해 處心과 행사, 용모와 辭氣 등에 대해 서로 권면하는 것이 의심스러운 한두 구절을 궁구하는 것보다 낫다고[203] 그 학문적 효용성을 높이 평가하였다.

이러한 강론 분위기가 문인들 사이에 확산되어 가는 데 주요한 역할을 수행한 인물은 윤동규였다. 이는 문인간에 첨예한 대립을 보였던 사단칠정 논쟁 과정에서 잘 나타나고 있었다. 그는 신후담의 사단칠정설에 대해 자신의 주장을 억지로 짜 맞춘 인상이 짙다고 비판하였다. 그럼에도 불구하고 윤동규는 신후담이 자득한 다른 견해를 비판해서는 안 될 것이라고 하였다.[204] 선후배간에 논쟁이 벌어지더라도 그것은 어디까지나 해당 사안에만 국한 된 일이었다. 만일 그것을 빌미로 후배의 다른 견해까지도 비방하거나 폄하한다면 결국 언로를 막는 결과를 초래할 뿐이었다. 따라서 상대방의 자득 내용을 존숭하는 차원에

---

202) 『順菴集』Ⅱ, 권16 「函丈錄」, 120쪽.
203) 『順菴集』Ⅰ, 권8 「書」 '與李士興書 庚寅', 총간 229권, 504쪽.
204) 『昭南先生文集』 권1, 「書」 '答李景協 甲申'.

서, 또한 자유로운 강론을 보장한다는 점에서도 불필요한 비방은 적극 저지되어야만 했다.

이처럼 이택강론 과정에서는 선배의 역할이 중요하였다. 이익은 언로의 개방과 관련하여 강론에 참여하는 선배들에게도 후배의 견해를 존중해 줄 것을 당부하였다. 엄격한 사제나 선후배관계만을 고집하여 후학의 견해를 무시한다면 강론의 실효를 기대하기 어렵기 때문이었다. 그는 후학이 강론하며 습관적으로 익힐 때 혹은 사사로이 기록하는 과정에서 터득한 깨달음에 대해서 비방하거나 혐의를 두어 처벌하는 태도는 바람직하지 못하다고 보았다.205) 평소 의혹이 있는 사안을 윤동규에게 질문하고, 그로부터 적지 않은 도움을 받았다는206) 이병휴의 술회를 통해 이익이 기대했던 선배의 역할을 윤동규가 잘 수행했던 사실을 확인할 수 있다.

성호학파의 강론 분위기는 종사의 학설과 다른 견해를 제시하면 배척했던 서인·노론계의 그것과 상당한 차이를 보이고 있었다. 노론계의 강론 분위기는 이재가 이끌었던 寒泉精舍의 강학방식을 통해서 확인할 수 있다. 이재는 노론 洛論을 대표하는 산림 유학자로서 한천정사를 통해 활발한 강론을 전개하였다. 그가 강조하였던 교학원칙은 곧 노론 강학방식을 대표하는 사례로 볼 수 있을 것이다.

그는 무엇보다 생도들에게 철저히 주자의 정론에 근거하여 경전을 해석할 것을 강조하였다. 생도들은 그 가르침을 받아 정·주자가 지은 서문을 경전이해의 강령으로, 정·주자가 해석한 본문 주석을 경전 학습의 표준으로 삼았다. 한천정사의 생도들에게 정·주자의 글은 성현의 글이었으므로 암송의 대상이었다. 이재는 송시열 이래 주자의 주설을 절대화하는 경전 이해방식에 의거하여 생도들에게 그 주석서 활용

---

205) 『星湖全集』 II, 권49 「序」 '孟子疾書序', 397~398쪽.
206) 『貞山雜著』 권8, 「答安百順書」, 29쪽, "……秉休性本狂愚 凡有疑惑 必質於 尹丈 難疑之際時 或有索說太過 而輒被優容不嘖大度弘量 古今罕覩 願賢 兄亦似之也".

의 원칙을 교육하였다.207) 따라서 강학을 통해 확정된 문의 이외에 시
비를 잡되게 이야기하는 자에 대해서는 엄격히 문책하여 자리에서 쫓
아낼 것을 명하였다.208) 이러한 강학원칙과 분위기 속에서 문도들은
미처 이해하지 못한 주자의 본의에 대해서 질의를 할 수 있을지언정
스스로 강구한 자득의 내용을 피력하는 것은 사실상 불가능했다.

이처럼 강론방식의 차이는 단순히 학문방법론상의 차이로만 규정
될 성질의 것이 아니다. 각각의 방식을 통해 마련된 학문체계의 성격
을 결정하는 요인이었다. 이재의 강학원칙은 주자학 체계를 굳건히 유
지해 나아갈 수 있는 방법이었다. 반면 이택 강론 방식은 전자에 비해
상대적으로 자유로운 분위기에서 기왕의 학설들의 문제점을 지적하고
비판할 수 있는 것이었다. 성호학파의 강론방식은 그 자체로 주자학을
대체할 새로운 것을 모색할 수 있는 방법이었다. 대표적인 사례로 天
眞庵·走魚寺 강학회를 들 수 있다.

정약용은 1778년과 1779년 사이에 개최된 강학회를 "이익이 문호를
세워 斯道를 중흥시켰기 때문에 개최될 수 있었다."라고 평가하였
다.209) 해당 강학회는 어느 모로 보나 이익의 가르침을 재현하는 자리
였다. 이와 관련하여 강학회를 주도했던 권철신의 역할이 주목된다.
앞서 살펴보았듯이 그는 이익으로부터 사설보다도 자득을 강조한 가
르침을 직접 전수 받았다.210) 따라서 그가 강학회에서 재현하고자 했
을 스승의 가르침을 어느 정도 추론해 볼 수 있다. 그것이 자득이었다
면 최소한 앞서 이익과 직계문인들 사이에서 이루어졌던 각종 강론방

---

207) 崔誠桓, 앞의 논문, 2001, 88~90쪽.
208) 『陶菴集』 I, 권21 「書」 '答象賢院儒 戊午', 총간 194권, 462쪽. 이재의 문하
　　에서 학문경향의 차이로 인해 파문당한 학자로 洪啓禧(1703~1771)가 있었
　　다. 홍계희는 象數를 말단적인 것이라고 비하하고 四書의 義理講明과 학문
　　의 大體를 중시하였던 경향에서 벗어나 經世論·制度變通論을 강조함으로
　　써 문하에서 축출되었다(趙成山, 앞의 논문, 2003, 277~278쪽)
209) 『與猶堂全書』 1, 「詩文集」 권19 '上木齋書 乙卯', 396쪽.
210) 『星湖全集』 II, 권30 「書」 '答權旣明 庚辰', 총간 199권, 33쪽.

제3장 회의·자득의 방법과 경술·사무 일치의 지향 117

식들이 그 운영과정에 반영되었을 것이다.

이러한 가능성은 권철신 이외에 강학회를 주도했던 인사들의 면모
를 통해 재확인 할 수 있다. 李潤夏(?~1793)·李承薰(1756~1801)·
金源星 등의 재전제자들은 이미 이익의 가르침을 계승하여 학문을 강
론하고, 상호 進德修業을 닦은 사이였다.[211] 이들이 권철신과 더불어
강학회를 주도해 나아갔다는 사실은 이익의 교시가 강학과정에서 재
현되었을 가능성을 한층 높이는 것이다. 그 모습은 강학회 진행과정을
묘사한 다음의 사실들을 통해서 유추해 볼 수 있다.

일단 강학회가 진행되는 과정에서 참석자들이 자율적으로 일상에
서 지켜야 할 규약을 정하고 준수했다는 점이 주목된다. 그 과정에서
이승훈은 自強하려 노력했다고 한다.[212] 이익의 학풍을 전수 받은 주
요한 제자가 스스로 분발하려 노력하였던 사실은 강학회에서 논의된
주제가 무엇이든 간에[213] 기성 학설에 얽매이지 않고 자유롭게 논의
할 수 있는 강론 분위기가 조성되었음을 뜻한다.

다음으로 강학회의 진행방식이 주목된다. 참석자들은 10여 일 간
지속된 강학기간 동안 하늘, 세상, 인성 등과 관련된 주제를 탐구하였

---

211) 『與猶堂全書』 1, 「詩文集」 15권 '先仲氏墓誌銘', 327쪽.
212) 『與猶堂全書』 1, 「詩文集」 15권 '先仲氏墓誌銘', 327쪽, "……當此時李承薰
　　亦淬礪自強'.
213) 천진암·주어사 강학회의 성격에 대해서는 다양한 견해가 나오고 있다. 우
　　선 천주교와 무관한 순수한 유교적 강학이었다는 주장(李東煥, 「茶山思想에
　　서의 上帝 도입 경로에 대한 序說的 고찰」, 『碧史李佑成敎授停年退職紀
　　念』, 창작과비평사, 1990) 이 있다. 반면 유교적 강학 형태를 띠면서도 천주
　　교 신앙에 대해 처음 토론한 자리였다는 주장이 제기되었다(李元淳, 「天眞
　　庵·走魚寺講學會 論辨」, 『金哲埈博士華甲紀念史學論叢』, 지식산업사,
　　1984 ; 趙珖, 「韓國 初期敎會史와 走魚寺」, 『司牧』 91, 1984 ; 姜在彦, 『朝鮮
　　의 西學史』, 민음사, 1990, 152~153쪽). 또한 자주적인 학문 토론, 즉 탈주자
　　학적인 학문 토론이나 양명학 토론을 넘어 서학 토론의 장이 되었다는 주장
　　이 있다 (徐鍾泰, 「巽菴 丁若銓의 實學思想」, 『東亞研究』 24, 1992 ; 차기진,
　　「鹿菴 權哲身의 學文과 西學」, 『清溪史學』 10, 1993, 150~151쪽).

다. 이때 그들은 예전 학자들의 모든 의견을 끌어내어 하나하나 토의했다고 한다.[214] 강론자리에서 해당 주제에 대한 참석자들의 활발한 의견 수렴이 이루어졌던 것이다. 이는 참석했던 인사들이 나이나 직위에 구애받지 않고 상당히 자유로운 분위기 속에서 의견들을 제시한 결과로 볼 수 있다. 이렇게 개별적으로 제출된 의견들은 하나씩 검토하는 집중 토의방식이 적용되었다.

이 같은 사실은 그 자리가 어느 특정한 정설을 전수받는 자리가 아니라는 사실을 반증한다. 특별히 尊長이 모임을 주도하고, 강론과정에서 자신의 사설을 전수하기보다 언로 개방에 따른 자유로운 의견개진을 통해 차례차례 토론주제들을 검토해 나아갔다. 결국 권철신이 주축이 되고, 성호학풍을 전수받은 문인들이 대거 참여하여 개최된 천진암·주어사 강학회는 학파에서 추구했던 강론방식이 활용된 자리였던 것이다.

이와 더불어 주목되는 모임이 이익의 종손인 李森煥(1735~1813)을 중심으로 개최되었던 西巖 강학회였다. 앞선 강학회와는 모임의 취지나 성격에 있어서 큰 차이를 보이고 있다. 그러나 모임을 주도했던 인사들이 이익으로부터 전수받은 학풍을 충실히 계승하려는 의도를 갖고 있었다는 점에서 강학회 운영방식이 주목된다.

서암 강학회의 개최목적은 모임을 주관했던 이삼환의 언설을 통해서 알 수 있다. 그는 "근세 학자들이 서로 모여 학문을 강론하면서 항상 쓸데없는 찬사나 지나친 겸손으로 하루를 보낸다."라고 지적하였다. 그는 실질적인 공부를 위해서 질문과 변론을 벌일 것을 당부하였다.[215] 본 강학회는 어디까지나 일정한 학문성과를 얻기 위해 개최되었으며, 이택 강론의 취지에 부합되는 강학모임이 되어야 한다는 의지

---

214) 샤를르 달레, 安應烈·崔奭祐 譯註, 『韓國天主敎會史』(상), 한국교회사연구소, 1980, 301쪽.

215) 『與猶堂全書』1, 「詩文集」권21 '西巖講學記', 450쪽. 서암 강학회는 1795년 10월 24일 溫陽 가까운 西巖 땅 鳳谷寺에서 열흘간에 걸쳐 개최되었다.

를 천명한 것으로 볼 수 있다.

실제로 서암 강학회에서는 상례문제로부터 시작하여 성리학설 및 경전해석, 학문실천 방법 등에 이르기까지 다양한 주제에 대한 사우간의 활발한 토론이 전개되었다. 그 진행방식은 이삼환이 질문하면 여러 사람들이 대답하기도 하고, 때로는 여러 사람들이 질문하고 그가 변론하는 방식을 취했다.216) 존장의 입장에서 특정사설을 일방적으로 전수하거나 생도의 위치에서 이를 송습하려는 태도는 찾아보기 어려웠다.

이 점은 오랜 기간 성호문인사이에서 논란이 되었던 사단칠정 문제를 질의답변 하는 과정에서 잘 나타나고 있다. 이삼환은 이익의 「四七新編」에 대해서 "스승의 사칠논설이 이황의 訓解를 주로 하여 주자의 뜻에 깊이 부합되는 반면 이이의 氣發說은 그 견해가 치우친 점이 있다."라고 논평하였다. 이에 대해 정약용은 이황과 이이 양자의 견해를 각각의 이기설의 논리상에서 모두 적합한 것으로 판정하고, 양자의 입설을 모두 인정해야 한다고 했다.217) 이삼환과 정약용 역시 이익과 직계문인들이 그랬듯이 해당주제에 대해 견해의 일치를 보지 못했다. 다만 각자의 의견 차이만을 확인할 뿐 더 이상 논의를 진전시키지 않고 있다. 남아 있는 사료 상에서는 어느 일방이 자신의 주장을 관철시키기 위해 강설하는 모습은 찾아볼 수 없다.

이상 이익 사후 성호문인들에 의해 개최된 두 강학회를 통해 살펴보았듯이 스승이 제창했던 이택 강론 방식은 재전제자들에 의해서 잘 계승되고 있었다. 각각의 모임의 성격은 학파의 분화를 초래한 만큼 차이를 보이고 있었지만 이익으로부터 전수받은 강론방식만큼은 학문경향의 차이에도 불구하고 관철되었다. 다시 한번 문인들에게 전수된 교시내용이 이택 강론과 같은 토론문답식 탐구법이었다는 사실을 확

---

216) 『與猶堂全書』 1, 「詩文集」 권21 '西巖講學記', 450쪽.
217) 『與猶堂全書』 1, 「詩文集」 권21 '西巖講學記', 451쪽.

인할 수 있다.

조선시대 학파들은 각자의 학문전통을 수립해 나아가는 과정에서 다양한 강학수단을 동원하여 해당 학파에서 추구하는 학문목표를 실현하기 위한 노력을 기울였다. 성호학파 역시 18세기 전반 남인계에게 주어진 학문과제를 완수하기 위해 최선의 강론방법을 강구하였다. 그것은 자유로운 분위기를 조성하고 토론문답을 통해 지식을 탐구하는 방식이었다. 그 과정에서 이익과 문인들은 강론시 후학들에게 언로를 개방함으로써 이택의 효과를 증대시키고자 했다. 이 같은 강론방식과 분위기는 후학들에게 면면히 전수되었으며, 학파 분화 이후에도 각자 추구하는 학문목표를 달성하기 위해 개최되었던 강학회를 통해 다시 한 번 재현되었다.

3) 하문질정법과 사생간의 교유

이익의 토론문답식 탐구법에서 주목되는 점은 이택 강론 과정에서 윗사람이 아랫사람에게 묻는 下問의 방법이 적극 권장되었던 사실이다. 그는 "꼴 베는 아이에게도 물어야 한다."는 고사를 인용하면서 아랫사람에게 하문하는 것을 장려하였다.218) 또한 孔圉가 본인의 명민함에도 불구하고 아랫사람에게 묻기를 부끄러워하지 않은 사례를 제시하였다. 실질적인 하문의 효과를 거두기 위해서 그 내용을 반드시 채득하며, 배운 내용을 실천해야 한다고 했다.219) 하문은 단순히 의문 사안을 묻는 데에 그친 것이 아니라 자득을 이루어 학문의 진취를 달성하기 위해 채용된 강론방법이었다.

한편 하문은 자설과 다른 이견을 수용하는 데에도 유용한 강론법이

---

218) 『星湖僿說』(하) 권21, 「經史門」 '不恥下問', 145쪽.
219) 『星湖全書』 권4, 「論語疾書」 '公冶', 451쪽, "孔圉敏而好學 又不恥下問 君子進學 無以加此 然而其爲人如此 而謂問學 果何事乎 問而不採 學而不行 亦可謂之問學乎".

었다. 이익은 '古之善學者'들 중에 자신이 모르는 부분뿐만 아니라 스스로 잘 알고 있는 내용까지도 다른 사람에게 질문했던 사실에 주목하였다. 옛날 학자들은 상당한 식견을 갖추고 있었음에도 불구하고 자신의 견해를 확고히 하기 위해서 지식이 적은 자에게 하문하고, 이를 부끄럽게 여기지 않았다.220) 하문은 기본적으로 자력으로 해득하지 못한 사안을 보충받기 위해서 사용되었다. 뿐만 아니라 기왕에 자득한 내용을 후학들에게 하문하여 확정짓고, 혹시라도 발견될 수 있는 오류를 바로 잡기 위한 목적에서도 시행되었다. 앞서 언로의 개방이 후배 문인들의 자득을 위해 권장되었다면 하문은 스승과 선배의 입장에서 동일한 목표를 달성하기 위해 제시된 이택 강론의 하나였다.

이익은 하문의 효과를 선유들의 사례를 들어 설명하였다. 선유들은 글을 강론하는 데 있어서 하문을 통해서 내용의 7/10~8/10을 깨달을 수 있었다고 하였다. 뿐만 아니라 의심스럽고 난해하여 스스로 깨닫기 어려운 부분에 대해서는 후학들의 몫으로 남겨두기까지 했다.221) 그는 하문을 자신들의 학설과 일치하지 않을 경우 금망을 설치해서 걸려들기를 기다리는 태도와 대비시킴으로써 그 유용성을 한층 높이 평가하였다.222) 이것은 하문이 주자학에 대한 존신·송습하는 경향으로부터 벗어나기 위해 취해진 강론방식이었음을 의미한다. 이러한 하문의 취지가 발휘된 실례로 사칠논쟁을 들 수 있다.

1741년 이익은 자신의 학설에 이견을 제시한 신후담의 견해를 「四七同異辨」을 통해서 읽었다. 그 뒤에 그는 「同異辨後題」를 지었고, 이것을 「사칠신편」과 함께 신후담에게 보냈다.223) 이후 신후담의 견

---

220) 『星湖僿說』(하) 권23, 「經史門」 '顔淵進止', 219쪽, "古之善學者 以知問於不
知 以多問於寡 下問而不恥 況有可師乎".

221) 『星湖僿說』(하) 권21, 「經史門」 '不恥下問', 145쪽, "……先儒之於講貫 其意
如此 所以能得七分八分之域 尙不無二三 可疑難曉處在 而留待後之知者
也".

222) 『星湖僿說』(하) 권21, 「經史門」 '不恥下問', 145쪽.

해를 살펴본 이익은 스스로 자신의 생각에 오류가 있었음 인정하고, 신후담에게 편지와 별도의 跋文을 보내어 "일일이 교감하고 세세히 잘못을 지적하여 가르침을 주기를 바란다."는 뜻을 전달하였다.[224] 이처럼 사칠논쟁의 초기단계에서 이익은 자설을 신후담에게 하문하였으며, 질정받은 사안에 대해서 그 타당성을 검토하였다. 그리고 자신의 오류가 인정되는 부분은 제자의 견해에 따라 수정하였다. 이때 이익은 "「사칠신편」에서 밝힌 자기 학설은 대부분이 잘못된 것이며, 죽기 전에 일보 전진했다."고[225] 술회하였다. 스승으로서 주요한 학술주제에 대해서 제자에게 묻고 그 질정을 받아들여 자설을 수정하는 하문질정의 전형적인 사례였다.

그런데 하문은 「사칠신편」의 내용을 수정한 「同異辨重跋」(이하 중발)을 저술한 후에도 다시 한 번 이루어졌다. 이익은 신후담의 반론을 받아들여 중발설을 발표한 후 자신의 견해의 타당성을 검증하기 위해 윤동규에게 하문하였다.[226] 당시 이익은 "중발설에 대해서 붕우의 貶正을 기대한다."는 의견을 표시하였다.[227] 그러자 윤동규 형제는 사칠의 경계가 불분명해졌다는 이유를 들어 오히려 신편설의 논리가 타당하다는 주장을 내놓았다. 이처럼 이익은 중발을 작성한 이후에도 계속해서 하문을 통해서 제자들의 의견을 구하였다. 그리고 1745년에 들어서 다시 한번 제자들의 질정을 받아들여 본래 신편의 학설로 복귀하

---

223) 『河濱集』 권9, 「星湖李丈四七新編記疑」, "辛酉春 先生撰 四七同異辨 旣成 是年 秋星湖借去覽之 盖同異辨所論 有與星湖所撰四七新編不合者 星湖初 則不以爲 然撰同異辨後題送之".

224) 『星湖全集』I, 권23 「書」 '與愼耳老 辛酉', 총간 198권, 473쪽, "……四七說 三回重思 益覺吾舊見之不免紕繆 今有一篇跋語 別紙錄去 惟乞一一校勘 細細索瘢 還以見敎 此道理築底不容鶻侖說去".

225) 安泳翔, 앞의 논문, 1998, 130쪽.

226) 『昭南先生文集』 권3, 「書」 '答李景協別紙 甲申', "辛酉之臘有重跋 而下端 有待朋友之說 卽賜下問".

227) 『星湖全集』I, 권21 「書」 '答尹源明 壬戌', 총간 198권, 435쪽.

였다.[228]

사칠논쟁 과정을 통해서 보건대 하문이 요식 행위가 아니라 스승의 입장에서 확정짓지 못한 자설을 제자들의 질정을 통해 확충해 나아가기 위한 취지에서 이루어졌음을 알 수 있었다. 그리고 그 목표는 어디까지나 이택의 이득을 이루는 데 있었다.[229] 이택 강론을 통해 학문의 진취를 이루고자 했던 이익의 의도가 하문의 방법을 통해 달성되었다.

주요한 학술논쟁에 있어서 제자에게 하문질정을 구하는 것은 상호존중의 사제관과 문우의식이 전제되지 않고서는 시행되기 어려웠을 것이다. 이미 살펴보았듯이 이익은 신후담을 서로 보익해 주는 동료로서 인정하였다. 각자의 부족한 점을 보충하기 위해 도움을 주고받을 수 있는 사이로 인식했다.[230] 이러한 상황에서 하문의 효과를 배가시키기 위해서는 무엇보다 스승과 선배의 수용태도가 중요했다. 이익은 博識傍通함에도 불구하고 평생토록 하문을 부끄러워하지 않았으며, 하문시 비록 몽매한 초학자일지라도 자기의 견해를 진술하는 사람이 있다면 겸허한 자세로 그 견해를 검토하였다. 그리고 만일 취할 만한 내용이 발견되면 잠시도 지체하지 않고 수용하였다고 한다.[231] 강론에 임하는 이 같은 스승의 자세와 자유로운 분위기가 있었기에 신후담과 윤동규가 사칠논쟁 과정에서 사설에 구애받지 않고, 자설을 거침

---

228) 金容傑, 『星湖 李瀷의 哲學思想 研究』, 대동문화연구원, 1989, 108~109·118쪽 참조.

229) 『昭南先生文集』 권1, 「書」 '上星湖李先生書 辛酉 十二月 重跋', "猶有未詳者 麗澤之益 有如是夫"; 『星湖全集』 7, 「四端新編」 '重跋', 30쪽, "……此義 吾友愼耳老得之……余因此重思覺 前說之 猶有未瑩者 麗澤之益".

230) 『星湖全集』 Ⅲ, 권64 「墓誌銘」 '成均進士愼公墓誌銘并序', 총간 200권, 103쪽.

231) 『與猶堂全書』 1, 「詩文集」 권21 '西巖講學記', 453쪽, "……履中問 先生博識傍通如此 猶或有質問於人者否 木齋曰 從祖平生 不恥下問 或其所著述 有人陳其愚見 雖在蒙駿初學 未嘗不動容翕受 苟其言之有可取 亟改而易之 不留晷刻 其謙勇如此".

없이 표명할 수 있었다. 또한 선하다고 생각되었던 後生末學을 반드시 채록하였던 이익은 이를 생도를 장려하는 데에도 활용하였다.[232] 하문을 통해 자설을 보충 받음은 물론 그 내용을 문인들을 훈도해 나아가는 데 적극 활용하였다.

이로써 보건대 하문은 학파 구성원 모두가 미흡한 자설을 확충하거나 보충 받음으로써 이택의 효과를 얻을 수 있는 토론문답식 탐구법의 하나였다. 하문은 스승과 선배 일방의 자득과 학문의 진취를 위해 시행된 것이 아니었다. 하문의 상대가 제자나 후배였다는 점에서 그 과정은 이들에게 스승과 선배의 질문을 청취하고, 답변을 준비하는 가운데 자득을 이룰 수 있는 기회를 제공하였다.

이 같은 스승의 모습은 직계제자들에게 깊은 감명을 주었다. 안정복은 자신이 보기에 뛰어난 학문적 소양을 지녔던 스승이 본인의 저술에 대해서 의문을 제기하는 제자의 견해를 버리지 않았으며, 그 타당성이 인정되면 조금의 미련도 없이 받아들여 사설을 수정했던 면모에 대해서 높이 평가하였다. 무궁한 천하 의리를 궁구함에 있어서 자기의 견해만을 고집하는 폐해를 막기 위해서 강론하고 연마하는 것을 통치를 위해 언로를 개방하는 데에 비유하였다.[233] 더 나아가 하문을 통해 제자나 후배의 질정을 받아들이는 스승의 학문태도를 적극 본받고자 했다.[234]

하문질정법이 성호학파 학풍의 주요한 구성요소로 자리잡혔음은 정약용을 통해서 확인할 수 있다. 정약용은 하문의 뜻을 보다 적극적

---

232) 『星湖全集』Ⅲ, 「附錄」 권2 '祭文 從孫森煥', 총간 200권, 206쪽, "……虛懷下問 善取諸人 後生末學 一言而善 必見採錄 獎拔生徒 推誠導和 微示一端 啓發其憤悱 諄諄善誘 動輒移晷……".

233) 『順菴集』Ⅰ, 권5 「書」 '答李士賓書 辛巳', 총간 229권, 445쪽, "星湖先生盛德 高才 精微博大之學 今古罕比 然於其所著述 或有言句之可疑者而稟質焉 言若可採 則魯無吝情 改舊從新".

234) 위의 책, '答李士賓書 辛巳', 445쪽, "……是平日所願學而不能者也 幸足下念之".

으로 해석하였다. 下學(＝하문)은 아랫사람에게 나아가 배운다는 뜻
으로 풀이하였다. '배운다'는 의미를 부각시킴으로써 본래 하문질정법
에 내재되었던 우도와 이택의 목표를 분명히 하였다. 정약용은 제나라
처사였던 顔斶과 孔子의 사례를 통해 하문의 중요성을 강조하였다.
일찍이 안촉은 제왕에게 하문을 부끄럽게 여기지 말 것을 당부하였다.
공자 역시 아랫사람에게 묻는 일을 당연하게 여겼다.[235] 군주로 표상
되는 권위와 공자로 대표되는 절대적인 학문위상을 고려할 때 하문질
정은 아무리 높은 지위와 위상을 갖고 있는 사람이라 할지라도 자신
의 학문진취를 위해 마땅히 채택해야 할 강론방법이었다.

성호학파에서 상정한 학문의 권위란 일정한 정설만을 고집함으로
써 지켜지는 것이 아니었다. 정·주자학의 학문위상도 마찬가지 논리
에서 설명이 가능하였다. 정약용은 정·주자 모두 높은 학문위상에도
불구하고 하문의 취지에서 자신의 저술에 대해 문인과 오랜 친구들의
비평을 허용했던 것과 그 질정 사안을 참고하여 자설을 수정해 나아
갔던 사실에 주목하였다.[236] 정·주자의 학문권위를 그들이 제시한
학설이 아닌 강론태도에서 구하고자 했다.

이 점은 일찍이 이익이 주목했던 바였다. 그가 볼 때 주자는 집주를
완성시키는 과정에서 문인소자들이 나름대로 개진한 의견을 버리지
않고 조금이라도 뛰어난 점이 있으면 모두 채택했던 주석가였다. 이때
주자는 아무리 어리석은 아랫사람의 견해일지라도 반드시 주의 깊게
듣는 질문하는 자세를 견지하였다.[237] 이러한 주자의 태도에 주목할
때 주자의 학설을 대상으로 하문하는 것은 후학의 당연한 도리였다.
이익과 문인들에게 있어서 하문은 주자학설에 대한 질정을 가능케 하

---

235)『與猶堂全書』2,「論語古今註」'憲問', 304~305쪽, "下學猶下問也 顔斶曰
　　是以君王無羞亟問 不愧下學 下學者 就下而學也 案夫子固不恥下問".
236)『與猶堂全書』1,「詩文集」권22 '陶山私淑錄', 459쪽, "夫以程朱之賢且智
　　而於其所著述 許使門人知舊 任摘瑕纇 隨復磨瑩……".
237)『星湖全集』II, 권49「序」'論語疾書序', 총간 199권, 400쪽.

는 강론방법이었다. 그리고 문인간의 활발한 토론과 스스로 깨달을 수 있는 학문 분위기를 유지해 나아갈 수 있는 계기로 삼았다.

이러한 모습은 이미 윤휴에게서 나타나고 있었다. 윤휴는 주자의 경해가 여러 사람들의 학설을 모아 절충하여 완성된 것으로 이해하였다. 그는 주자가 강습의 과정에서 설명이 미흡하거나 잘 실행되지 않은 부분에 대해서 문인들과의 질의토론을 거듭하였다고 했다. 또한 붕우들과의 변론·질정하는 과정을 거치면서 자신의 앞선 학설에 오류가 발견될 경우 솔직히 인정했다. 주자가 이 방식에 따라서 실제로 내용을 수정한 곳이 적지 않았다고 보았다. 그는 이 같은 주자의 면모를 존숭하고 본받아야한다고 했다.[238] 윤휴의 반주자적인 경학관이 주자의 강론방식을 통해 그 정당성을 확보해 나아갈 수 있었다.

실제로 윤휴는 새로운 학설을 제기하는 과정에서 주자의 학설에 어긋났다는 비판을 듣자 곧 "주자도 주해를 확정하는 과정에서 붕우와 문생들의 의견에 따라 자신의 견해를 개정한 점이 있다."는 사실을 부각시켰다.[239] 주자의 하문 방식을 본받고자 했던 의도가 결코 주자 학설을 존신하기 위함이 아니었다는 사실을 확인시켜 주는 대목이다. 오히려 이를 주자의 경전 해석을 객관적으로 질정할 수 있는 근거로 활용했다.

반면 송시열과 한원진은 주자학설에 의문을 제기하기 위한 하문을 허용하지 않았다. 이들은 예의 도통의 관점에서 주자를 절대 무오류의 성현으로 인식하고, 주자학설을 송습할 것을 강조하였다. 따라서 이들에게 주자 경해에 대해 의문을 품고, 자득을 이루기 위해서 하문하는 것은 용인될 수 없었다. 송시열은 강론시에도 여전히 주자를 존신하는 태도에 입각하여 그 뜻을 강명할 것을 말하였다.[240] 성인의 정론은 함

---

238) 『白湖全書』(하) 권36, 「雜著」 '讀書記 中庸 序', 1447쪽.
239) 『白湖全書』(하) 「附錄 二」 '行狀', 1891쪽.
240) 『宋子大全』Ⅷ, 「附錄」 권13 '墓表', 총간 115권, 472쪽.

부로 고쳐 대체할 수 없기 때문이었다. 따라서 주자의 정론에 대해서 다시 회의하거나 질문할 필요가 없었다.[241] 후학들에게 주자는 그저 본뜨기만 해야 할 유일한 대상이었다.[242]

송시열은 이 원칙에 따라서 문인들을 지도하였다. 『朱子家禮』를 강론할 때 먼저 주자가 직접 저술한 원문과 주석을 완전히 가르친 후에 附註를 가르쳤다. 부주를 후순위에 둔 이유는 단 한가지, 주자의 저술이 아니기 때문이었다. 후세 학자에 의해 편집된 부주는 원문과 다르거나 내용이 뒤섞여 있을 경우가 많다는 이유에서였다.[243] 주자학설의 절대성을 강조하고, 주자 본지의 해득을 최우선 과제로 상정했던 강학자의 입장에서 볼 때 부주에는 믿고 따를 만한 학문권위가 내재되어 있지 않았다. 심지어 송시열은 주자학설 이외에 쓸데없이 저술하여 후세에 전하려는 것은 망령되고 부질없는 일이라고 하였다.[244] 이러한 강학 분위기 속에서 하문질정법은 용납될 수 없었다. 그보다는 주자의 본의를 쉽게 이해할 수 있도록 다양한 사례를 예시하거나 주자의 글을 송습하여 도를 익히는 것이 무엇보다 중요한 일이었다.[245]

한원진 역시 같은 관점에서 주자학설의 절대성을 강조하였다. 그는 "이미 앞뒤가 서로 일치하고 뜻이 지극히 완비되어 있는 주자주석에 대해서 한 자라도 가감하는 것은 후학된 자의 올바른 도리가 아니다." 라고 하였다.[246] 주자의 학설은 백세토록 어그러짐이나 미혹됨이 없

---

241) 『宋子大全』IV, 권108 「書」 '答安汝益重謙', 총간 111권, 553쪽, "……自是朱子定論 今吾友旣循此階梯則可謂善矣 復何疑而問於人乎".
242) 『宋子大全』III, 권75 「書」 '與李彝仲 丁未 十一月 二十五日 別紙', 총간 110권, 470쪽, "又竊念孔聖以後 集群儒之大成 唯晦菴夫子 則後學之所依倣 無小大巨細 當一於是矣".
243) 『宋子大全』VIII, 「附錄」 권17, '語錄 四', 총간 115권, 550쪽.
244) 『宋子大全』V, 권116 「書」 '答朴士述 丁巳 十二月 十五日 別紙', 총간 112권, 156쪽 ; 『宋子大全』VIII, 「附錄」 권13 '墓表', 총간 115권, 472쪽.
245) 『宋子大全』IV, 권102 「書」 '答金主簿宅三 戊午 十月 二十五日', 총간 111권, 431쪽, "自朱夫子以後天下義理無有不明 後學只當傳誦其書服習其道".
246) 『南塘集』I, 권23 「雜著」 '近思錄註說箚義', 총간 201권, 532쪽.

는 것이며, 또한 지극히 정미하고 뛰어나기 때문에 일생의 정론으로 삼아도 무방하다는 것이다.[247] 따라서 주자가 밝혀 놓은 것 이외 후세 여러 논자들의 학설은 그저 무의미한 잡설에 불과할 뿐이라고 하였다.[248] 심지어 다소 미흡하다고 간주되는 주자의 학설을 보충할 때에도 다른 사람의 견해에 근거하기보다 주자의 글을 통해서 그 뜻을 완성시킬 수 있다고 보았다.[249] 한원진은 주자학설 속에 내재된 모순된 측면조차도 주자에 근거하여 보충·설명하려 했다. 이러한 주자학설에 대한 인식을 갖고 강론을 전개할 때 하문질정은 불필요한 방법이었다.

강론과정에서 하문의 적용여부는 주자인식과 깊이 관련되어 있었다. 노론계에게 주자는 유학의 도통을 계승한 무오류의 성현이었다. 따라서 그의 학설은 근수되어야 했고 이를 대상으로 한 강론방법으로는 송습과 묵수가 최선의 것이었다. 노론계의 학문 노력은 현실적으로 주자학을 추종하는 자파의 위상을 강화시킴으로써 정치적 입지를 확고히 하는 데로 귀결되었다.

반면 성호학파는 주자를 선유들의 학설을 집대성한 주석가로 인식하고 그의 경전학습방식에 주목하였다. 이에 따라 궁경과정에서 회의와 자득의 방법을 관철시켜 나아갈 수 있었으며, 강론시 주자 경해는 하문질정의 대상이 되었다. 그 결과 주자학의 위상과 역할이 객관적으로 검토될 수 있었으며, 치의를 통한 자득의 결과에 따라 이를 대체할 새로운 학문과 사상을 수용하거나 확립할 수 있는 것이었다. 이러한 노력은 질서 독법, 이택 강론, 하문질정 등을 통해 탐구된 지식을 실천하는 단계에서도 지속되었다.

---

247) 『南塘集』 I, 권11 「書」 '附未發五常辨 乙未 冬', 총간 201권, 256쪽.
248) 金駿錫, 앞의 논문, 1987, 103쪽.
249) 『南塘集』 II, 권31 「跋」 '儀禮經傳通解補跋', 총간 202권, 175쪽, "……而自後人尊朱子而言之 則取朱子之說而補朱子之書 以成朱子之志 似亦無人而不可爲矣".

3. 지행의 병진과 경술·사무의 일치

1) 진지·역행과 실득지학의 추구

이익은 회의를 거쳐 자득된 지식이 실천을 통해 구현될 때 학문의 진취가 이루어질 것으로 기대했다. 이때 지행의 관계를 "致知는 力行의 근본이며, 앎이란 장차 행하기 위함이므로 역행은 치지의 결실이다."라고 하였다.[250] 실천은 지식 탐구과정에서부터 항상 유념해야 할 학문태도였다. 따라서 "배워서 알기만 하고 반복하여 행하지 않으면 기쁜 마음이 들지 못할 것이다."라고 하였다.[251] 그는 이와 같이 실천을 염두에 둔 학문을 '實得之學'이라고 하였다.[252]

실득지학을 이루기 위해서는 독서단계에서부터 역행을 염두에 둔 지식 획득의 노력이 경주될 필요가 있었다. 이익은 독서란 단지 경전을 읽는 것만으로 끝나는 것이 아니라고 보았다. 경전의 뜻을 끊임없이 사색하고, 마음에 익숙하게 한 후 스스로 체험하여 몸에 익숙히 하는 것이었다.[253] 그는 "실천을 전제하지 않는 독서는 책을 읽지 않는 것과 같다."고 했다.[254] 독서를 통해 지식을 탐구하는 과정은 갈증을 해소하기 위해서 물을 마시는 것에 비유되었다. 그리고 독서한 내용을 실천할 때는 보검을 갈아서 물건을 베듯 과감하게 수행해야 한다고 했다.[255] 이처럼 이익은 독서과정에서부터 실천의 문제를 생존을 위해 절실히 요구되는 기본적인 욕구를 해결하듯이 반드시 수행해야 할 필수적인 조건으로 생각했다.

---

250) 『星湖全集』III, 「附錄」권1 '墓碣銘 幷序', 총간 200권, 193쪽.
251) 『星湖僿說』(하) 권21, 「經史門」'論語首章', 129쪽.
252) 『星湖全集』II, 권31 「書」'與李景祖祉承 辛巳', 총간 199권, 36쪽.
253) 『星湖全集』I, 권31 「書」'答禹大來 別紙 癸酉', 총간 199권, 41쪽.
254) 『星湖全集』III, 권62 「墓碣銘」'禮賓寺直長竹庵許公墓碣銘幷書', 총간 200권, 69쪽.
255) 『星湖僿說』(상) 권13, 「人事門」'有求讀書', 470쪽.

이 점은 일련의 학문활동을 농사에 비유한 대목에서도 확인할 수 있다. 그는 "소리내어 읽거나 외는 것은 씨앗을 뿌리고 심는 것이고, 사색·연역하는 과정은 밭을 고르는 것이며, 몸소 실천하는 것은 거두어 배불리 먹는 것이다."라고 하였다.[256] 각각의 단계를 구분하고 있지만 결국 체행을 위해서는 최초 경전학습 단계에서부터 본격적인 학문활동을 전개하는 과정 내내 실천을 염두에 둔 자세를 견지해야만 했다. 이러한 학문자세는 강론을 통해 문인들에게 전수되었다.

이익은 사람을 가르치는 과정에서 "실행에 힘쓰기 위해서 文은 소략해도 괜찮다."는 말을 남겼다.[257] 그 자신은 이러한 실천적 학문자세를 평생토록 견지하였다. 이는 앞서 살펴보았듯이 만년에 이루어진 채제공과의 면대에서 "언구의 말단적인 것에 얽매이지 말고 眞知·역행해야 한다."라고[258] 당부한 사실을 통해서 확인할 수 있다. 여기서 주목되는 점은 진지와 역행의 관계이다. 지식을 획득하는 과정과 이를 실천하는 단계의 상호 관련성을 명확히 할 때 이익의 지행관 성격을 보다 분명히 파악할 수 있을 것이다.

우선 진지를 역행에 선행하는 과정으로 인식하였다. 진지란 실천에 앞서 자득을 통해 획득된 참된 지식을 의미하였다.[259] 아무리 성현의 가르침이나 사우의 권면함이 있더라도 자득을 이루지 못한다면 어떤 일도 제대로 실천할 수 없다고 보았다. 예컨대 자식으로써 부모에게 효도하는 것은 스스로 생각하여 효도하지 않으면 안 되는 이치를 깨달았을 때 비로소 가능하였다.[260] 그는 "아는 점이 부진하면 행함에 있어서도 더 이상의 진전을 기대하기 어렵다."고 보았다.[261] 자신의

256) 『星湖全集』Ⅱ, 권53 「記」'二耕窩記', 총간 199권, 483쪽.
257) 『性齋先生文集』5, 권29 「行狀」'貞山李公行狀', 총서 852권, 196쪽.
258) 『樊巖集』Ⅱ, 권51 「墓碣銘」'星湖李先生墓碣銘', 총간 236권, 442쪽.
259) 『順菴集』Ⅱ, 권16 「函丈錄」, 총간 230권, 117쪽.
260) 『星湖全集』Ⅱ, 권48 「雜著」'姪孫家煥求訓誡書以寄之', 총간 199권, 388쪽.
261) 『星湖僿說』(하) 권23, 「經史門」'顔淵進止', 219쪽.

소견이 확고하지 못한 상태에서 실천에만 전력할 경우 정해진 길로만 고지식하게 따라가는 폐단이 나타나게 될 것으로 생각하였다. 이에 그는 선비라면 응당 지식을 위주로 해야한다고 했다.[262]

그렇다고 해서 이익이 학문활동 과정에서 지식 탐구만을 강조한 것은 아니었다. 스스로 앎이란 궁극적으로 실행을 목표로 하는 것으로 자명한 이후에는 반드시 그 내용을 시행해야 한다고 했다.[263] 그가 진지를 실천에 앞서 강조한 것은 종사로서 문인들에게 학문실천의 방법을 강론하는 입장에 있었기 때문이었다. 그래서 진지와 역행의 선후를 구분하여 설명했다. 하지만 실제로 학문활동 과정에서 진지와 역행은 결코 분리될 수 없는 것이었다.[264] 이러한 지행관에 입각하여 그는 문생들에게 진지의 중요성을 널리 설파하였다.[265]

그렇다면 성호문인들은 스승의 지행관을 어떻게 이해했을까. 이는 안정복의 견해를 통해 확인해 볼 수 있다. 그는 진지하여 역행하는 것을 '義精仁熟'의 내용을 자득하여 본원에 훤하게 되면 행하는 일마다 선이 아님이 없는 상황에 비유하였다. 일단 자득을 통해 마음에 의리가 좋게 느껴지게 되면 마치 입이 芻豢을 좋아하듯 그만두려 해도 그만둘 수 없게 된다는 것이다.[266] 진지와 역행을 따로 구분하여 보지 않았다. 이는 "선후를 논한다면 아는 것이 앞서지만 결과를 기준으로 한다면 행실이 중요하다."고[267] 한 말을 통해 확인할 수 있다. 그 역시

---

262)『順菴集』II, 권16「函丈錄」, 119쪽.

263)『星湖全集』II, 권30「書」'與權孟容嚴 庚辰', 총간 199권, 20쪽.

264) 이러한 가르침은 학파를 유지해 나아가는 데 구심점으로 작용했던 것으로 보인다. 이 같은 사실은 서암 강학회에 참석하였던 沈潞의 발언을 통해 확인할 수 있다. 그는 스승의 학문적 위업을 회고하는 자리에서 진실한 공부를 통해서 실천에 힘썼던 점을 특히 강조하였다(『與猶堂全書』1,「詩文集」권21 '西嚴講學記', 452쪽).

265)『貞山雜著』권5,「祭黃得甫文」, "士之挾經卷學於我季父星湖先生之門者衆矣 先生高明峻潔 不容假僞 故陞堂問難 眞知其可尊 而終始不貳".

266)『順菴集』I, 권5「書」'答李士賓 辛丑', 총간 229권, 447~448쪽.

267)『順菴集』I, 권8「書」'答李士興基讓書 乙酉', 총간 229권, 499쪽.

설명을 위해서 진지와 역행을 구분하여 말한 것일 뿐 실제 학문활동 과정에서 양자를 분리하여 인식하지 않았다. 이러한 지행관에 입각하 여 안정복은 후세학자들처럼 지식 탐구에만 전념하고, 행실에는 관심 을 기울이지 않는다면 학문의 한쪽을 포기하는 것이라고 경고하였 다.[268]

진지와 역행이 분리될 수 없음은 子夏와 曾子의 교학방식을 평가 한 대목에서도 확인할 수 있다. 안정복은 실행을 힘쓰고 문학을 억제 한 자하보다 증자의 '務實行而兼傳習'을 높이 평가하였다.[269] 그는 증 자의 가르침에 따라서 후학을 지도할 때 진지와 역행을 동시에 수행 할 수 있다고 보았다. 이를 위해서 무엇보다 진지하고 역행할 대상의 차서를 확정하는 일이 중요하였다. 그는 "요순도 모든 사물을 두루 궁 구하지 않았던 것은 먼저 해야 할 일이 더 시급하기 때문이다."라고 한 맹자의 말을 인용하여 모든 사물의 이치를 학습한 뒤에 실천하는 것은 사실상 불가능하다고 보았다. 하늘과 사람의 性命으로부터 하찮 은 초목조수에 이르기까지 모두 궁구해야 할 학문대상이지만 心身과 일상생활의 인륜에서 볼 때 차서의 구분이 필요하였다. 이에 日用의 일에 구현된 彝倫을 진지·역행의 우선 대상으로 선정하였다. 그는 학문의 선후를 확정하고 난 뒤 순서에 따라서 하나하나 체득할 때 진 취할 수 있다고 보았다.[270]

이익과 안정복은 이러한 지행관에 입각하여 자구나 문구에 얽매여 실천을 소홀히 하는 학문태도를 비판하였다. 이익은 이 같은 폐단이 초래된 시점을 송대 이후로 상정하였다. 이때부터 유자들이 점점 심오 한 것과 은미한 이치만을 추구하게 되었으며, 결국 실천을 소홀히 한 채 글자 한두 자의 의미를 깊이 궁구하고 토론만을 일삼는 잘못된 풍

---

268) 『順菴集』 I, 권9 「書」 '與李仲命書 乙未', 총간 229권, 537쪽.
269) 『順菴集』 II, 권11 「雜著」 '經書疑義', 총간 230권, 7쪽.
270) 『順菴集』 I, 권8 「書」, '答李士興基讓書 乙酉', 총간 229권, 499쪽.

토가 조성되었다. 그 실례로『대학』을 들었다.

이익은『대학』과 관련된 주석으로 장구와 혹문, 장구어류와 혹문어류, 大全諸子說 등이 이미 제시된 사실을 제시하였다. 많은 주석서가 있음에도 불구하고 여전히『대학』에 대한 동이와 득실만을 따지고 있기 때문에 세교가 떨어지게 되었다고 보았다. 학자들이 학문과정에서 지식 탐구를 급선무로 삼아 자구해석에만 전념하게 되었으며, 그 결과 배운 내용을 실행에 옮기는 데에는 소홀히 했다. 그는 실천을 도외시하는 학문태도에 대해서 공자의 "行有餘力 則以學問"의 원칙에도 어긋날 뿐 만 아니라, 주자가 만년에 문인들을 견책했던 사안이라고 하였다.271)

안정복은 이 같은 문제의 원인을 제공한 선현을 구체적으로 지목했다. 그 장본인들은 다름 아닌 兩 程氏와 주자였다. 일단 선현들의 학문성과를 긍정적으로 평가하였다. 두 정씨가 格物致知를 강조하고, 주자가 뒤를 이어 그 의의를 거듭 밝혀 놓았기 때문에 궁리의 학풍이 천하에 가득하고 이단이 발을 붙일 곳이 없게 되었다. 그는 이들의 노력으로 兩漢시대 유자들이 실천에만 힘쓴 나머지 이치의 해득을 소홀히 했던 잘못을 극복할 수·있었다고 보았다. 그러나 안정복은 이로 인해 발생한 문제점 역시 지적하였다. 후학들이 장구와 문리에만 급급한 나머지 심신과 일상의 문제에 소홀히 하게 되었고, 마침내 口耳之學에 경도되어 실속 없이 형식에만 치우치게된 폐단을 초래하게 되었다고 보았다.272) 두 정씨와 주자가 강조했던 격치와 궁리로 인해 송대 이후 학자들에게서 실천을 간과한 채 자구에만 매달리는 폐단이 나타나게 되었다. "정·주자 이후 여러 유자들의 辭說들이 많았지만 그들의 篤行을 살펴보면 漢·唐시절의 군자들에 비해 도리어 부끄러운 점이 많다."고 보았다. 특히 조선에 들어서면서 '章句物理之上'에만 전

---

271)『星湖僿說』(하) 권19,「經史門」'儒學', 76~77쪽.
272)『順菴集』I, 권3「書」'與邵南尹丈書 庚寅', 총간 229권, 399쪽.

넘하다가 身心과 관련된 일용 사이의 일들을 소홀히 하는 경향이 나타나게 되었다.[273] 결국 정·주자가 견지했던 지행의 방법을 그대로 따를 경우 실패를 반복할 수밖에 없다는 논리였다. 더 이상 정·주자가 제시한 지행의 방법을 그대로 준수할 수 없다는 의사의 표현이었다.[274]

안정복은 정·주자의 학설 속에 내재되어 있던 문제점을 극복하기 위해서 윤동규가 소개한 '眞實體當'에 주목하였다. 윤동규가 안정복에게 소개한 방법 중 하나가 독서시 知得과 行得을 병행하는 것이었다.[275] 진실체당은 독경단계에서부터 知行並進의 태도를 견지하는 것이었다. 안정복은 윤동규의 주장을 수용하여 지식탐구와 실천이 괴리되는 문제점을 극복하자고 했다. 이 점은 博文에 대한 그의 해설에서 잘 나타나고 있다. 그는 박문의 지식획득 방법을 隱僻한 일과 기이한 설에 빠져서 입과 귀로 기억하고 암기하는 일에 치우치는 것과 다르다고 규정하였다. 박문이란 획득된 지식을 입으로만 암송하는 것과 달리 많은 것을 보고 들음으로써 행동을 신중히 하며, 자세히 분변하여 덕을 쌓는 것이었다.[276] 그가 상정한 박문은 지식의 탐구와 실천을 동시에 이룰 수 있는 학문방법이었다.

안정복은 지행병진을 '實學'을 수행하는 데에 꼭 필요한 학문자세로 간주하였다. 학문의 요체는 務實에 있으며 이를 달성하기 위해서는 '知行相須'해야 한다고 했다. 그는 이를 추구하는 학문을 실학으로 규정하였다.[277] 안정복은 실학을 사물에 내재된 천리를 격치하고 궁리

---

273) 『順菴集』I, 권3 「書」 '答昭南尹丈書 乙亥', 총간 229권, 388쪽.
274) 상반되게 보이는 정·주자의 지행관에 대한 안정복의 평가는 후술하겠지만 그가 지향했던 학문의 '時義'성을 고려한 결과였다. 즉 송대에서 발휘되었던 정·주자학의 긍정적단 면모가 후대, 특히 조선 후기에 이르러서 그 '시의'성을 상실한 채 폐단으로 작용하게 되었다. 이 점에 대해서는 4장 1절에서 자세히 살펴보겠다.
275) 『順菴集』I, 권3 「書」 '答昭南尹丈書 乙亥', 388쪽.
276) 『順菴集』II, 권8 「書」 '答黃耳叟德吉書 辛丑', 총간 229권, 509쪽.

하는 데에만 전력한 나머지 실천을 소홀히 했던 정·주자학의 모순을
바로 잡기 위한 대안으로 제시하였다.

이병휴는 학파에서 추구하는 지행병진의 당위성을 강조하기 위해
서 공자를 사례로 제시하였다. 공자가 만세의 스승으로 추앙 받았던
이유로 학술이 편벽되지 않은 점을 들었다. 공자는 尊德性(＝行)과 道
問學(＝知)을 함께 이루어 내외를 겸비했기 때문에 法門의 中正으로
서 만세의 스승이 될 수 있었다.[278] 공자의 가르침에 따라 이병휴는
지식탐구 과정도 행의 범주에서 포함시켰다. 도문학의 치지와 博學·
審問·愼思·明辨 등을 獨行으로 파악하였다.[279] 이병후에게 洙泗學
은 실천과 괴리되었던 치지와 궁리의 문제점을 지적하고, 지행병진을
강조할 수 있는 주요한 학문근거였다.

이와는 대조적으로 한원진은 주자의 학설[280]을 좇아 도문학의 중요
성을 강조하였다. 그는 陸九淵(1139~1193)의 학문을 비판하면서 도
문학을 소홀히 함으로써 존덕성조차 '氣質之靈明'을 존양하는 데 그
치고 말았다고 보았다.[281] 또한 陽明學派의 존덕성, 즉 존양공부는 格
致之功·독서궁리를 내버리고 默坐澄心에만 힘쓰는 일이었다. 그 결
과 양명학은 본원을 밝히는 공부와도 멀어지고 의리나 行處에도 볼
만한 것이 없게 되었다. 도문학을 강조하는 입장에서 볼 때 존덕성은
어디까지나 부차적인 차원에 머무를 수밖에 없었다.[282] 한원진이 상

277)『順菴集』I, 권8「書」'與柳敬之警書 乙未', 총간 229권, 516쪽.
278)『貞山雜著』권11,「尊道齋序」, "仲尼 萬世之師也 其爲萬世之師者 以其學
術不偏也……仲尼之學 內外交修 知行並進 故法門中正 傳之無斁 此所以
爲萬世之師也".
279)『貞山雜著』권10,「書」'上尹丈書', "……但以道問學 專作致知說者 或恐未
然 道問學者 不特致知 行亦在其中 據二十章 博學審問愼思明辨 篤行之語
則可知".
280)『朱子語類』권10,「學五」'讀書法 上', 210쪽.
281)『南塘集』I, 권6「筵說」'經筵說 下', 총간 201권, 150쪽.
282) 金駿錫, 앞의 논문,『李載龒博士還曆紀念 韓國史學論叢』, 1990, 587~588쪽
참조.

정한 도문학은 의리로 표현되는 인성에 내재된 천리를 궁구하는 방법
이었다.

그런데 그가 이를 강조했던 것은 단순히 학문적 차원에서 양명학의
문제점을 지적하기 위해서만은 아니었다. 그의 주장 속에는 사회 기강
의 확립이라는 현실적인 목표가 내재되어 있었다. 당대 사회 혼란의
주요원인을 강상명분의 붕괴로 파악하고, 이를 바로 잡는 것을 사대부
지식인의 학문실천의 목표로 생각하였다. 즉 조선 후기 초래되었던 사
회 제 모순을 도문학을 통해 각자 품수받은 천리를 궁구하고, 이를 토
대로 도덕성을 함양할 때 극복할 수 있다는 현실인식을 갖고 있었
다.283) 따라서 안정복에 의해서 '章句物理之上'만을 궁구한다는 비판
을 받은 주자의 격물치지와 독서궁리의 방법이 한원진에게는 의리를
분별하고 기강을 확립하는 데 적합한 방법으로 강조되었다.284)

반면 지행의 병진을 강조했던 성호문인들에게 도문학에만 전념하
는 학문태도는 비판의 대상이었다. 이익으로부터 진지·역행의 중요
성을 직접 하교 받은 채제공은 '孔門敎人法'으로 先行後言을 상정하
였다. 이 같은 孔門의 도통을 이어받은 학자로 정·주자를 들었다. 이
들은 존덕성과 도문학 양편 모두를 중요시했다. 그는 "정자는 一尺의
독서보다는 一寸의 행동을 강조하였으며, 주자 역시 만년에 문의에만
얽매여 구이지학으로 흐르는 폐단을 경계했다."고 보았다. 채제공은
이러한 선학들의 경고에도 불구하고 후세학자들이 도문학만을 핑계거
리로 삼은 것을 문제로 지적하였다. 그는 "以理析天人"과 같이 높고
원대한 것에 매달려 실천을 소홀히 하는 태도를 스스로를 속이고 남
을 속이는 행위로서 세교에 도움이 되지 못한 것으로 보았다.285)

여기서 주목되는 점은 채제공이 한원진과 달리 주자를 지에 편중된

---

283) 金駿錫, 위의 논문, 1990, 562~573쪽 참조.
284) 『南塘集』II, 권35 「雜識」 '內篇 上', 총간 202권, 265쪽.
285) 『樊巖集』II, 권33 「序」 '五視齋先生散錄序', 총간 236권, 74쪽.

학문태도를 비판하고 행을 강조한 학자로 간주하고, 이를 근거로 도문
학에만 전념하는 태도를 비판했다는 사실이다. 주자의 만년 경구를 통
해 후대 주자학자들의 문제점을 극복하고자 했다. 주자인식의 상대화
를 추구했던 성호학파의 입장에서 주자의 본상은 그들이 추구했던 사
상지향에 의해 규정되었다. 따라서 채제공은 이익으로부터 친수받은
진지·역행의 가르침을 통해 선행후언의 중요성을 부각시킴으로써 한
원진과는 다른 차원에서 주자의 학문태도를 인식하였고, 이를 활용하
여 학파에서 견지했던 지행관의 정당성을 강조할 수 있었다. 이러한
모습은 황덕길에게서도 동일하게 나타나고 있다.

황덕길은 도문학에만 전념하는 폐단을 근절하기 위해 다음과 같은
견해를 제시하였다. 그는 '爲學之道' 네 가지 중 첫 번째로 궁리(도문
학)를 들었다. 그런데 그는 궁리를 '행하는 바의 이치를 스스로 궁행하
는 것'으로 해석하였다. 그에게 궁리는 사물의 이치를 파악할 뿐만 아
니라 획득한 지식을 활용하여 실천에 옮기는 것을 전제로 한 개념으
로 이해되어졌다. 그는 강화된 궁리의 실천성을 구현하기 위해 다양한
방법을 소개하였다. 궁리는 독서를 통해서 뿐만 아니라 강론이나 사
려, 심지어 일을 행하는 사이에서도 얻을 수 있다고 보았다.286) 특히
행사를 궁리의 한 방법으로 상정했다는 사실은 결국 궁리를 지행병진
의 관점에서 지식을 탐구하는 과정임과 동시에 획득된 지식을 실천해
나아가는 과정으로 인식하고 있었음을 의미한다.

황덕길 역시 지행관과 관련하여 본받을 학자로 주자를 상정하였다.
그가 파악한 주자는 존덕성과 도문학, 양쪽을 모두 중시하면서 존덕성
을 소홀히 한 채 도문학에 치중하였던 후학을 질책했던 학자였다.287)
그는 지행상수를 정자 이래 주자에 이르도록 거듭해서 주목해 온 지
행관으로 이해하였다.288) 안정복이 주자학의 문제점을 극복하기 위한

---

286) 『下廬集』 권8, 「雜著」 '書示韓孟沃 癸未', 총간 260권, 402쪽.
287) 『下廬集』 권7, 「講議」 '朱書 尊德性齋銘大旨', 총간 260권, 396쪽.

대안으로 제시했던 실학의 실천관을 그대로 계승하였다. 앞서 살펴보았듯이 안정복은 송대 이후 학자들이 정·주자가 강조한 격치와 궁리에만 전념한 나머지 실천을 간과한 채 자구에만 매달리게 된 폐단을 지적하면서 이를 극복할 방법으로 지행상수을 강조하였다. 결국 황덕길 역시 채제공과 마찬가지로 지행상수를 주자의 실천관으로 이해하고, 이를 통해 자파에서 견지해 온 지행병진의 정당성을 강조하였다.

성호문인들과 한원진의 지행관 차이는 주자관과 현실인식의 차이에서 근원하는 것이었다. 한원진은 주자를 착한 본성의 회복을 위해 인간의 심성구조를 궁리하는 데 힘쓴 성현으로 이해하였다. 그가 주자의 이러한 면모에 주목하게 된 이유는 당시 초래되었던 사회 제 모순을 인심을 바르게 하고, 기강을 떨치는 등 강상규범의 확립을 통해 극복하고자 했던 송시열의 현실인식을[289] 잘 계승한 결과였다. 따라서 전근대시대 학문의 주체인 양반지배층은 학문수행 과정에서 존덕성보다는 도문학에 더욱 매진해야만 했다. 그런 후에 획득된 지식을 통해 수기를 이루며, 이렇게 해서 확립된 도덕적 우월성을 바탕으로 민을 교화하는 데 힘써야 했다.

반면 성호문인들은 주자를 궁리뿐만 아니라 실천에 힘쓴 학자로 이해하였으며, 이를 근거로 격치와 궁리에만 힘쓰다가 입과 귀로 암기하려는 폐해를 초래한 후대 주자학의 문제점을 지적하였다. 그리고 지행병진을 통해 주자학의 모순과 한계를 인식하고 이를 극복하고자 했다. 성호학파의 지행관에 반영된 사상지향은 학문실천의 구체적 내용, 즉 지식 탐구과정에서 역행을 염두에 두고 궁구했던 경전내용을 통해서 확인할 수 있다.

2) 사무 중시의 窮經과 사공의 실현

288) 『下廬集』 권2, 「書」 '上順庵安先生 戊戌', 총간 260권, 286쪽.
289) 『宋子大全』 Ⅷ, 권208 「行狀」 '沙溪金先生行狀', 총간 115권, 53쪽.

대체로 유학에서 실천을 위해 탐구했던 지식의 내용은 두 가지로
구분해 볼 수 있다. 우선 수기의 차원에서 도덕 실천을 이루기 위해
필요했던 각종 성리학설이 있었다. 인성구조에 대한 철학적 이해를 통
해 개인의 심성수양에 필요한 덕목과 신분질서를 안정적으로 유지하
는 데 필요한 윤리규범들을 습득한다. 다음으로 치인의 차원에서 安
民·保民을 이루기 위해 필요한 각종 경세관련 지식들이 있었다. 즉
원활한 국가운영을 위해 사회구성원의 도덕성 함양에 필요한 물질적
생존조건을 恒産의 차원에서 보장하고자 했다. 이를 위해 왕도정치가
구현되었던 三代사회의 각종 제도문물이 전범으로 상정되었고, 그 내
용을 상세히 기술한 경전들이 진지의 대상으로 검토되었다.

결국 유학의 실천성은 개인과 사회적 차원에서 요구되는 수기와 치
인의 목적에 부합되는 지식을 탐구하는 과정에서부터 시작되는 것이
었다. 그리고 두 가지 부문에 대한 균형 있는 역행이야말로 국가운영
의 주체로서 사대부 지식인이 담지해야 할 본분이었다.

그런데 사회발전에 따라 질적인 변화가 초래되고 있었던 조선 후기
상황 속에서 두 가지 내용은 개별 연구주체의 사회경제적 기반과 현
실인식, 정치지향에 따라서 그 선후가 달리 상정되었다. 또한 안민·
보민에 필요한 경세관련 지식의 경우 그 계급적 지향에 따라서 구체
적인 내용에 있어서 차이를 보이고 있었다.[290] 이는 곧 바로 개인 혹
은 학파의 학풍 차이로 이어지게 되었다. 이러한 점을 고려할 때 성호
학파의 지행관에 내재된 역사성을 분명히 구명하기 위해서는 어떤 내

---

290) 유교사상의 중심 논리 가운데 하나인 保民論은 국가재조기에 들면서 두 가
    지 입장 차이를 보이고 있다. 우선 보민설을 경전에 들어있는 한낱 이상론으
    로 간주하고 현실에서의 구현은 별개의 문제라고 보는 보수적 입장과 종래
    양반층에게 유리했던 수취체계를 고쳐서 농민의 처지를 적극 개선하려는 현
    실질서의 변혁을 위한 이론근거로서 활용하는 경우였다(金駿錫, 「17세기의
    새로운 賦稅觀과 士大夫生業論 - 朴世堂의 賦役論과 稼穡論」, 『歷史學報』
    158, 1998, 106~107쪽).

140

용을 知하여 무엇을 목표로 행하려 했는지에 대한 해명이 필요하다. 즉 진지의 내용과 역행을 통해 지향했던 목표에 대한 분석을 통해 지행병진의 역사적 성격을 해명할 수 있다. 그 단서는 진지의 단계인 경전학습 과정에서 잘 나타나고 있다.

이익은 궁경의 목적을 천하만사에 적용될 수 있는 본지를 파악하는 데 두었다. 그는 『詩經』을 예로 들면서 3백 편에 달하는 시를 모두 암기했더라도 정사에 통달하지 못하여 업무를 수행할 수 없다면 이는 분명히 잘못된 궁경태도라고 보았다. 진정한 궁경이란 시 속에 남겨진 下情을 살핌으로써 안민을 이루는 것이라고 했다. 그는 시·예를 배우고 익히면서도 오로지 암기에만 전념할 뿐 국가의 정사에 대해서는 무지한 것을 걱정했다.291) 진지의 내용은 안민, 정사로 표현되는 사회적 실천에 필요한 지식을 의미했다.

정약용은 역시 고금의 학자들이 견지했던 궁경태도에 대한 비교를 통해 진지해야 할 내용을 밝히고 있었다. 옛날 학자는 "가정과 사회에서 자신의 본분을 다하면서도 千乘의 나라에서는 재화와 貢賦를 다스리고, 법관이 되어서는 옥사를 판결할 수 있는 능력을 갖추고 있었다."고 보았다. 진지의 구체적인 내용은 치자의 책무와 관련된 지식들이었다. 반면 당대 학자들의 경우 속세를 떠나 초야에 묻혀 사는 사람으로 자처하여 가만히 앉아서 수기공부에만 전념할 뿐 출사에도 응하지 않고, 민생안정에도 관심을 기울이지 않은 점을 지적하였다.292) 즉 사회적 실천을 도외시한 채 수기 차원의 도덕 실천에만 몰두하는 학문태도를 폐단으로 간주했다.

일찍이 이익은 이 같은 문제가 발생하게 된 원인으로 '經術'과 '事務'를 구분해 보는 태도를 지적하였다.293) 이로 말미암아 궁경시 사무

291) 『星湖僿說』(하) 권20, 「經史門」 '誦詩', 113쪽 ; 『星湖僿說』(상) 권13, 「人事門」 '永康事功', 469쪽.
292) 『與猶堂全書』 2, 「孟子要義」, 139쪽.
293) 『星湖僿說』(하) 권20, 「經史門」 '誦詩', 113쪽.

와 관련된 지식에 대해서 관심을 갖지 않게 되었다. 설령 그러한 지식을 접했을 지라도 다만 암기할 뿐 실천을 통해 구현할 의지를 보이지 않았다. 더욱 큰 문제는 이러한 잘못된 태도를 벼슬에 나아가서까지도 그대로 유지하고 있었다는 사실이다. 당대 학자들이 관직에 나아가서까지도 여전히 글을 외어 읽는 일에만 힘쓰고, 句讀에는 익숙할 뿐 世務에 능통하지 못한 점을 지적하였다.[294]

이 문제를 해결하기 위해 이익은 事功을 강조하였다. 經生과 學士들에게 분리되어 인식되었던 儒術과 사공을 일치시켜야 한다고 했다.[295] 올바른 선비의 자세를 유지하기 위해서는 평소에 글을 읽고 도를 말할 적에 천하의 일을 조직적으로 계획하여 다스리는 태도를 견지해야 한다고 보았다. 이러한 궁경태도를 갖추었을 때 암기만을 중시하며, 배운 내용을 절실히 체험하여 사업을 발전시킬 것을 생각하지 않는 잘못된 학문풍토를 극복할 수 있다. 그리고 이것이 썩은 선비의 혐의에서 벗어날 수 있는 유일한 방법이라고 하였다.[296] 경전을 공부하는 과정에서 사무를 진지해야 할 주요 내용으로 상정하고, 그 내용을 암기가 아닌 실천을 통해 사업에 적절히 활용할 때 사공을 이룰 수 있다고 보았다.[297] 이러한 궁경태도를 견지할 때 진지와 역행이 병행

---

294) 『星湖全集』Ⅱ, 권29 「書」 '答鄭玄老 己卯', 총간 199권, 15쪽.

295) 『星湖僿說』(상) 권10, 「人事門」 '恭儉', 363쪽.

296) 『星湖僿說』(상) 권16, 「人事門」 '六經時務', 571쪽 ; 『星湖僿說』(상) 권10, 「人事門」 '恭儉', 363쪽 ; 앞의 책, 「經史門」 '誦詩', 113쪽.

297) 이익이 상정한 사공의 구체적 내용을 그의 저술 속에서 직접 찾기 어렵다. 다만 그 단서의 하나로 상정해 볼 수 있는 것이 그가 정치운영론으로 제시했던 王霸竝用이다. 왕패병용론은 중국의 사공학파를 대표하는 陳亮(1143~1194)에 의해 제기되었던 통치원리였다. 양자가 왕패병용의 채용을 위해 제시했던 논리와 그 구현방법의 동일함을 고려할 때(원재린, 앞의 논문, 1997, 79~84쪽 참조) 이익이 상정한 구체적인 사공의 목표는 그가 왕패병용을 통해 달성하고자 했던 개혁목표와 일치한다고 생각된다. 그는 왕패병용을 통해 사회변혁이 절실한 상황 속에서 패도의 수단으로 인식되어 배척되었던 형법을 적극 활용하여 객관적 통치규범을 확립함으로써 중세적 국가운영 방

되어질 수 있기 때문이었다.

이는 앞선 시기 윤휴에 의해서 이미 강조되었다. 그는 경술과 세무
의 관계를 本用의 관점에서 이해하였다. 경술이 학문의 본(＝體)이라
고 한다면 세무는 용에 해당된다고 보았다.[298] 이때 경술은 章句之學
이나 記誦之學과 달리 경전을 공부함과 동시에 그것을 현실에 발휘할
수 있는 경전공부를 의미하였다.[299] 그에게 경술은 곧 세무를 실현하
는 공부였다. 비록 본용의 관점에서 경술과 세무를 구분하여 설명하고
있지만 실제로 구현되는 과정에서 경술과 세무는 일치되어 시행되는
것이었다. 이익이 주장한 경술과 사무 일치의 논리가 윤휴에게서 나타
나고 있었다.[300] 이처럼 윤휴로부터 이익에게 전수된 북인계 남인의
궁경인식은 정약용에게도 나타나고 있었다.

정약용은 역시 궁경의 목적이 사공에 있음을 분명히 하였다. 그는
사공을 추구하지 않은 채 장구에만 얽매이고 스스로 세상을 피하여
숨어사는 사람이라고 자칭하는 것에 대해서 공자의 도, 즉 사문에도
어긋나는 것이라고 보았다.[301] 군자지학을 이루기 위해서는 반드시
治民・變俗・理財 등에 대한 지식습득이 필요하였다.[302] 眞儒가 되
고자 한다면 治國安民・攘夷狄・裕財用・能文能武 등의 구체적인
업무수행 능력을 갖추어야 했다.[303] 결국 경전공부를 통해 사공의 목

식으로부터의 변화를 모색하였다. 따라서 이 같은 운영원리에 입각하여 제
시된 이익의 사회 개혁론 전반이 결국 그가 경술과 사무일치를 통해 구현하
고자 했던 사공의 구체적인 내용으로 상정해 볼 수 있다.

298)『숙종실록』권6, 3년 12월 辛酉 38책, 376쪽 ;『白湖全書』(상) 권10,「疏箚」
'辨戶賦箚', 397쪽.

299) 鄭玉子,「眉叟 許穆의 學風」,『朝鮮後期 知性史』, 일지사, 1991, 110쪽 ; 崔
錫起,「白湖 尹鑴의 經學觀」,『南冥學硏究』8, 1998, 165~166쪽.

300) 이러한 경술과 세무의 이해방식은 유형원에게서도 확인할 수 있다. 그 역시
시무를 이루지 못하고 구이지학만을 일삼는 경술 태도를 비판하였다(『星湖
全集』Ⅲ, 권68「傳」'磻溪柳先生傳', 총간 200권, 166쪽).

301)『與猶堂全書』1,「詩文集」권17 '爲盤山丁修七贈言', 369쪽.

302)『與猶堂全書』1,「詩文集」권19, '答李友必淵', 402쪽.

표를 달성하기 위해서는 통치와 관련된 구체적인 사무를 익혀야 했다. 이처럼 정약용은 사공을 실현하기 위해서 궁경과정에서 습득해야 할 지식으로 세무를 강조함으로써 구독만을 익히는 데 급급했던 잘못된 학문풍토를 극복하고자 했다.

이익은 경술과 사무 일치를 통해 사공을 실현하는 사례를 일상생활 속에서 家務를 실천함으로써 '治生'을 달성하는 것에 견주어 설명하였다. 그는 일상에서 양반지식인으로서 반드시 염두에 두고 실천해야 할 학문대상으로 가무를 들었다. 당대 선비들의 문제점은 한결같이 문학에만 뜻을 두고 가무를 포기하여 조상과 부모, 그리고 처자식을 경제적으로 부양하지 못하는 것이었다.304) 비록 부모를 예로써 섬기고 자제들에게 엄격한 가정교육을 시킨다해도 생계를 마련하지 못한다면 올바른 실천자세를 겸비한 것으로 볼 수 없다.305) 즉 치생을 도외시하여 생계유지를 위한 노력을 게을리 하며, 이로 인해 가계를 파산케 하는 것은 진정한 학자의 도리가 아니었다. 이에 이익은 치생을 이룰 수 있는 방안으로 가무의 중요성을 강조하였다. 치생을 위해서 양반사대부가 직접 경제활동에 종사하는 것은 허물이 아니었다.306) 대표적인 사례로 주자를 들었다. 주자 같은 성현조차 서적 발간을 통해 가족의 생계를 꾸려갔다. 이익은 전야에서 노동을 하거나 장사를 못할 바에는 차라리 서적을 발간하여 곤궁함을 극복하는 것도 좋은 방법이라고 보았다.307)

치생의 논리는 본래 元代 許衡(1209~1281)이 강조했던 바였다. 이

---

303)『與猶堂全書』1,「詩文集」권12 '俗儒論', 243쪽.

304)『星湖僿說』(상) 권7,「人事門」'爲學治生', 233쪽.

305)『星湖僿說』(상) 권13,「人事門」'永康事功', 469쪽.

306) 이익이 星湖莊 근처에서 직접 농사를 짓은 것은 잘 알려진 사실이다(『星湖全集』Ⅱ, 권49「序」'鄕居要覽序', 총간 199권, 410쪽 ; 위의 책,「序」'稻譜序', 411쪽 ;『星湖全集』Ⅱ, 권53「記」'二耕窩記', 총간 199권, 483쪽).

307)『星湖僿說』(상) 권14,「人事門」'朱子文字錢', 488쪽.

익은 허형의 견해를 인용하여 학자들의 급선무로 치생의 중요성을 부각시켰다.[308] 허형은 士君子라 할지라도 농사에 참여하여 생계를 유지해야 하며, 이것이 여의치 않을 때는 상업에 종사해도 무방하다고 보았다. 비록 장사가 末利를 좇는 일이긴 해도 生利를 마련하는 데 적지 않은 도움이 되기 때문에 의리를 잃지 않는 범위 내에서 상업활동에 참여할 수 있다.[309] 중세적 직업관에서 완전히 벗어나지는 못했지만 치생을 위해 가무의 한 방안으로 末業으로 천시하였던 상업활동에 사대부의 참여를 적극적으로 독려한 발언이 주목된다. 또한 가무를 통해서 치생이라고 하는 재생산기반의 확보문제를 사대부 지식인 본연의 학문목표임을 천명한 점도 관심을 끄는 대목이다.

이익은 일상생활에서부터 가무를 대상으로 한 학문실천을 통해 치생을 달성함으로써 사공을 실현할 수 있는 구체적인 방법과 논리를 강구하였다. 그가 지향했던 경술과 사무 일치의 궁경관은 기본적으로 민생안정을 실현할 수 있는 사회적 차원의 학문실천을 위해 제안된 것으로서 각종 경세방안을 확립하는 기본적인 틀을 제공하였다. 소농경제의 파탄을 막기 위해 토지개혁론을 주장한다든지, 민생안정을 도모하기 위해 각종 정치·사회개혁방안을 제시했던 노력이 사공지향의 궁경관을 통해 마련될 수 있었다.

이와는 대조적으로 송시열과 한원진은 사회적 실천을 표방하면서도 심성수양을 통한 도덕성 회복의 중요성을 강조하였다. 송시열은 학문의 목적이 입과 귀를 위함이 아니라 수기와 제가 더 나아가서 치국에 있다고 보았다. 일단 사회적 실천을 통해 안민·보민을 실현하려는 의지로 볼 수 있다. 그런데 그의 주장에서 유념해서 살펴볼 점은 성실

---

308) 반면 송시열계로부터 허형과 허형존신자들은 극력 배척 당하였다. 즉 尊華攘夷·春秋大義에 입각할 때 오랑캐인 원왕조에 출사한 허형은 異說·異學을 대표하는 학자로 간주되었다(金駿錫, 앞의 논문, 『李載龒博士還曆紀念韓國史學論叢』, 1990, 575~580쪽).

309) 『星湖僿說』(상) 권7, 「人事門」 '爲學治生', 233쪽.

한 마음을 전제하고 있었다는 사실이다. 그는 만일 성실한 마음이 없으면 아침에 들은 지극히 당연한 언론도 저녁에 금방 잊어버리게 된다고 보았다. 따라서 삼대의 聖世를 실현하기 위해서는 "懲忿窒慾遷善改過"라고 하는 순선한 본심을 회복하기 위한 도덕 실천이 급선무라고 보았다.[310] 사회적 실천의 당위성은 인정하면서도 최종적인 실천방안은 양반사대부 개인의 도덕수양에 머물고 말았다.

이러한 입장에서 치생의 전제가 되는 항산의 문제는 상대적으로 소홀히 다루어질 수밖에 없었다.[311] 송시열은 국가의 통치문제와 관련하여 수신의 비중을 낮게 보는 견해에 대해서 다음과 같이 논박하였다. 그는 筵席에서 "堯舜孔孟之修身 何益於國"의 下敎에 대해서 주자의 格致 · 誠正의 가르침을 강조하면서 '수기가 정사의 근본이다'라는 소신을 밝혔다.[312] 그에게 민생을 위한 사무 혹은 세무관련 지식은 일차적인 대상일 수 없었다. 그보다는 수신에 필요한 도덕률을 궁구하는 것이 시급한 과제였다.

한원진 역시 궁경을 통해서 치용을 달성하기 위해서는 도덕 실천이 중요하다고 보았다. 그에게 치용은 항산의 조성이 아니라 심성수양을 통해 도를 회복하는 것이다. 마음을 보존하는 큰 방법을 실천하여 천리를 회복하는 것을 궁경의 목표로 삼았다.[313] 치생의 목표를 달성하기 위해 생계수단을 확보하고 이를 통해 도덕성 회복을 기대했던 궁경태도와는 그 실천 방법과 목표에 있어서 큰 차이를 보이고 있었다.

---

310) 『宋子大全』 I, 권12 「疏箚」 '陳戒疏 戊申 十一月', 총간 108권, 333쪽.

311) 송시열이 실천의 대상으로 상정한 내용은 朱子之訓이었다. 즉 주자도통론에 입각하여 주자의 가르침을 궁리하고 실천에 옮기고자 했다(『宋子大全』 IV, 권103 「書」 '答尹爾和 丙辰 八月 二十九日', 총간 111권, 436쪽). 경전학습과 강론과정에 이어서 실천단계에 이르러서도 여전히 주자학설을 고수함으로써 주자학 체계를 절대화하려는 노력을 기울이고 있었다.

312) 『宋子大全』 VIII, 「附錄」 권3 '年譜', 총간 115권, 231쪽.

313) 『南塘集』 II, 권36 「雜識」 '內篇 下', 총간 202권, 296쪽 ; 『南塘集』 II, 권37 「雜識」 '外篇 上', 총간 202권, 300~301쪽.

이것이 각각의 입장에서 제기했던 구체적인 재조방안과 그 계급적 지향의 차이를 가져온 근본 원인이었다.

이러한 송시열계의 지행관은 진지와 역행의 일치를 추구했던 성호 문인들에게 수용될 수 없었다. 안정복은 수기만을 강조하는 논리를 부정하였다. 그는 天德과 왕도의 일치를 주장하면서 수기와 치인에는 두 가지 뜻이 없다고 보았다. 다만 그는 일을 적용시키는 과정에서 시행되는 범위가 다르기 때문에 불가피하게 따로 구별할 뿐이라고 했다. 이러한 점을 제대로 이해하지 못하고 양자를 분리하여 인식하게 되면서 후세에서처럼 학문과 정치가 양분되며, 그 결과 儒吏와 俗吏의 분별이 생기게 된다고 보았다.[314] 그는 "人之爲學 不過修己治人兩端事"라는 관점에서 실질적인 공부를 하게 되면 일신은 물론 사업상 인사와 관련된 모든 사안을 이룰 수 있다고 보았다.[315]

안정복은 사업분야에서 치인의 성과를 이루기 위해 학자들이 갖추어야 할 학문소양으로 세무를 들었다.[316] 세무란 치인을 위해 필요한 경세관련 지식체계를 의미하였다. 평소 그는 자식들에게 독서할 때 세상을 경영할 대책을 마련할 수 없다면 평범하게 살 것을 권고하였다. 독서의 목적이 경제책 마련에 있음을 분명히 하였다.[317] 독서에 임하는 태도로 몸과 마음만을 위함이 아니라 국내의 우환에 대비해야 한다고 보았다.[318] 이러한 독서관은 사무를 중시함으로써 사공을 실현하고자 했던 성호학파의 궁경태도와 일치하였다.[319] 따라서 과거 합

---

314) 『順菴集』Ⅱ, 권18 「序」 '臨官政要序 丁丑', 총간 230권, 158쪽.
315) 『順菴集』Ⅰ, 권8 「書」 '答南宗伯漢朝書 丙午', 총간 229권, 513~514쪽.
316) 『順庵全書』 2, 「下學指南」 下卷, '出處第八' 治道, 337쪽.
317) 『順菴集』Ⅰ, 권1 「詩」 '次兒閑居吟', 총간 229권, 349쪽.
318) 『順菴集』Ⅰ, 권10 「東史問答」, 총간 229권, 552쪽.
319) 정약용 역시 實用之學을 위해서 경제관련 서적을 읽을 것을 적극 권장하였다(『與猶堂全書』 1, 「詩文集」 권21, '寄二兒 壬戌 十二月 二十日', 440쪽). 독서를 통해 군자가 되는 데에는 경서를 통한 심성 수양뿐만 아니라 民富를 증대시킬 실용적인 책들을 반드시 열람해야 했던 것이다. 그는 이 같은 종류

격을 위해 詞賦와 騈侶의 문장에만 전념하는 태도를 비판하였다.[320] 그는 이익과 마찬가지로[321] 세무를 경시하는 폐풍을 발생시킨 구조적 모순으로 과거제를 상정했다.

궁경과정에서 사무를 중시하기는 황덕길도 마찬가지였다. 그는 사무와 학업 어느 쪽도 한쪽을 위해서 폐기할 수 없다고 보았다. 이것이 공자와 주자가 추구했던 학문목표라고 하였다. 따라서 사대부의 학업은 이를 전제로 성현의 책을 읽고 스스로 몸과 마음에 체험할 때 진보될 것으로 기대하였다.[322] 그는 시무의 요체를 아는 자를 진짜 유자로 규정하였다. 반면 경전의 자구에만 얽매여 시무에 어두운 자는 썩은 유자에, 일을 좇아 사공에만 힘써 천리에 어두운 속된 선비로 분류하였다. 결국 천리를 제대로 파악하고 시무의 요체를 아는 사람만이 진정한 유자의 반열에 들 수 있었다.[323] 이에 해당하는 학자로 주자를 꼽았다. 주자의 경전 해석 의도에는 "堯舜之利民也大 禹之慮民也遠"을 따라서 백성을 이롭게 하려는 데 있었다. 따라서 주자의 본의를 제대로 이해하지 못한 채 문의의 말단에만 얽매이거나 자구의 구별과 해석에 몰두하는 태도를 문제로 보았다.[324]

여기서 주목되는 점은 주자의 논설을 빌어 사무를 소홀히 하는 학문경향을 비판한 사실이었다. 동일한 주장이 정약용에게서도 나타나

의 책을 읽을 때 요구되는 독서방법도 부연 설명하였다. 세상에 도움이 되지 않는 책은 行雲流水처럼 예사롭게 읽어도 되지만 백성과 나라에 도움이 있는 책이라면 문단마다 이해하고 구절마다 탐구해 가면서 읽어야 했다(『與猶堂全書』1, 「詩文集」권14, '題盤谷丁公亂中日記', 303쪽).

320) 『順菴集』Ⅱ, 권14「雜著」'德谷書齋月朔講會約', 총간 230권, 64쪽. 과거제 혁파 논의가 인재선발 문제뿐만 아니라 보다 근본적으로 경술과 사무 일치의 학문풍토를 조성하기 위한 차원에서 제시되었다.

321) 『星湖僿說』(상) 권8, 「人事門」'科程', 281쪽.

322) 『下廬集』권4, 「書」'答吳渭瑞周泳 乙酉', 총간 260권, 342~343쪽.

323) 『性齋先生文集』5, 권28「行狀」'下廬先生行狀', 총서 852쪽, 46쪽.

324) 『下廬集』권7, 「講議」'朱書 答黃直卿書曰爲學先要立本止却誤人也', 총간 260권, 391~392쪽.

고 있다. 그는 주자를 경술뿐만 아니라 사무에도 능했던 학자로 평가하였다. 주자는 六經을 연구하여 진위를 판별하고 四書를 표장하여 그 뜻을 구명했을 뿐만 아니라 중앙 및 지방의 관료로 임명되어 맡은 바 책무를 다한 학자였다. 그런데 문제는 스스로 시속의 학문에 빠져 있으면서 주자의 권위를 빌어 자신을 정당화시키려는 자들의 경술자세였다.[325] 결국 정약용이 제시한 주자의 면모는 주자의 장구에만 매달려 송습하는 태도를 진정한 학문방도로 판단하였던 당대 학문의 폐단을 비판하기 위한 근거였던 셈이었다. 경술·사무 일치를 통해 '章句物理之上', '以理析天人'의 모순을 초래했던 후대 주자학의 지행관을 극복하고자 했다. 더 나아가 이것은 도덕 실천만을 강조함으로써 개량·보수적인 재조방식을 추구했던 서인·노론의 궁경관에 대한 부정이기도 했다.

3) 육경의 인식과 시무와의 일치

이익이 경술과 사무를 일치시키고자 주목했던 경전은 육경이었다. 그가 육경에 주목한 이유는 時務·사무에 필요한 구체적인 내용들이 기술되어 있기 때문이었다. 육경에는 선왕의 예악과 형정으로 상징되는 舊章이 기록되어 있었다. 이때 구장은 많은 사람들이 오래 전부터 일상에서 편하게 여기던 것으로 선왕이 정리하여 후세의 법으로 삼았던 내용들이었다. 따라서 선왕의 법을 따른다면 잘못되는 일은 없을 것이라고 하였다.[326] 육경 속에는 선왕들이 안민·보민을 이루기 위해 입안하고 실행했던 구체적인 법제·문물과 사회운영 원리 및 이념들이 담겨져 있었다. 이를 현실에 잘 구현하게 되면 사공을 이룰 것으로 기대했다.

---

325) 『與猶堂全書』1, 「詩文集」 권11 '五學論 一', 231쪽.
326) 『星湖全書』3, 「詩經疾書」, 117쪽.

그러나 이익은 당대 학자들이 육경을 학습하면서도 시무와 관련된 내용을 제대로 실천하지 못했다고 판단하였다. 그 원인은 앞서 지적하였듯이 경술과 사무를 일치시켜 이해하지 않았기 때문이었다. 당대 학자들은 글만 읽을 뿐 자기 몸에 절실히 체험하여 사업에 발전시킬 것을 생각하지 않았기 때문에 육경과 시무가 분리되었다.327) 이 문제를 해결하기 위해서는 조정으로부터 鄕黨에 이르기까지 성인시대의 언행이 담긴 육경을 실천해야 한다고 했다. 경술과 사무 일치의 궁경방식에 입각하여 문장을 암송하기보다는 시무와 관련된 성현의 가르침을 배우고 실천하는 자세가 요청되었다. 그렇게 할 때 양자가 일치되어 치국·평천하와 관련된 내용을 숙지할 수 있을 것으로 보았다. 그리고 이것이 正學을 이루는 방도라고 믿었다.328) 그는 천하·국가의 치평을 위해 제시된 구장의 내용을 학습하고 이를 현실에 적용하여 사공을 이루는 것을 올바른 학문으로 간주하였다. 그가 사공을 실현하기 위해서 주목했던 육경의 시무관련 내용은 아래와 같다.

우선 이익은 『詩經』을 인간의 숨은 실정을 파악하여 정사에 참고했던 경전으로 인식하였다.329) 『시경』을 통해서 人風의 향배와 정치의 득실을 살펴 볼 수 있다.330) 『시경』은 그 나라의 선악을 모두 채집하여 民風을 살피기 위해 편찬된 경전으로 마치 史冊과 같은 기능을 수행하는 것이었다.331) 그가 『시경』에서 주목했던 시무관련 사안은 통치방식이었다.

『시경』의 가르침은 형법으로 금하지 않고 시로써 백성들을 교화하여 스스로 착한 본성을 깨닫게 하는 데에 있다고 보았다. 즉 왕도정치의 구현을 위해 덕교를 활용하는 것이 본래 『시경』에서 의도했던 통

---

327) 『星湖僿說』(상) 권16, 「人事門」 '六經時務', 571~572쪽.
328) 『星湖僿說』(상) 권16, 「人事門」 '六經時務, 572쪽.
329) 『星湖僿說』(하) 권20, 「經史門」 '誦詩', 113쪽.
330) 『星湖全集』Ⅱ, 권49 「序」 '詩經疾書序', 총간 199권, 403쪽.
331) 『星湖全書』 3, 「詩經疾書」, 44쪽.

치방식이었다. 그러나 현실적으로 선악이 상존하는 상황에서 덕치만
으로 교화할 수 없을 때 통치수단과 방식을 둘러싼 문제가 발생하였
다. 만일 그대로 방치할 경우 큰 폐단을 야기할 수 있다고 보았다.[332]
그는 시를 통한 교화가 어려울 때는 형벌과 법금을 사용할 것을 주장
하였다.[333] 민풍이 변화하는 상황을 고려하여 사공을 이루기 위해서
통치방식의 변통이 불가피한 것이었다.[334]

두 번째 경전으로『書經』에서 주목한 시무의 내용은 다양한 통치사
례들이었다. 그는『서경』이 후학들에게 전하는 가르침은 치란의 징험
을 통달함으로써 미래의 득실을 깨닫고, 그 속에서 이로움을 구하고
해로움은 멀리하는 것이라고 하였다. 즉『서경』을 고대 중국 성왕들의
국가운영의 사례를 보여주는 경전으로 인식하였다. 따라서 그 내용을
선택적으로 잘 활용하여 현실에 반영할 때 적지 않은 통치효과를 기
대할 수 있었다.[335]

---

332)『星湖僿說』(하) 권24,「人事門」'經解', 250쪽.

333) 형정에 대한 이익의 기본인식은 본말·체용론에 입각하여 '先德禮而後政刑'
이었다. 그렇다고 해서 본말선후의 차서가 반드시 통치수단의 유효성을 평
가하는 기준은 아니었다. 이익은 형법이 밝지 못하면 예교 또한 시행되지 않
아서 인심·인정의 효과도 기대하기 어렵다고 보았다(『星湖僿說』(하) 권25,
「經史門」'寬嚴', 329쪽). 그는 지금처럼 이욕만이 넘실대는 세상에서 刑禁을 늦
출 수 없으며, 그나마 政刑이 있기 때문에 간악한 짓을 제어할 수 있었다고
확신하였다(『星湖僿說』(상) 권15,「人事門」'政刑', 537쪽).

334) 대표적인 사례로『시경』'王風'편 '大車'詩에 대한 평가를 들 수 있다. 이익
은 음란한 여자가 양심의 가책을 느끼면서도 음란한 행실을 바꾸지 않은 것
은 덕과 예로써 교화시키지 못했기 때문이라고 보았다. 교화가 제대로 시행
될 수 없을 때는 형정을 통한 강력한 처벌이 불가피함을 시사하는 대목이다.
그는 천하에 선한 자들보다 악한 자가 많은 현실에서 법제와 형벌을 정치를
돕는 도구로서 유용하게 사용할 것을 제안하였다. 만약 덕과 예에만 의존하
고 형벌로써 통치하지 않는다면 마치 말의 재갈을 풀어놓고서 방울 소리를
울리며 백성들을 구제하는 격이 되어서 난세를 초래할 뿐이라고 경고하였다
(『星湖全書』3,「詩經疾書」, 37쪽).

335) 이러한 스승의 훈도를 받았을 윤동규는『서경』과『시경』을 다음과 같이 평
가하였다. 그는『서경』과『시경』을 통해서 世治의 높고 낮음을 살필 수 있다

그렇다고 해서 이익이 과거의 사례를 현실에 그대로 적용하고자 했던 것은 아니었다. 시대가 다르면 일도 달라지기 때문에 한 가지 기준으로 판단할 수 없다는 변통인식을 갖고 있었다. 만약 옛날 것만을 그대로 고수하다가 죄를 얻는다면『서경』의 가르침은 성과가 없으며, 결국 민을 속이는 결과를 초래할 뿐이라고 하였다.336)『시경』에서와 마찬가지로『서경』에서도 성왕들의 통치방식을 참고하되 시의에 맞게 인간사회에 변화·적용시킴으로써 사공의 효과를 높이는 데에 유의하였다.337) 그리고 그것은 민생안정과 직결된 사안으로 인식되었다. 이 점은 그가『서경』에서 주목하고자 했던 구장의 주된 내용이 무엇인지를 짐작케 해 준다.

세 번째로 이익은『樂記』로부터 사회 구성원간의 화합과 조화로움을 유지해 나아가는 방법을 모색하고자 했다.『악기』를 통해서 서로 막히는 점을 없애고 여러 사람과 함께 마음을 합쳐서 모두 화순한 경지에 돌아가기를 기대하였다.338) 앞선 두 경전을 통해 형세 변화에 따라서 국가통치와 민생의 안정을 위해 필요한 시무를 채용하고자 했다면『악기』로부터는 그 과정에서 야기될 수 있는 사회구성원간의 갈등을 지양하고 조율하는 방법을 모색하려 했다.

네 번째 경전인『易經』에서 그는 음양 성쇠의 이치와 진퇴존망의

고 보았다. 즉『서경』으로부터는 신하가 임금을 경계하고 임금이 신하를 詰難한 점을,『시경』에서는 아래서 위를 찬송하였고 신하가 서로 贊한 사실을 통해서 世治汚隆을 파악할 수 있다(『星湖僿說』(하) 권26,「經史門」'世治汚隆', 342쪽). 그가『서경』과『시경』에서 주목했던 시무의 내용은 군신관계의 안정을 통해 치세를 이루는 것이었다.

336)『星湖僿說』(하) 권24,「人事門」'經解', 250쪽.
337) 이익이 육경으로부터 주목했던 시무관련 사안 중 주요한 내용은 변통을 통해 사회 제 모순을 해결하기 위한 논리를 채용하였다. 바로 이 점 때문에 육경이 경술과 사무를 일치시키는 데 가장 적합한 경전으로 상정될 수 있었던 것으로 보인다.
338)『星湖僿說』(하) 권24,「人事門」'經解', 250쪽.

뜻을 살피는 것에 관심을 보였다.339) 『역경』을 성인이 천하를 다스리는 要道를 총론한 책이라고 평가하였다. 이때 요도는 인으로써 성인의 位(大寶)를 지키고, 財로써 사람을 모으는 것이다.340) 재로 대변되는 민산 확보를 인의의 교화 문제와 함께 국가 운영의 주요한 관건으로 이해한 점이 주목된다. 앞서 가무와 관련하여 물적 기반을 마련하는 것이 무엇보다 중요하다고 본 항산의 관점이 『역경』을 이해하는데에도 반영되었다. 그는 이러한 내용을 담고 있는 『역경』을 면밀히 검토하여, 그 속에 내재된 도를 정사에 임하여 백성을 다스리는 의로서 적절히 활용할 수 있다고 보았다.341) 그는 『역경』을 개인사의 길흉을 판단하는 술수·참위서로 사용하는 것을 경계하였다.342)

이익이 정사를 위해 『역경』에서 채용했던 도로 尊主裨民이 주목된다.343) 군주가 군자를 輔相으로 삼고, 보상으로 하여금 군주를 높이고 백성을 돕는 정치를 펼칠 때 천지음양이 조화로워지면서 만물이 생성될 수 있다고 보았다. 이처럼 안정된 군신관계를 바탕으로 군주가 자신이 보유한 권위를 발휘하여 천지의 도를 이룩하고, 그 마땅함을 따를 때 민생을 보호할 수 있다는 것이다.344) 이익은 이밖에도 주요 卦辭를 통치에 필요한 주요한 운영원리로 활용하였다.345)

---

339) 『星湖僿說』(하) 권24, 「人事門」 '經解', 250쪽.
340) 『星湖僿說』(하) 권26, 「經史門」 '大學出於易', 371쪽.
341) 『星湖僿說』(하) 권25, 「經史門」 '聖人學易', 329쪽.
342) 『星湖僿說』(하) 권24, 「人事門」 '經解', 250쪽.
343) 『周易』 권5, '泰', 보경문화사 영인본, 1988, 166쪽.
344) 『星湖僿說』(상) 권16, 「人事門」 '回否爲泰', 575쪽.
345) 이익은 『역경』 萃卦의 像을 빌어 兵備강화의 시급성을 강조하였다. 즉 '戎器를 수선하여 不虞를 방비한다'는 괘사를 인용하여 외적의 내침에 대비하여 奇兵과 正兵 육성의 필요성을 강조하였다(『星湖僿說』(상) 권7, 「人事門」 '兵備', 216쪽). 시무와 관련하여 『역경』을 인용할 때 그가 주목한 사안은 역시 변통의 논리였다. 그는 당대 공론화된 庶孼 차대 문제를 거론하는 가운데 祖宗의 舊制임을 들어 서얼 防限을 반대하는 입장에서 대해서 『역경』의 변통 논리로써 그 부당함을 지적하였다(『星湖僿說』(상) 권8, 「人事門」 '庶孼

다섯 번째로 이익은 『禮記』를 국가와 사회 유지에 필요한 개인의 행위와 분수를 규율하는 내용을 가르치는 경전으로 파악하였다. 『예기』를 공손하며, 검소하고 엄숙한 것을 주로 삼았던 경전이라고 했다. 즉 사회 안정을 위해 구성원들이 갖추어야 할 일상의 규범을 규정하여 행동을 착하게 하고, 처리하는 바가 착오가 없게 하는 것이다. 그는 『예기』를 공부할 때 유의할 점으로 형식만을 추구하다가 번쇄함에 빠지는 것을 들었다. 「曲禮」·「經禮」와 같이 복잡하고 번다한 내용들에 대해서는 지나치게 분별할 필요가 없다고 하였다.346)

한편 이익은 「周禮」를 국가 운영에 필요한 제도를 입안할 때 적극 활용하였다. 그 중 하나가 「주례」에서 규정한 冢宰의 역할이었다. 총재를 궁중의 비빈 이하로부터 음식·의복 등 세세한 일까지를 담당하는 관직으로 파악하였다. 원활한 국정 운영을 위해 군주를 보좌하여 소소한 측면까지 총괄하는 행정적 역할을 수행하는 것이다.347) 이밖에도 「주례」는 집권적 통치체제를 마련하기 위해서 구상했던 정치제도 개혁안들의 주요한 전거로 활용되었다.348)

마지막으로 이익은 『春秋』에서 經을 존중히 여기고, 이를 기준으로 말과 행동을 일일이 비교·논증하여 人道를 지켜 나아가는 방법을 모색하고자 했다.349) 이는 역사서로서 『춘추』의 특성을 주목하면서 내

防限', 262쪽).

346) 『星湖僿說』(하) 권24, 「人事門」 '經解', 250쪽.

347) 『星湖僿說』(하) 권18, 「經史門」, '宮府一體', 16쪽.

348) 이익은 간직제도의 개편과 관련하여 「주례」의 '地官'에 입각하여 언관직의 혁파를 주장하였다(『星湖僿說』(상) 권10, 「人事門」 '諫職', 339쪽). 또한 王安石(1021~1086)의 保甲制의 원형이 '地官'에 있음을 밝히면서 지방통치방식으로서의 유용성을 인정하였다(『星湖僿說』(상) 권11, 「人事門」, '保甲', 382쪽). 한편 그는 冗官太去를 위해 「주례」 '天官'과 '治官'에 규정된 府史의 숫자를 예시하면서 당시 각 司 下吏의 인원이 많음을 지적하였다(『星湖僿說』(하) 권19, 「經史門」 '周禮府史', 47쪽).

349) 『星湖僿說』(하) 권24, 「人事門」 '經解', 250쪽.

려진 평가였다. 『춘추』에는 해당시기 중국 왕조의 치란성패가 공자의 춘추필법에 의해 기록되었다. 따라서 『춘추』는 史實을 통해 구체적인 시무내용과 그 성패까지도 파악할 수 있는 경전이었다.

이익이 시무와 관련하여 『춘추』를 활용했던 사례로 先治黨與를 들 수 있다. 신하들이 쟁투를 벌일 때 聖智를 갖춘 君長이 직접 나서서 시비를 가려 제어했던 사실에 주목하였다. 제나라 威王이 阿大夫 등 黨與를 일삼는 신하들을 모조리 제거함으로써 국가의 안정을 도모했다.[350] 이는 이익이 영조대 전반기 당쟁의 폐해를 제거하고 탕평을 실현하기 위해 상정했던 군주의 역할과 일치하는 부분이다.[351] 육경의 시무를 궁구하는 과정에서 주목된 내용이 탕평이라는 당대 정치과제를 해결하는 데에 활용된 것으로 볼 수 있다. 육경과 시무 일치의 역사적 성격을 규명할 수 있는 대목이다.

이익은 육경의 중요성을 문인들에게 강론하여 설명하였다. 이는 "선생을 만난 이후 육경 이외에는 모두가 진부한 말이고 일신 밖의 등한한 일이라고 보았다."고 한 안정복의 술회를 통해서 확인할 수 있다.[352] 비슷한 시기에 이병휴에게 보내는 편지에서 이익은 육경이 빈말이 된 문제점을 지적하였다. 그 원인은 앞서 지적하였듯이 육경을 공부하되 시무와 분리하여 이해함으로써 나타난 잘못된 경술태도 때문이었다. 그가 제시한 대책은 '留心事務'였으며, 이를 '실학'으로 규정하였다.

이익이 상정한 실학이란 궁경을 통해 사무와 관련된 지식을 습득하고, 이를 사회적 차원에서 실천하는 일체의 학문활동을 의미하는 것이었다. 그는 실학을 통해 사무에 마음을 기울일 뿐 공허한 것에 천착하지 말 것을 당부하였다.[353] 이 가르침은 아들에게도 전수되었다. 이맹

---

350) 『星湖僿說』(하) 권25, 「經史門」 '去小人', 298쪽.
351) 원재린, 앞의 논문, 2001, 168~169쪽 참조.
352) 『順菴集』 I, 권3 「書」 '與邵南尹丈書 癸酉', 총간 229권, 383쪽.
353) 『星湖全集』 II, 권37 「書」 '答秉休 甲戌', 총간 199권, 165쪽.

휴는 아버지의 가르침으로 '留心六經'하는 학문태도를 견지할 수 있었다고 했다.[354] 유심사무와 유심육경이 대귀를 이루는 점에 주목할 때 결국 사무는 육경이라는 등식이 성립된다. 육경에서 주목한 사무의 내용을 지행병진의 차원에서 실천하는 태도가 경술과 사무의 일치를 이룰 수 있는 최선의 방안이었다. 그리고 이것이 바로 실학이라는 인식을 갖고 있었다.

그렇다고 해서 이익과 문인들이 궁경대상으로 四書를 소홀히 했던 것은 아니었다. 이익은 明代학자 蔡淸이 육경을 正宗, 사서는 嫡傳으로 상정했던 견해에 공감하였다. 정종과 적전은 해당 경전들이 경학상 차지하는 위상을 의미하였다. 육경과 시무를 일치시켜 보려 했던 이익의 경학관에 비춰 볼 때 적전으로 상정된 사서 역시 동일한 관점에서 파악하려 했던 것으로 보여진다. 이 점은 다음 구절을 통해서 확인해 볼 수 있다. 이익은 당시 학자들이 정 · 주자의 허다한 說話만을 힘쓰다가 중도에 포기하는 점을 비판하였다.[355] 이는 육경과 마찬가지로 사서를 공부하는 데 있어서도 입과 귀로 기억하고 암기하는 데에서 벗어나 경술과 사무 일치의 관점을 적용하려 했음을 의미한다. 또한, 설화로 표현되는 정 · 주자의 경해가 이익, 자신이 궁구한 내용과 불일치함을 간접적으로 밝힌 것이기도 하다. 이와 관련하여 이익과 윤동규의 『대학』인식이 주목된다.

우선 이익은 『대학』을 『주역』과 함께 천하를 평균케 하는 要道의 내용을 담고 있는 경전이라고 하였다. 그는 증자가 이 점을 간파하였고, 그래서 『대학』傳 제10장을 만들었다고 보았다. 이익이 볼 때 10장의 요지는 仁과 財, 두 가지에 불과하였다. 즉 인으로써 성인의 位를 지키고, 재로써 사람을 모으는 것이다.[356] 그가 10장('治國平天下'

---

354) 『星湖全集』III, 권66 「行狀」 '亡子正郎行錄', 총간 200권, 159쪽.
355) 『星湖僿說』(상) 권10, 「人事門」 '眞派嫡傳', 327쪽.
356) 『星湖僿說』(하) 권26, 「經史門」 '大學出於易', 371쪽.

章)에서 시무와 관련하여 주목한 내용은 인과 더불어 得民得人을 위해 재의 중요성을 부각한 것이었다. 그는 군주의 도로써 득민을 위해 무엇보다도 "有人 此有土 有土 此有財 有財 此有用"이 전제되어야 한다고 보았다.[357] 재물이 民散民聚의 여부를 결정하는 관건이라고 할 때 토지문제는 민생의 기본이자 득민의 대전제였다. 이익이 가무를 통해 일용지간에서의 항산의 중요성을 부각하였듯이 시무를 통해서는 국가운영과 관련하여 토지문제를 항산의 차원에서 중요하게 인식했다. 이렇게 볼 때 『대학』은 이익에게 있어서 성선 회복에 필요한 지침서일 뿐만 아니라 치도의 차원에서 민생을 제도적으로 보장해 줄 수 있는 사공의 대원칙이 담겨진 정론서였다.

윤동규는 『대학』 10장에서 치국의 도리로 효제를 강조한 대목에 관심을 두었다. 노인을 노인으로 대접하는 것은 자신이 보유한 효를 다른 사람에게 미쳐서 養老之政을 이루는 것이었다. 또한 어른을 어른으로 대접하는 것 역시 같은 논리에 따라서 長長之政을 이루는 근간이 되었다. 따라서 사람들이 老老長長의 원칙을 어기지 않고 실천하면 국가가 자연스럽게 다스려지게 될 것이라고 보았다.[358] 수기 차원에서 거론되는 효제의 단서를 사회 부문으로 확대·적용함으로써 통치에 유용한 방법으로 활용하고자 했다.[359] 이익과 윤동규에게 사서는 육경과 마찬가지로 경술과 사무 일치의 관점에서 사공의 목표를 실현하기 위해서 반드시 살펴보아야 할 경전이었다.

그런데 이익은 사공의 실현을 위해 궁경해야 할 대상으로 유가계열

---

357) 『星湖僿說』(하) 권19, 「經史門」 '得民得人', 71~72쪽.
358) 『昭南先生文集』 권1, 「書」 '上星湖李先生書 辛酉 十二月'.
359) 이처럼 일상의 효제를 치국의 방도로 상정할 수 있었던 것은 바로 후술하게 될 下學을 중시하는 관점에서 비롯되었다. 도는 멀리 있는 것이 아니라 노인과 웃어른을 모시는 일상의 일로부터 연유하기 때문에 지근한 곳에 있는 효제를 실천하면 자연스럽게 國治를 이룰 수 있다는 논리였다(『星湖全書』 4, 「孟子疾書」, 550쪽). 이익과 문인들이 육경과 사서에서 주목했던 내용들은 그들이 견지했던 하학관과 밀접한 관련을 맺고 있었던 것으로 보여진다.

뿐만 아니라 諸子百家類도 상정하였다. 그는 치도의 방법을 강구할 때 참고해야 할 경전으로 육경과 함께 法家를 거론하였다. 그는 韓非子(B.C. 280~233)나 제자로부터도 인정을 살피고 사무를 자세히 처리할 수 있는 내용을 모색할 수 있다고 보았다.[360] 그가 법가로부터 주목했던 시무관련 사안은 부국강병책에 관한 것이었다. 그 중에서 이익은 商鞅(B.C. 390~338)의 법을 부국강병을 위해 반드시 고려해야 할 정책으로 인식하였다. 즉 부국강병을 이루기 위해 상앙이 제시했던 務農과 嚴法은 재현해도 좋을 실효성이 인정되는 정책이었다.[361]

정통 주자학자들에 의해 법가가 배격되었던 이유는 이들이 강조하는 형법의 통치수단이 패도를 구현하는 것으로서 덕치를 목표로 한 왕도정치에 적합하지 못하기 때문이었다. 따라서 법가를 추숭하게 되면 민심을 잃어 패망하게 된다고 보았다. 그러나 이익은 법가의 패망 원인을 부강을 지향했던 법가의 개혁방안 자체의 모순 때문이 아니라 상앙 개인의 문제에 국한시켜 이해했다.[362] 오히려 이익은 형법을 난세에 직면하여 덕치와 더불어 국가운영에 유효한 통치수단으로 간주하였다.[363]

이익은 당대 현실을 '今於滔滔利慾之界'로 표현하였다. 선량한 자는 적고 악한 자는 많아서 강한 자가 약한 자를 삼키고 衆은 寡를 억누르며, 은밀히 틈을 엿보았다가 힘으로 빼앗을 수만 있으면 빼앗아버리는 현상이 나타나고 있었다.[364] 이러한 상황에 대처할 방안으로 엄격한 형벌적용을 주장하였다. 후세 승평세대가 적고 난시가 많은 시기

---

360) 『星湖僿說』(하) 권18, 「經史門」 '孔明喜申韓', 35쪽.

361) 『星湖僿說』(하) 권23, 「經史門」 '商鞅餘烈', 208쪽.

362) 『星湖僿說』(하) 권23, 「經史門」 '商鞅餘烈', 208~209쪽.

363) 이익이 국가운영과 관련하여 法家의 형정관을 활용한 사례는 원재린, 「星湖 李瀷의 刑政觀과 漢法受容論」, 『龜泉元裕漢敎授定年紀念論叢』(하), 혜안, 2000 참조.

364) 『星湖僿說』(상) 권15, 「人事門」 '政刑', 537쪽.

158

에 이르러서는 마땅히 중형을 적용하여 해이해진 기강을 바로잡고, 포악한 자를 제어해야 한다고 보았다. 그가 상정한 어지러운 때란 기강이 해이하거나 포악한 자가 날뛰거나 금령이 시행되지 않아 양민들이 살 수 없는 상황을 의미하였다.[365] 이에 그는 한비자도 통치에 큰 도움이 될 것으로 기대하였다.[366] 한비자에게서 주목했던 내용은 荀子 (B.C. 313~238)의[367] '저절로 곧은 화살과 저절로 둥근 수레바퀴는 없다(檃括)'는 개념을[368] 활용한 형정 강화 논리였다. 경술이 있는 군주는 은괄의 원리에 따라서 우연히 선하게 되는 것을 바라지 않고 반드시 상벌을 사용하여 백성을 다스렸다. 이익은 한비자의 견해를 근거로 하여 군주가 형정운영의 주체로서 이를 강화시켜 나아갈 때 통치의 효용성을 얻을 수 있다고 보았다.[369]

이처럼 이익과 문인들이 경술·사무 일치의 관점에서 육경과 사서, 제자백가를 검토한 것은 학문적으로 사회적 실천을 도외시했던 당대 장구지학의 폐해를 교정하기 위해서였다. 중세사회 해체기 새로운 국가와 사회운영원리를 모색하는 과정에서 진지와 역행, 경술과 사무 일치를 통한 사공의 실현이라고 하는 구체적인 경전학습 방법이 주자학 중심의 기성 학풍을 극복하기 위해 등장했던 실학의 주요한 학문론으로 자리잡게 되었다.

여기에는 현실적으로 개인의 심성수양만을 강조함으로써 사회 구조적 모순을 은폐한 채 양반사족 세력의 이해관계만을 관철하려 했던 국가운영 방식을 극복하려는 의도가 내재되어 있었다. 즉 사공 실현을

---

365) 『星湖僿說』(상) 권16, 「人事門」 '寬猛', 573쪽.
366) 『星湖僿說』(하) 권18, 「經史門」 '孔明喜申韓', 35쪽.
367) 이익이 법가의 연원으로 순자를 상정하였다. 그는 漢代 文帝때 활약했던 河南太守 吳公의 治行을 평가하면서 그 학문연원으로 "則師事李斯 得聞荀卿之學"을 상정하였다(『星湖僿說』(하) 권22, 「經史門」 '吳公', 186쪽).
368) 『荀子集解』(하) 「性惡」篇, 北京 : 中華書局, 1988, 435쪽.
369) 『星湖僿說』(상) 권15, 「人事門」 '政刑', 537쪽.

위해 부각된 경술과 사무 일치의 궁경태도는 안민·보민을 통해 민의 재생산기반을 보장하려는 사대부 지식인의 자성의 발로였다. 이때 사공은 제도적으로 사회 구성원들의 경제기반을 보장하며, 이를 토대로 본연의 실천과제였던 인성을 함양함으로써 달성될 수 있는 것이었다. 이러한 실학적 경전인식 태도는 유심사무와 유심육경의 가르침을 통해 문인들에게 면면히 전수되었다. 따라서 이 같은 학풍상의 특징들이 당시에는 주류의 학문경향으로 자리잡지 못한 채 재야학자들을 중심으로 조성되었지만 시대변화에 능동적으로 대처하는 과정에서 자연스럽게 마련되었다는 점에서 중세 학문체계를 극복하려는 내재적인 단초로 적극 평가할 수 있다.

제4장 하학·박학과 학문 대상·주제의 확대

1. 하학과 학문의 '時義'성 제고

1) 하학 강화의 배경 : 구이지학의 배격

이익과 문인들은 학파 형성 이래로 회의자득법과 지행병진, 경술·사무의 일치를 통해 주자학의 주요한 學理·學說을 비판적인 안목에서 객관적으로 검토해 나아갔다. 이러한 학문방법론에 입각해 볼 때 당시 조선 학계가 안고 있는 최대의 문제는 주자학만을 존신하면서 거리낌 없이 性命한 주제에 몰두하여 구이지학의 폐단을 초래하는 것이었다. 후세 학자들이 眞知踐履를 제대로 수행하지 못하면서 성명만을 강구하였으며,[1] 天人性命을 궁구하는 가운데 말에만 치우쳐서 실행이 없는 학문경향이 나타나게 되었다.[2]

그럼에도 불구하고 주류의 학문풍토는 여전히 理氣說을 둘러싸고 각자의 주장만을 강권하고 있었으며, 심지어 이기설을 모르면 수치로 여기고 있었다.[3] 그 과정에서 四端七情에 대한 불명확한 주자의 논설을 이해하는 과정에서 후학들에게 의심하는 바 없이 각각 한쪽의 입

---

1) 『下廬集』 권2, 「書」 '答姜伯賢淳欽 丙午', 총간 260권, 292쪽 ; 『順菴集』 Ⅱ, 「順菴先生行狀」, 총간 230권, 401쪽.
2) 『順菴集』 Ⅰ, 권8 「書」 '與柳敬之警書 乙未', 총간 229권, 516쪽.
3) 『星湖全集』 Ⅰ, 권24 「書」 '答安鼎福 癸酉', 총간 198권, 494쪽 ; 『順菴集』 Ⅰ, 권5 「書」 '答艮翁李判書夢瑞獻慶書 己酉', 총간 229권, 444쪽.

장만을 고수하는 경향이 나타나게 되었다.4) 결국 의리지학을 추구하면서 문자지엽의 사이에서만 심력을 허비하는 폐단이 초래되었던 것이다.5)

사실 심성구조에 대한 철학적 구명은 성리학의 본령에 해당하는 것으로서 修己와 治人을 이루기 위해서 반드시 검토해야 할 주제였다고 당시 학자들은 생각했다. 인간본성에 대한 이해를 전제로 할 때 性善을 회복하기 위한 구체적인 도덕수양법과 경세론이 마련될 수 있기 때문이다. 따라서 이익은 성명에 대해서 세밀히 분석한 주자의 학문성과를 인정하였으며,6) 안정복 역시 사단칠정설에 대해서 성명의 근본이므로 身心에 절실한 공부라고 하였다.7)

이 같은 평가에도 불구하고 성호학파에서 理學과 心學의 문제점을 지적한 것은 이기심성에 대한 지나친 궁구 결과 인간의 심속에 내재된 천리를 실현하는 일이 어렵게 되었기 때문이었다. 즉 지행병진보다 지식만을 추구하는 폐습이 초래되었다.8) 심지어 주자가 성명에 대해서 논설한 내용을 제대로 인식하지 못하게 되면서 학자들이 미리 포기하는 경향이 나타나기도 하였다.9) 이 문제를 해소하기 위해서는 무엇보다 쉽게 천리를 인식하고 실천할 수 있는 학문 방법과 대상을 모색하는 것이 시급하였다. 그래서 성호학파가 주목한 것이 '下學'이었다.10)

---

4) 『星湖全集』Ⅱ, 권54 「題跋」 '四七新編後說', 498쪽.
5) 『星湖全集』Ⅱ, 권49 「序」 '近思錄疾書序', 총간 199권, 401쪽 ; 『貞山雜著』권11, 「尊道齋序」.
6) 『星湖僿說』(하) 권24, 「經史門」 '聞道', 252쪽.
7) 『順菴集』Ⅰ, 「書」 권8 '答韓士凝書 庚寅', 총간 230권, 496쪽.
8) 『星湖全集』Ⅰ, 권24 「書」 '答安鼎福 癸酉', 총간 198권, 494쪽.
9) 『星湖僿說』(하) 권24, 「經史門」 '聞道', 252쪽.
10) 北學派에게서도 하학을 진작시킨 면모가 나타난다. 洪大容(1731~1783)과 朴趾源(1737~1805)은 '高談性命', '極辨理氣'와 같은 心性論辨에 대한 비판을 통해 전통적인 심성론·예론 위주의 학풍에서 벗어나 名物度數에 관한 연구를 진척시켜 나아갔다. 그리고 이에 대한 관심이 淸朝考證學의 수용으

그런데 하학을 중시하는 학문경향은 성호학의 연원이었던 허목에게서 이미 나타나고 있었다. 그는 人事之學과 性命之學의 대비를 통해 하학의 중요성을 강조하였다. 학자란 모름지기 인사에 나아가 그 이치를 구해야만 지행이 함께 진보된다고 믿었다. 이는 지행일치를 추구하는 데 있어서 하학이 중요한 학문대상이었음을 의미한다. 또한 그는 하학에 대한 공부가 완숙될 때 근본이 확립되고, 實心이 온전해 질 것이라고 했다. 반면 성명에만 매달리게 되면 갑자기 얻었다가 갑자기 잊어버리는 현상이 발생되어 학문진전에 아무런 도움도 못될 것이라고 내다보았다.11) 허목은 실재가 없는 관념적인 주제를 상정하기보다는 구체적인 형상을 지닌 인사를 궁구하는 하학의 방법을 취할 때 지행이 함께 진전될 수 있다고 믿었다. 이때 인사는 인륜과 일용이었다. 그는 이에 대한 공부를 학문의 급선무로 삼고, 해당 주제들을 궁구함에 미진함이 없어야 한다고 했다.12) 하학은 이익이 허목으로부터 사숙했을13) 북인계 남인의 학문전통이자 성호문인들에게 전수되었던 가르침의 하나였다.

이익은 선현들에 의해 자세히 궁구된 성리학설을 일차적인 학문대상으로 상정하기보다는 주변에 가까이 있어서 이해하기 쉬운 하학을 우선 과제로 삼았다. 즉 도에 나아가는 순서로 '下學而上達'을 상정하면서 하학에 대한 관심을 촉구하였다.14) 그는 도를 어렵게 생각하는

로 이어졌다(유봉학, 앞의 책, 1995, 109~143쪽 ; 김인규, 앞의 책, 2000, 57~71쪽 참조). 실학의 분파로서 하학을 중시하는 경향을 공유하면서도 그 구체적인 내용으로 '名物之學'을 강조한 점이 주목된다. 이는 비슷한 시기 학적 전통은 다르지만 공통의 문제의식을 갖고 있었던 북학파가(金容燮, 「朝鮮後期 土地改革論의 推移」, 앞의 책, 1990 참조) 유학의 전통적 학문방법을 활용하여 동일한 해결 방안을 모색하였던 사례로 이해할 수 있다.

11) 『記言』I, 권1 「學」 '答學子', 총간 98권, 32쪽.

12) 『記言』I, 권1 「學」 '答文翁', 총간 98권, 33쪽.

13) 『樊巖集』II, 권51 「墓碣銘」 '星湖李先生墓碣銘', 총간 236권, 442·444쪽.

14) 『星湖全集』III, 「附錄」 권2 '謚狀', 총간 200권, 198쪽.

사람들에게 쉽게 접근할 수 없도록 막는 일은 납득할 수 없으며, 어진 사람의 가르치는 뜻이 아니라고 보았다.15) 이는 이익이 문인들에게 강론했던 주요한 가르침 가운데 하학이 포함되었음을 짐작케 하는 대목이다.

이 점은 성호문인들 중 가장 연장자로서 스승을 대신하여 문도를 지도했던 윤동규를 통해서 확인할 수 있다. 그는 성인이 사람을 가르치는 것은 아래로 인사를 배우고 위로 천리를 깨닫게 하는 '하학이상달'일 뿐이라고 하였다. 만일 하학을 제대로 공부하지 않고, 먼저 천리에 이르려고만 한다면 자신에게 이익 됨이 없을 것이라고 하였다.16) 이 같은 견해를 통해 하학이 성호학파를 대표하는 학문방법으로서 얼마나 오랫동안 지속되었던 가르침인지를 알 수 있다.

한편 윤동규의 四端七情說과 상반된 견해를 제기하여 논쟁을 벌였던 신후담 역시 日用常行의 비근함을 부지런히 실천할 때 고원한 천도의 지극함에 상달할 수 있다고 하였다. 전형적인 '하학이상달'의 논지였다. 만일 이 같은 원칙을 무시한 채 일상에 가까운 도를 멀리하고, 고원하여 행하기 어려운 도만을 추구한다면 인간으로부터 도가 멀어지게 되는 오류를 범하게 될 것이라고 하였다. 또한 그는 상학만을 추구함으로써 본래 천리를 통해 밝혀야 할 학문목표를 상실한 채 학리논담으로 흐른 폐습을 지적하면서 이를 극복하기 위해 하학공부가 중요하다는 말을 남기고 있었다.17) 결국 이익의 문하에서는 이기심성론의 차이에도 불구하고 주요 제자들이 하학의 중요성에 공감하고, 실제 학문활동 과정에서 이를 실천하려 노력했음을 알 수 있다. 하학을 중시하는 가르침은 직계제자를 통해서 후배문인들에게도 전수되었다.

안정복은 입문이전부터 하학을 체계적으로 공부할 수 있는 방안을

---

15) 『星湖僿說』(하) 권24, 「經史門」 '聞道', 252쪽.
16) 『順菴集』Ⅱ, 권26 「行狀」 '邵南先生尹公行狀', 총간 230권, 324쪽.
17) 『河濱集』 권7, 「中庸後說」.

강구했으며, 성호문하에 들어온 이후에도 하학의 중요성을 후배문인들에게 강조하였다.[18] 그가 상정한 하학의 대상은 '낮고 가까워서 알기 쉬운' 日用彛倫이었다. 그는 하학의 구체적인 내용을 공자의 언설을 빌어 설명하였다. 그것은 인사 속에서 일상적으로 이루어지는 행동거지였다. 하학이란 居處·執事·與人 등의 일상적인 행동에서 恭·敬·忠하는 것이며, 또한 언행에 있어서 忠信하며 篤敬하는 것이었다.[19] 안정복은 성찰하는 마음을 갖고 말 한 마디 행동 하나도 주의 깊게 살펴보고, 징험하여 오래도록 익혀서 습득하면 학문은 자연히 이루어질 것이라고 전망하였다.[20]

그는 하학의 공부과정을 산에 오르는 일에 비유하였다. 만 길 봉우리에 오르려면 우선 발밑에서부터 시작하는 것처럼 가장 비근한 인사를 학문대상으로 상정하고 하나하나 실천해 나아가다 보면 그 속에 내재된 천리를 실현할 수 있다고 설명하였다.[21] 이를 위해서 무엇보다 하학의 차서를 확정하는 일이 중요하다고 생각했다. 앞서 살펴보았듯이 그는 맹자의 언설을 인용하여 모든 사물의 이치를 학습한 뒤에 실천하는 것은 사실상 불가능하다고 전제하면서 일용지사에 구현된 이륜을 우선 대상으로 선정하였다. 학문의 선후를 확정하고 난 뒤 순서에 따라서 하나하나 체득할 때 진취할 수 있다고 보았다.[22]

하학은 구이지학에 맞서 인사를 대상으로 지행을 함께 이루어 나아갈 수 있는 학문방법이었다. 따라서 안정복은 쇄소응대로 대변되는 '日用當行之事'의 先行을 사문의 종지로 간주하였다.[23] 나아가 그는 후배문인들에게 하학을 聖門敎學의 최우선 과제로 제시하였으며, 유

---

18) 『順菴集』Ⅱ, 권8「書」'答韓士凝書 庚寅', 총간 230권, 497쪽.
19) 『順菴集』Ⅱ, 권19「題後」'題下學指南', 총간 230권, 178쪽.
20) 『順菴集』Ⅰ, 권1「詩」'記夢', 총간 229권, 340쪽.
21) 『順菴集』Ⅰ, 권1「詩」'省吾來留數旬及歸口號五言短律二首以贈', 총간 229권, 340쪽.
22) 『順菴集』Ⅰ, 권5「書」'答李士興基讓書 乙酉', 총간 229권, 499쪽.
23) 『下廬集』권16,「行狀」'拱白堂先生行狀', 총간 260권, 525쪽.

자에게 있어서 가장 절실한 학문이라고까지 하였다.[24]

안정복에 의해 종지로 확정된 하학은 성호문인들 사이에서 주요한 학문대상으로 인식되어 구현되고 있었다. 정약용의 회고에 따르면 권철신은 言談에만 빠져서 이기와 성정을 논할 뿐 실천을 소홀히 하는 후세 학문경향과 달리 일상에서 효제충신을 실현하기 위해서 노력하였다. 권철신은 평소 부모에게 순종하고 뜻을 봉양하며, 친구와 형제를 한 몸처럼 아끼는 데에 힘썼다.[25] 이익의 만년제자로서 반주자학풍을 진작시켜 당대 소장학자들에게 학문적으로 지대한 영향을 주었던 권철신이 하학 실천을 위해 노력했다는 사실은 각자 추구하는 사상경향의 차이를 불문하고 하학이 성호문인이라면 반드시 갖추어야 할 기본소양이었음을 의미하였다. 이러한 하학 실천 모습은 정약용에게 적지 않은 영향을 주었다.

정약용은 당대 학자들의 문제점으로 효제를 실천하기보다는 수기치인과 전혀 무관한 이기사칠의 논의와 하도낙서의 수, 太極元會의 설에만 전념하는 것을 들었다.[26] 그는 "아무리 宋賢들의 성리학설이 선을 즐기고 도를 구하는 의미를 지녔다고 하더라도 洙泗의 옛 뜻에 어긋난다면 그대로 따를 수 없다."는 의견을 내놓았다.[27] 여기서 말하는 '洙泗之舊論'은 공자가 추구했던 하학을 의미하는 것이다. 정약용은 주자이래 강조되었던 성리학설보다 先秦유학에서 추구했던 하학을 최우선의 학문대상으로 상정하였다. 그는 하학의 연원으로 洙泗學에 관심을 갖고, 이를 통해 주자학을 존신함으로써 발생한 폐해들, 즉 송습의 학습방법과 형이상학에만 전념하는 학문태도, 그리고 구이지학의 문제점 등을 극복하고자 했다.

---

24) 『拱白堂集』 권4, 「雜著」 '德谷記聞', 총간 260권, 187쪽 ; 『順菴集』II, 권8 「書」 '答黃耳叟 癸卯', 총간 229권, 509쪽, "吾儒著緊用工 專在下學".
25) 『與猶堂全書』 1, 「詩文集」 15권 '鹿庵權墓誌銘', 324쪽.
26) 『與猶堂全書』 1, 「詩文集」 권17 '爲盤山丁修七贈言 字乃則長興人', 369쪽.
27) 『與猶堂全書』 2, 「中庸講義補」, 61쪽.

일찍이 이익은 수사학과 宋學의 사상적 특징을 다음과 같이 간략히 비교·설명하였다. 우선 공자의 시대를 '簡而切'한 내용만으로도 충분히 교화가 가능했던 시기로 보았다. 이때 '간결하면서도 절실함'이란 『논어』에서 강조하였던 일상에서의 仁의 실천을 의미하였다. 반면 周敦頤(1017~1073)·程頤의 시대는 '奧而繁'한 내용이어야만 교화가 가능했던 시기라고 보았다.28) '오묘하면서도 무성하다'는 의미는 인성을 우주 만물의 생성과 변화의 통일적 원리인 태극과 결부시켜 설명하고, 인간의 도덕성을 불변의 천리로 인식하였던 周子·程子의 논설을 의미하였다. 선진 이래 송대 이르는 시대변화는 인성을 이해하는 방식의 변화를 초래하였고, 이것은 교화방식, 나아가서 각각의 경학체계에도 영향을 주었다.

이와 관련하여 황덕길의 재전제자였던 許薰(1836~1907)은 좀더 구체적인 설명을 내놓고 있었다. 그는 옛날 성인의 시대에는 사람의 마음이 순수하고 일정해서, 잘못되는 경우가 없었기 때문에 육경 속에 심성을 이야기한 것이 많지 않았다고 했다. 그러나 도가 어두워지게 되면서 심성이해에 대한 변화가 불가피하게 초래되었다. 진한 이후 등장한 洛閩 여러 유자들에 의해서 육경의 뜻을 밝히고 어두워진 인심들을 다시 환히 열어주었는데, 그 과정에서 심성에 대한 논변이 길어지게 되었다.29)

결국 송대 이르게 되면 천인·性命之理에 대해서 드물게 말하던 공자의 단계와는 달리 심성문제를 재인식하기 위해서 이전단계에는 없었던 형이상학적 논리가 추가되었다. 우주의 생성원리와 인간의 본성을 관련지어 이해·탐구하는 '오이번'한 경향을 띤 사변철학이 등장하게 되었다.

---

28) 『星湖全集』Ⅱ, 권49「序」 '近思錄疾書序', 총간 199권, 400~401쪽.
29) 『舫山先生文集』 2, 권7「書」 '答或人', 총서 1047권 ; 경인문화사 영인본, 1994, 99~101쪽.

이익은 그 원인을 군자의 의도라기보다는 勢의 흐름 때문이라고 보았다.[30] 그는 時宜를 상실했던 대표적인 학자로 明代 楊廉을 들었다. 양렴은 정·주자의 말과 행실만을 존숭한 나머지 시의의 변화에 적응하지 못했던 인물이었다.[31] 그의 문제점은 시의를 고려하지 않고 정·주자학을 그대로 따르는 데에 있었다. 세에 따라 변화해야 할 심성이해와 교화의 방식, 철학체계 등이 주자 이후에는 좀처럼 변하지 않았다는 사실이다. 시대가 변해서 심성에 대한 형이상학적인 이해보다 구체적인 실천, 즉 착한 본성을 유지하기 위한 물적 토대마련이 시급했던 조선 후기에서도 여전히 남송대 이래 주자학에서 강조해 온 학문대상과 그 목표를 그대로 따르고 있었다. 이것으로는 결코 학문의 시의성을 구현할 수 없었다.

한편 이병휴는 시의성을 상실하게 된 원인으로 '探本造極之功'만을 추구하는 학문경향과 主敬涵養의 수양법을 들었다. 일단 여러 현인들이 올바른 심성수양을 위해 제시한 학설을 검토하면서 정·주자의 주경함양을 긍정적으로 평가하였다. 이것은 심성을 단련하는 방법으로서 성인의 본의를 잘 표현한 것이라고 하였다. 그러나 문제는 주경함양에 전념한 나머지 지극한데 나아가 본원만을 탐구하려는 폐단이 나타나게 된 점이다. 그 결과 평범한 말과 행동 속에서 실재를 깨닫지 못하는 오류가 발생하게 되었다. 그는 이러한 경향을 "학문의 체는 있지만 용이 없는 것이다."라고 규정하고, 학술의 변고로 간주하였다.[32]

안정복은 이 문제를 조선학계에 적용하여 설명하였다. 이황이 주렴계의 『太極圖說』을 궁구하려 했던 이유를 '時義'의 관점에서 설명하

---

30) 앞의 책, '近思錄疾書序', 401쪽.

31) 『星湖僿說』(상) 권10, 「人事門」 '眞派嫡傳', 327쪽.

32) 『貞山雜著』 권10, 「書」 '與安百順', "至程朱子 發揮禹謨思孟之旨 於是 有主敬涵養等語 何可謂此非聖人本意 然此則探本造極之功 而非飭躬誨人庸言庸行之實……".

였다. 그는 아직 성리설에 대한 인식수준이 낮은 단계에서 송나라 유
자들의 학설에 대한 이해를 심화시키기 위해서 태극·이기설에 대해
서 천착하는 학문태도는 불가피한 것으로 이해하였다.[33] 이황의 이기
심성 문제에 전념한 이유를 16세기 조선학계 수준과 관련하여 인식했
다. 안정복은 이러한 상황을 고려할 때 당대 曹植(1501~1572)이 제기
했던 이황에 대한 비판은 부적절한 것으로 보았다. 당시 조식은 "손으
로 청소하고 시중을 들어야 하는 것은 모르고 입으로 천리만 말한다."
라고 하여 이황의 上學추구 경향을 문제로 지적하였다.[34]

　그렇지만 '時義'의 관점에서 볼 때 안정복은 시대가 변해 의리의 설
이 보편화된 지금까지도 여전히 태극 등 성리학설만을 거론하여 논쟁
을 벌이는 학문태도는 문제라고 보았다. 당대 학자들이 하학을 꺼려하
면서 성명·이기, 사단칠정의 분변에만 마음을 쏟는 학문태도를 시대
의 폐단으로 간주하였다. 따라서 조식의 비판은 오히려 당대 적합하다
고 믿었다.[35] 당시 학자들이 하학을 통해 몸으로 체험하는 실질적인

---

33) 『順菴集』I, 권8 「書」 '答南宗伯漢朝書 丙午', 513쪽.
34) 『南冥集』권2, 「書」 '與退溪書', "近見學者 手不知灑掃之節而口談天理…
　　…". 해당 어구에 대해 김창협은 "진정한 학문을 알지 못한다."는 견해를 피
　　력하였다(趙南浩, 「김창협 학파의 남명학 비판」, 『南明學研究論叢』, 1997,
　　410~411쪽). 그는 비록 송시열계와는 다른 주자인식을 갖고 있었지만 하학
　　의 평가에 있어서 만큼은 공통된 의견을 제시하였다. 이 같은 비판에는 노론
　　의 정치적 입장과 주자학 근수의 경향이 작용하였다(위의 글, 412~414쪽 참
　　조). 이것이 낙론계 학풍 형성에 미쳤을 영향에 대한 면밀한 검토가 필요하
　　다.
35) 『順菴集』I, 권8 「書」 '答南宗伯漢朝書 丙午', 513쪽. 남명학파의 하학관에
　　대해서는 신병주, 앞의 책, 일지사, 2000, 82~89쪽 참조. 이익이 남명의 실천
　　적 학풍을 주목하게 되는 데에는 小北系 출신이라는 점과 남명 문인인 兪大
　　脩와의 관련성을 들 수 있다(李成茂, 앞의 논문, 2000, 16~20쪽). 이론 논쟁
　　비판과 실천을 중시하는 학문경향 속에서 하학에 주목한 점은 남명학파와
　　성호학파의 공통점이다. 다만 하학의 구체적인 내용에 있어서는 차이를 보
　　이고 있다. 후술하게 되겠지만 성호학파는 일상에서 지켜져야 할 떳떳한 도
　　리를 제도개혁을 통해 보장하려는 의도를 갖고 있었다. 그것은 중세사회 해

공부를 하지 않고, 단지 공중에 매달린 듯 허황된 설화에만 얽매여 도
학을 제대로 밝히지 못하는 상황을 문제로 보았다.36) 따라서 안정복
은 진정한 유자가 되고자 한다면 천인성명의 설을 말하기보다 하학을
통해 상학에 이르는 학문태도를 추구해야 한다고 하였다.37)

　성호학파에서 하학을 통해 학문의 시의성을 회복하기 위해 주목했
던 경전은『논어』였다.『논어』가 부각된 이유는 하학을 구현한 실천서
로서의 면모를 갖추고 있었기 때문이었다. 공자의 사상은 정밀하고 깊
이가 있지만 소박하고 허황되지 않는 것을 특징으로 한다. 즉 모두 일
상 생활 가운데서 체험하여 얻을 수 있는 것이어서 고원한 곳에서 구
할 필요가 없기 때문이다. 이처럼 공자의 사상은 평범한 가운데 정밀
하고 깊기 때문에 허황된 말들을 하지 않으니, 이것이『논어』에 잘 반
영되어 있다.38)

　이익은『논어』에 대해서 "오직 仁이 유행하는 곳에 대한 자세한 지
적이 있을 뿐 후대 유자들처럼 성과 심을 과다하게 논설되어 있지 않
았다."고 평가하였다.『논어』에 기술된 성인의 말씀은 간략하고 뜻이
지근하여 사람들로 하여금 쉽게 인을 실천할 수 있는 내용들이었다.
안정복 역시 스승과 마찬가지로 하학의 관점에서『논어』를 높이 평가
하였다. 공자가 문인들에게 성과 천도에 대해서 하교한 바가 없다는
점을 들었다. 이 때문에 그는 "『논어』에는 비근한 것과 알기 쉽고 행
하기 쉬운 사례들만이 예시되어 있을 뿐 고원하여 행하기 어려운 내
용은 일체 배제되었다."고 보았다.39)『논어』의 하학적 특징은 이익의

　체기 사회 제 모순에 구조적으로 대처했던 진보적 지식인들의 처지를 반영
　한 결과로 보여진다.

36)『拱白堂集』권4,「雜著」'德谷記聞', 총간 260권, 187쪽.
37)『順菴集』Ⅰ, 권8「書」'與柳敬之警書 乙未', 총간 229권, 516쪽.
38) 陳大齊, 안종수 역,『공자의 학설』, 이론과 실천, 1996 참조.
39)『順菴集』Ⅱ,「順菴先生行狀」, 총간 230권, 401쪽 ; 앞의 책, '題下學指南', 총
　간 230권, 178쪽.

『求仁錄』과의 비교에서 잘 나타나고 있다.

이익은 이언적의『구인록』에 대해서 인을 구현하기 위해 온갖 자료를 갖춘 책으로 평가하였다. 그러나 이 같은 다양한 해석들이 오히려 독자들로 하여금 정신만 산란하게 할 뿐 간략한 곳을 좇아 인을 실천하는 데에는 장애요소로 작용했다고 보았다.[40] 하학을 실현하고자 했던 이익의 학문관에 비춰볼 때『구인록』은 일상에서 인욕을 막고 천리를 보존함으로써 인을 구하는 방법을 강구하기보다는 구구한 해석에만 치우친 저술이었다. 따라서『구인록』은 하학의 교범으로 상정하기에 부적합했다. 그렇다면 성호학파가 하학과 관련하여 주목했던『논어』의 구체적인 내용은 무엇일까.

이병휴는 일상적인 행동거지를 상황에 맞게 수행하는 방법에 관심을 보였다. 그는 居處·執事·與人으로 대변되는 인간관계에서 恭·敬·忠하는 것이 중요하다고 보았다. 또한 動容·顔色·辭氣 등 개인의 일상행동에서 遠暴慢·近信·遠鄙悖 할 것을 당부하였다.[41] 그는『논어』를 통해서 언제 어디서 누구에게나 일어날 수 있는 지근한 인사를 학문대상으로 상정하고, 각각의 상황 속에서 그에 적합한 도리를 실천하여 심성의 올바름을 얻는 데 관심을 두었다. 이때 인간의 심성구조에 대한 철학적 이해나 윤리규범에 대한 사변적 논의는 전제될 필요가 없었다.

안정복은『논어』중에서도 顔氏의 '四勿'과 曾子의 '三貴'를 하학의 요지를 잘 드러내 주는 사례라고 하였다. '사물'과 '삼귀'는 인사 속에서 구현되는 사람의 용모와 말, 그리고 일상생활의 동정을 대상으로 하는 것이었다. 따라서 그 속에는 천리의 유행함이 내재되어 있으며, 이를 실현할 수 있는 예의가 포섭되어 있다고 보았다.[42] 우선 사물은

---

40) 『星湖僿說』(하) 권23, 「經史門」'求仁', 207쪽.
41) 『貞山雜著』권10, 「與安百順」, 92쪽, "……故魯論二十篇 一則曰 言忠信 行篤敬 一則曰居處恭 執事敬 與人忠 一則曰 動容貌 斯遠暴慢 正顔色 斯近信 出辭氣 斯遠鄙悖而已 未嘗一言及心性 殆若有其意在也".

인을 행하는 방도를 묻는 안연의 질문에 대답한 공자의 언설에서 유래된 개념이었다. 인을 구현할 수 있는 가장 일상적인 방법으로 '예가 아니면 보지 말며', '예가 아니면 듣지 말며', '예가 아니면 말하지 말며', '예가 아니면 움직이지 말라'는 것이다. 공자는 인을 구현하기 위해 상식적이고 일상적인 실천방안을 제시했을 뿐 결코 형이상학의 차원에서 인의 구조를 설명하지 않았다.

다음으로 삼귀는 증자가 문병 온 孟敬子에게 들려준 말로 군자가 귀중히 여기는 세 가지 도였다. 즉 '용모를 움직일 때에는 사나움과 태만함을 멀리하며', '얼굴빛을 바르게 할 때에는 성실함에 가깝게 하며', '말과 소리를 낼 때에는 비루함과 도리에 위배되는 것을 멀리하라'는 것이다.[43] 삼귀의 실천주체가 군자로 상정되어 있긴 했지만 그 내용을 볼 때 어느 누구나 일상에서 쉽게 수행할 수 있는 사안들이었다. 이처럼 안정복은 『논어』를 통해 굳이 심성구조에 대한 철학적 이해를 수반하지 않고도 누구나 일용이륜을 실천할 수 있는 인사를 하학의 대상으로 상정하였다. 사물과 삼귀는 일용지사를 대상으로 하면서도 충분히 천리를 실현할 수 있는 구체적인 하학공부 방법이었다.[44]

이익과 안정복, 이병휴 등이 『논어』 속에 구현된 하학의 면모를 강조했던 것은 도를 실현하기 어려운 고원현공한 대상으로 이해하고, 상학에만 몰두하는 폐해를 야기했던 주자학의 문제점을 해결하기 위해서였다. 또한 이들은 하학을 주자학설에 대한 송습을 일삼다가 결국

---

42) 『順菴集』 I, 권2 「書」 '上星湖先生書 戊寅', 총간 229권, 372쪽.

43) 『論語』 「顔淵」·「泰伯」章, 대동문화연구원 영인본, 1984.

44) 『논어』와 더불어 안정복이 하학의 관점에서 주목했던 경전으로 『효경』을 들 수 있다. 『효경』 역시 『논어』와 마찬가지로 성명이기의 설과 같이 고원함을 추구하기보다는 일상에서 도덕 실천을 학문의 대상으로 상정하고 있었다는 점에서 적극 권장되었다(『順菴集』 II, 권8 「書」 '答南宗伯漢朝書 丙午', 총간 229권, 513쪽).

구이지학의 폐단에 빠진 오류를 시정할 수 있는 대안으로 생각했다. 이러한 점 때문에 『논어』가 하학의 교본이자 주자학의 문제점을 바로 잡을 수 있는 교정서로서 주목받았다. 나아가 하학은 공자의 수사학을 근거로 함으로써 '時義'성을 상실해 가는 주자학을 대체할 수 있는 대안으로서의 정당성을 한층 강화시켜 나아갈 수 있었다.45) 그런데 하학이 심학과 이학을 대신할 새로운 학문체계로 인정받기 위해서는 한 가지 더 입증해야 할 논리가 있었다. 그것은 하학을 통해서도 상달할 수 있다는 사실의 논증이다. 이는 인간이 지켜야 할 떳떳한 도리를 어떻게 일상에서 구현할 것인가 하는 하학의 구체적인 실천 방법을 모색하는 문제와도 직결된다.

2) '道器一致'의 실현 : 일용·민생의 중시

하학은 단순히 시의성만을 고려해서 추구되어진 것이 아니었다. 일용지사를 대상으로 한 공부를 통해서도 상달, 즉 천리를 실현할 수 있

---

45) 안정복은 『논어』와는 별도로 하학 실현을 위한 교본으로 『下學指南』(1740)을 남기고 있다. 『논어』가 있음에도 불구하고 『하학지남』을 저술한 이유는 시의에 맞게 하학을 달성하고자 했던 의도에서 비롯되었다(『順菴集』Ⅱ, 권 19「題後」'題下學指南 庚申', 총간 230권, 178쪽). 先秦시대 이래 축적된 학문성과를 고려할 때 공자 시대 發明된 『논어』만으로는 하학의 특성을 모두 밝혀내어 학문의 시의성을 달성하기 어렵다는 인식을 갖고 있었다. 이에 안정복은 『小學』의 의례를 좇아서 선현의 저술과 각종 경전에서 고금의 嘉言과 선행을 모아 새롭게 하학 관련 저술을 편찬하였다(『順庵全書』2,「下學指南」'題下學指南書面', 여강출판사 영인본, 1984, 5쪽). 그러나 체제상 『하학지남』과 『소학』은 많은 차이를 보이고 있다. 즉 『하학지남』은 오륜만을 부각시키는 인륜서로서의 구조를 갖추고 있지 않다. 『하학지남』은 전체 9편(3권으로 日用編(首卷), 讀書編·爲學編·心術編(이상 上卷), 威儀編·正家編·處己編·接人編·出處編(이상 下卷)으로 구성되었다. 편명을 통해 알 수 있듯이 『하학지남』은 사대부 지식인으로서 일용의 가무로부터 출사시 필요한 세무에 이르기까지 인사영역에서 반드시 수행해야 할 기본적인 책무에 관한 내용으로 구성되었다.

다는 확신이 전제되었기 때문에 주목받았다. 성호학파의 하학관에서
보다 중요한 사실은 어떤 논리에 입각해서 하학을 통해서도 현실사회
에서 천리를 달성할 수 있다고 확신했는가였다. 이때 주목되는 것이
'도기일치'론이었다. 이 점은 이익과 문인들이 견지했던 도기론을 통
해 설명하기로 한다.

이익은 형이상과 형이하를 천리와 인사, 도와 기의 관계로 등치시
켜 보았다.[46] 여기서 주목되는 점은 천리·도가 인사·기에 앞서서
선재하는 개념이 아니라는 사실이다. 그는 이를 인사에 적용하여 설명
하였다. 몸이 있은 후에 아버지와 아들, 임금과 신하의 관계가 설정되
며, 이에 해당되는 도리 역시 구체적인 관계가 설정된 이후에나 확정
된다고 보았다. 도리는 인간을 떠나서 독립적으로 존재할 수 있는 개
념이 아니었다. 따라서 이익은 "몸을 떠나 도를 말할 수 없었다."고 하
였다.[47] 즉 천리·도가 결코 인사·기로부터 떨어지거나 분리될 수
없다는 도기일치의 인식을 갖고 있었다.[48]

도기일치의 논리에서 볼 때 천리는 사물에 초월하여 독립적으로 존
재하는 것이 아니었다. 언제나 형상을 지닌 기 속에 내재된 실질적인
개념이었다.[49] 이 점은 "도란 마치 음식을 먹고 마시는 것같이 지극히
자연스러운 일용에서 벗어날 수 없다."는[50] 견해에 잘 반영되어 나타

---

46) 『星湖全書』 권4, 「論語疾書」 '雍也', 458쪽 ; 『星湖全集』 I , 권15 「書」 '答沈
判事一義 甲寅', 총간 198권, 310쪽.

47) 『星湖全書』 4, 「中庸疾書」, 630쪽 ; 위의 책, 「中庸疾書」, 619쪽, "……有身
然後有道 如有天 然後 有天道 有地 然後 有地道……".

48) 『星湖全書』 4, 「中庸疾書」, 631쪽, "道之於人 奚嘗不遠 其實不離也 由率性
故也".

49) 이러한 도기관을 마련하기까지 성리학적 구조와 관련하여 주목되는 내용은
인식론의 변화이다. 4장 2절 1소절에서 자세히 살펴보겠지만 이익은 주자의
'性卽理'에서 벗어나 천리와 사물의 관계를 긴밀하게 인식하지 않았다. 즉
性에 대한 리의 주재력을 부정하였다. 이로부터 나타나는 특징으로 개별사
물의 條理에 대한 객관적 인식을 들 수 있다.

50) 『星湖全書』 4, 「中庸疾書」, 630쪽, "道之不離於日用 如人之飲食 故不外於

나고 있다. 이 때문에 일용을 도 · 천리를 구현할 수 있는 학문대상으로 상정할 수 있었다. 사람이 행해야 할 도는 선험적으로 존재하는 것이 아니라 절실하고 비근한 일상 속에 내재되어 있다. 따라서 사물에 구현된 천리 · 도를 인식하기 위해서는 상학인 심학이나 이학공부만으로 불가능했다. 오히려 그것이 내재된 구체적인 일용을 대상으로 할 때 실현 가능한 것이다. 인도를 구하는 데 인사 밖의 일에만 힘쓴다면 결코 도를 이룰 수 없었다. 이처럼 이익은 '천리와 인사의 不離', '도와 기의 불리' 원리에 따라서 일용인사를 하학의 주요한 학문대상으로 상정하였다. 그리고 이를 통해서 천리를 실현할 수 있다고 확신했다.

이러한 도기일치의 관점은 북인계 남인의 학문전통 속에 내재되어 있었다. 이수광은 유학에서 추구하는 도가 민생일용 속에 있다고 보았다. 여름에 칡옷을 입고 겨울에 가죽옷을 입으며, 배고프면 먹고 갈증이 나면 물 마시는 것이 도라고 하였다.[51] 도는 일상생활을 영위해 나아가는 데 필요한 이치로서 일용지사 속에 잘 구현되어 있었다. 당연히 도를 구현하기 위해서는 민생일용을 학문대상으로 상정해야 할 것이다. 도기일치의 관점에서 하학의 주요대상으로 민생일용을 상정한 점이 주목된다. 유형원 역시 성인의 도는 만사에 행해지는 것이기 때문에 일이 아니면 행할 바가 없다는 견해를 제시하였다. 그는 道體만을 강명하기를 주장한 혹자의 견해에 대해서 "이치란 만물에 나타나기 때문에 물이 아니면 이치가 나타날 곳이 없다."고 반박하였다.[52]

이익은 유형원이 언급한 물에는 제도와 規劃 등이 포함되어 있다고 하였다.[53] 즉 제도문물과 같이 구체적인 형상을 띠는 물이 구현되기 전에는 리가 그 속에 선재할 수 없다는 논리였다. 따라서 리는 제도와

五倫 是則庸言庸行也 ".

51) 『芝峰集』 권24, 「采薪雜錄」, 총간 66권, 261쪽.
52) 『磻溪隨錄』 권26, 「續篇下」 '書隨錄後', 동국문화사 영인본, 1958, 517~518
   쪽.
53) 『星湖全集』III, 권68 「傳」 '磻溪柳先生傳', 총간 200권, 166쪽.

규획을 통해서만 실현될 수 있으며, 이것들은 리를 담지하고 있는 하학의 주요한 대상이었다. 이수광과 유형원이 견지했던 도기일치의 관점은 이익을 통해 문인들에게도 전수되었다. 이 점은 안정복에게서 잘 나타나고 있었다.

안정복 역시 도기일치의 관점에서 도기를 분리해서 이해하는 태도를 비판하였다. 만사·만물은 도와 기 및 形 등 3자의 결합으로 이루어진 것으로 보았다. 그리고 형·도·기가 각각 분리되어 존재할 수 없다는 인식 하에 "道亦器 器亦道"의 명제에 주목하였다.[54] 만일 형이상을 도, 형이하를 기라고만 규정한다면 이는 만사와 만물을 양단하여 별개의 것으로 구분하는 것이라고 하였다. 그는 형·도·기의 관계를 인사에 적용하여 구체적으로 설명하였다. 형을 아버지와 자식, 임금과 신하에 비유하였다. 그리고 도는 부자와 군신지간에서 구현되어야 할 인·의로 보았으며, 기는 인에서 발로한 효도와 의에서 발로한 충성이라고 보았다.[55] 도기일치의 관점에서 볼 때 인·의는 충성과 효도의 행위를 통해서만 구현된다. 아들로서 아버지에게 효도할 때, 신하로서 군주에게 충성을 다할 때 비로소 인도가 발현될 수 있었다.

이러한 논리에 따르면 부자, 군신을 떠나서 인과 의를 인식할 수 없게 된다. 인사를 떠난 도는 그 자체로 아무런 의미도 지닐 수 없었다. 따라서 도는 구체적인 인간관계 속에서 下工을 대상으로 궁행을 거듭할 때 구현될 수 있었다. 다시 말해서 천리 그 자체를 대상으로 하지 않고도 인사에 대한 실천을 통해 상달 할 수 있는 것이었다. 여기서 하학이 갖는 장점이 발현된다. 하학은 인사에 내재된 천리를 인식함과 동시에 실천할 수 있는 공부였다. 이것이 고원현공함에 매달려 정작

---

54) 『順菴集』Ⅱ, 권7「書」'答安正進景漸問目 辛卯', 총간 230권, 472쪽. '도역기 기역도'의 명제는 한백겸이 '吾家頂門第一義'이라고 할 정도로 강조했던 북인계 남인의 핵심 논리로서 하학을 실현하기 위해 반드시 고려해야 할 도기 관념이었다(『久菴遺稿』「晦齋論太極圖後跋」, 총간 59권, 173쪽).

55) 위의 책, '答安正進景漸問目 辛卯', 472쪽.

학문의 실천을 도외시하는 상학공부와 대비되는 점이었다.56)

정약용은 도기일치의 논리를 四端에 적용하여 설명하였다. 그는 인의예지를 복숭아와 살구의 씨처럼 사람의 마음 속에 본래 잠재해 있던 것으로 보지 않았다. 사단을 사물에 선재하는 도덕적 본성으로 의식하지 않았다. 사단은 구체적인 인간관계 속에서 형성되어 발현되는 것이었다. 그는 "인이란 사람을 사랑한 후에 형성되는 것이지 사랑하기 이전에 인이라는 명칭은 성립될 수 없다."고 설명하였다.57) 인은 그 자체만으로는 어떤 의미도 가질 수 없으며, 인간의 구체적인 행위가 있을 때 그 속에서 유의미함을 지닐 수 있다.

이는 '몸이 있은 후에 도가 있다'는 원칙을 강조한 이익의 견해와 일치한다. 도기일치의 논리에 입각해 볼 때 천리는 구체적인 사물 혹은 인사를 초월하여 존재할 수 없으며, 그것이 내재된 기를 궁구하여 실천할 때 비로소 달성될 수 있다. 이것이 이익과 문인들이 하학을 천리의 사변적 이해함으로써 빚어진 구이지학의 문제점을 일소할 수 있는 대안으로 상정했던 이유였다.

도기일치의 관점은 성호학파 내에서 전개되었던 사단칠정 논쟁에서도 적용되었다. 우선 최초 논쟁을 촉발시켰던 신후담의 경우 평소 일용상행의 비근함을 부지런히 실천할 때 고원한 천도의 지극함에 상달할 수 있다고 하였다.58) 전형적인 '하학이상달'의 논지였다. 만일 이

---

56) 이러한 도기론은 안정복 계열로 분류되었던 인사들에게서 공통적으로 나타나고 있다. 許傳(1797~1886)은 천리가 유행하는 妙가 일용이륜 속에 구현되어 있으며, 이를 통해서 도와 기는 분리될 수 없다고 보았다(『性齋先生文集』 3, 권17, 「箴」 '誠軒箴', 총서 850권, 360·372쪽). 따라서 그는 도기일치의 관점에서 쇄소응대와 같은 일용의 일을 익숙히 할 때 이기성명과 천인의 근원을 밝게 알 수 있다고 했다(『性齋先生文集』 3, 권14, 「記」 '下下齋記', 총서 850권, 223쪽).

57) 『與猶堂全書』 2, 「孟子要義」, 105쪽 ; 『與猶堂全書』 2, 「中庸講義補」, 61쪽.

58) 『河濱集』 권7, 「中庸後說」, "今玩中庸大義 在於自日用常行 而進於天道之極……中庸之道 教人自卑近 而進於高遠".

같은 원칙을 무시한 채 일상에 가까운 도를 멀리하고, 고원하여 행하기 어려운 도만을 추구한다면 인간으로부터 도가 멀어지게 되는 오류를 범하게 될 것이라고 하였다. 그는 도기일치의 관점에서 일용지사의 중요성을 강조하면서 동시에 이에 대한 실천을 통해 도를 실현하고자 했던 것이다. 상학만을 추구함으로써 본래 천리를 통해 밝혀야 할 학문목표를 상실한 채 학리논담으로 흐른 폐습을 지적하면서 이를 극복하기 위해 하학공부가 중요하다는 말을 남기고 있었다.[59]

　이러한 신후담의 하학관을 고려할 때 사칠논쟁을 벌였던 이유가 단순히 상달만을 추구하기 위함이 아니었다는 사실을 알 수 있다. 즉 이학·심학을 주제로 한 성호문인들 간의 논쟁은 하학의 관점에서 일용지간에서 확인된 천리의 내용에 대한 해석을 둘러싸고 전개된 것으로 볼 수 있다. 이 같은 사실은 신후담과 함께 논쟁을 벌였던 윤동규의 하학관을 통해서도 확인할 수 있다.

　윤동규는 성인이 사람을 가르치는 것은 아래로 인사를 배우고 위로 천리를 깨닫게 하는 '하학이상달'일 뿐이라고 하였다. 만일 하학을 제대로 공부하지 않고, 먼저 천리에 이르려고만 한다면 자신에게 이익됨이 없을 것이라고 하였다. 사단칠정에 대한 궁구과정에서 필요한 학문태도로 하학을 강조한 것이라 보여진다. 이는 사칠문제에 대한 자신의 견해를 밝히면서 다시 한 번 피력되었다. 그는 "사단이 발할 때 확충시키고, 칠정이 발할 때 절도에 맞게 하는 것에 불과하다."고 하였다.[60] 사단은 理發, 칠정은 氣發로 요약되는 그의 사칠론 역시 하학적 관점에서 볼 때 각기 발원이 다른 인간의 감정을 현실에서 얼마나 잘 구현하는가의 실천문제로 귀결되었다.

---

59) 『河濱集』 권7, 「中庸後說」, "愚按道有卑近處 亦有高遠處 但卑近高遠 初非二道 爲高遠者 必自卑近始……今云厭其卑近 而務爲高遠難行 則是求高遠於卑近之外 此爲高遠人者之所以失也".

60) 『順菴集』 II, 권26 「行狀」 '邵南先生尹公行狀', 총간 230권, 324쪽 ; 『順菴集』 I, 권3 「書」 '與昭南尹丈書 丁亥', 총간 229권, 395쪽.

자설의 결론부분에서 밝힌 이 같은 윤동규의 견해는 사칠논쟁의 성격을 하학의 관점에서 재고해 볼 여지를 주었다. 윤동규와 신후담이 비록 사단칠정을 이해하는 방식에서 차이를 보이고 있지만 논의의 최종목표가 일용에서 순선함을 구현하고자 했다는 점에서 양자 모두 도기일치의 관점에서 하학을 통해 상달하려는 학문목표를 가지고 있었다고 볼 수 있다. 양자의 이러한 관계는 앞서 사제간에 부각되었던 각자가 살아온 자취나 살아가는 방식은 다르더라도 마음이 같은 범주에 속한다. 즉 심성구조에 대한 이해방식은 다르지만 하학을 통해 인간의 착한 본성을 유지하기 위해 몸소 행동하여 실천하는 데는 일치된 견해를 갖고 있었다.

이 점은 윤동규의 주장에 동의하면서도 논쟁의 중단을 촉구했던 안정복에게도 확인할 수 있다. 그는 사단칠정·도심인심 문제를 일상생활에서 어떻게 확충하고 절제하며, 지키고 살펴서 大中至正의 경지에 이르게 할 것인가에 초점을 맞춰야 한다고 했다.61) 그는 도기일치의 관점에서 사단칠정과 같은 형이상학의 문제를 일용지간에서 구현하는 데 관심을 갖고 있었다. 따라서 본래 의도했던 바와 달리 논쟁이 실용과 별 관계가 없이 한갓 지면의 한가한 대화로 변모했다고 판단되자 논쟁의 중단을 요청하였다.62) 그는 '사칠이기설' 말미에서 의를 변별하고 마음의 자취를 판별하는 것은 하학공부를 마친 연후에 가능하다는 견해를 제시하였다.63) 사칠논쟁을 통해 실용을 추구하기 위해서는 무엇보다 하학의 실천이 중요하다는 생각을 가지고 있었다.64) 성호문

---

61) 『順菴集』I, 권3 「書」 '答昭南尹丈書 丙戌', 총간 229권, 394쪽.
62) 『順菴集』I, 권3 「書」 '答昭南尹丈書 己丑', 총간 229권, 398~399쪽.
63) 『順庵全書』 2, 「擬問」 '四七理氣', 여강출판사 영인본, 1984, 525~526쪽.
64) 안정복은 일찍부터 선현들에 의해 상당한 수준의 성리설이 해명된 상황에서 더 이상의 논의를 진전시키지 말 것을 제안하였다(『順菴集』II, 권19 「題後」 '題下學指南 庚申', 총간 230권, 178쪽). 그는 이발기발의 문제는 한갓 말장난에 불과할 뿐 師說을 준수하는 것이 타당하다고 보았다. 이때 사설은 퇴계의 성리설이었으며, '渾淪分開'의 네 글자를 준수하는 것이었다(『順菴集』I,

인들은 사칠논쟁에서조차 하학의 관점에서 각자의 결론을 정리했으며, 논쟁이 전개되는 과정에서 '시의'성이 상실되었다고 판단되자 하학을 강조함으로써 문제점을 시정하려 했다.

반면 서인·노론계에서는 상학을 통해 천리를 구현하는 데 학문역량을 집중하였다. 그들은 도기분리의 관점에 따라 심과 리를 궁구해야 할 필요성을 강조하였다. 일찍이 송시열은 "하학은 다만 하학일 뿐이므로 이를 통해서 상달할 수 없다."는 주자의 주장을 부각시켰다.[65] 이와 함께 그는 상하의 관점에서 도와 기를 '서로 섞일 수 없는' 관계로 이해하였다.[66] 상하의 관계를 부각시켜 도기를 이해할 때 우선시해야 할 학문대상은 三綱五常(＝도)이었다. 이를 실현시킬 구체적인 수단(＝기)에 대한 관심은 상대적으로 적었다. 그래서 "삼강오상은 천리·인륜의 큰 본체이기 때문에 여기에 결함이 생기면 나라가 나라 구실을 못하고 사람이 사람 노릇을 못하게 된다."는 사실을 거듭 강조하였다.[67]

이는 주자의 道器二元論을 잘 계승한 결과였다.[68] 주자는 性과 形이 한 몸에서 벗어나지 않지만 도와 기는 구별되어 서로 어지럽게 섞일 수 없다고 보았다.[69] 또한 주자는 "형이하의 기 가운데 형이상의 도가 있다고 말하는 것은 논리적으로 성립하지만 형이하의 기를 형이상의 도라고 하는 것은 틀린 것이다."라고 하였다.[70] 도를 기에 상위하는 개념으로 파악하고, 사물을 인식할 때 도기이원의 관점에서 양자

「書」 권8, '與韓士凝書 庚寅', 총간 230권, 497쪽).
65) 『宋子大全』V, 권133 「雜著」 '退溪四書質疑疑義 一 丁巳', 총간 112권, 463쪽.
66) 한국사상사연구회 편저, 앞의 책, 219쪽.
67) 金駿錫, 앞의 책, 231~233쪽 참조.
68) 『朱子語類』 권95, 「程子之書一」, 京都 : 中文出版社 영인본, 1979, 1113쪽.
69) 『朱子語類』 권75, 「易十一」, 916쪽 ; 『朱子大全』(中) 권58, 「答黃道夫」, 보경문화사 영인본, 1984, 367쪽.
70) 『朱子語類』 권62, 「中庸一」, 740쪽.

를 엄격히 구분해야 함을 강조하였다. 이러한 도기관에 따라서 주자는 기는 도를 담는 기틀일 뿐 이를 대상으로 한 학문은 큰 의미가 없다고 생각했다. 이에 持身接物로 대변되는 하학을 통해서는 배움을 얻을 수 없다고 보았다. 일상생활의 신변에 대한 공부만으로는 본원을 파악하기 어렵다고 판단한 것이다. 그 대신 독서를 통해 사물의 본원을 이해해야 한다고 했다.71) 주자의 견해를 절대적으로 추숭하는 입장에서 볼 때 하학을 강조하는 학문태도는 문제가 많았다.

한원진은 당대 하학을 강조하는 학풍에 대해서 강한 어조로 비판하였다.72) 그는 程顥(1032~1085)의 "道亦器 器亦道" 명제에 대해 "다만 理氣의 無間의 妙를 의미하는 것일 뿐 진실로 도와 기를 하나의 물건으로 파악하는 것은 아니다."라고 하였다.73) 도기는 서로 떨어지지 않을 뿐 하나의 사물로 볼 수 없다고 생각했다. 전형적인 도기이원의 입장을 견지하였다. 그래서 그는 '도가 기에 앞서 존재한다'는 주장을 개진하였다. 예컨대 부자를 기에 慈孝를 도에 비유하자면 아버지로서 자애롭지 못하거나, 자식으로서 효도하지 않더라도 자와 효는 없어지지 않는다고 보았다.74)

구체적인 사물 혹은 인간관계 형성되기 이전에 이미 해당사물에 관

---

71) 『朱熹集』 5, 권54 「書」 '答劉仲則', 成都 : 四川敎育出版社 영인본, 1996, 2736~2737쪽.

72) 기본적으로 한원진은 도는 본래 '無不善'한 특징을, 반면 기는 '有不善'한 것으로 인식하였다(『南塘集』Ⅰ, 권19 「書」 '答宋士能 別紙 丙寅 正月', 총간 201권, 450쪽). 따라서 도덕적 관점에서 선하지 못한 기를 학문대상으로 상정하고 이를 통해 천리·도를 추구할 수 있다는 논리는 성립할 수 없었다.

73) 한원진의 이러한 도기관은 바로 程伊川의 견해를 따른 것이다. 정이천은 氣운동의 내재 원리를 도 또는 리라 규정하여 도기이원 또는 이기이원론의 입장에 서 있다. 즉 둘이 떨어질 수 없는 관계에 있다 하더라도 동일시할 수는 없다는 것이 이천의 신발견이다. 주자는 이천의 이러한 입장을 계승하였다(柳仁熙, 『朱子哲學과 中國哲學』, 범학사, 1980, 104쪽 ; 李光律, 『朱子哲學硏究』, 중문, 1995, 64쪽 참조).

74) 『南塘集』Ⅱ, 권27 「雜著」 '羅整菴困知記辨 幷發', 총간 202권, 79쪽.

철되어야 할 천리·도가 기에 앞서 초월적으로 존재하였다. 따라서 그
는 이기 논의를 "日用修齊之功"과 무관하다고 간주하여 강명할 필요
가 없다고 보는 사람을 세속의 고루한 선비이자 도를 해치는 자로 규
정하였다.[75] 하학의 학풍에 대한 전면적인 비판이었다. "世儒之陋見"
주장했던 인물이 누구인지 구체적으로 밝히고 있지 않았지만 동시대
하학을 표방했던 성호학파로서는 그 혐의를 피하기 어려웠을 것이다.

　송시열과 한원진은 상학을 대상으로 천도를 궁리하여 인간의 심 속
에 내재된 성선의 본원을 밝히는 데 학문노력을 기울였다. 그 과정에
서 일용민생, 문물제도를 통한 상달의 논리는 뒤로 밀리거나 방기되었
다.[76] 대신 상학을 통해 확인된 도덕규범은 어떤 상황 속에도 불변
성·보편성·절대성을 갖는 원리이자 항구적으로 준수되어져야 할 가
치로 인식되었다. 주지의 사실이지만 삼강오륜으로 대변되는 중세사
회 도덕규범에는 신분제 유지를 위한 양반 사족층의 지배원리가 내재
되어 있다.[77] 이것의 선재성과 초월성을 강조하는 것은 결국 당시 도
덕실현의 주체인 양반 사족층이 중심이 된 통치방식의 정당성을 부각
시키려는 보수적인 현실인식이 반영된 결과로 볼 수 있다.[78]

---

75) 『南塘集』Ⅱ, 권35 「雜著」 '內篇 上', 총간 202권, 268쪽/金駿錫, 앞의 논문,
　　『李載龒博士還曆紀念 韓國史學論叢』, 1990, 568쪽, 脚註24 재인용.

76) 노론 중에서도 낙론계를 대표했던 김원행에게서 하학을 강조한 면모가 나타
　　나고 있다. 그는 학문이란 민생과 일용의 일이라 규정하면서 현실을 벗어난
　　고원한 것을 추구하는 경향을 경계하였다(李坰丘, 앞의 논문, 2003, 190~
　　191쪽 참조).

77) 張立文, 『朱熹思想研究』, 北京 : 中國社會科學出版社, 1981, 548~571쪽 ;
　　金駿錫, 「儒教思想論」, 『韓國史 認識과 歷史理論』, 金容燮教授停年紀念
　　韓國史學論叢 1, 지식산업사, 1997, 475쪽 참조.

78) 명분의리는 송시열계 國家再造 방략을 확정하는 데 주요한 기준이었다. 대
　　표적으로 토지개혁 대신 賦稅釐正策을 제시한 점을 들 수 있다. 지주제 유
　　지를 목표로 도기이원의 입장에서 井田制의 不可行을 강조함으로써 양반지
　　배층의 이해관계 보존하면서도 대민지배의 안정성을 확보할 수 있는 개량책
　　들을 입안하였다(金容燮, 앞의 논문, 1990 ; 金駿錫, 앞의 책, 341~465쪽 참

반면 성호학파의 입장에서 볼 때 도덕규범은 상황에 따라서 유동적일 수밖에 없는 개념이었다. 이익은 다 같은 사람일지라도 개인에 따라서 각자 보유한 도는 다를 수밖에 없다고 보았다. 마치 禹와 稷이 하는 일은 顔回에게는 도가 아니며, 안회의 일은 우와 직에게 도가 아닌 것과 같다고 했다. 또한 나의 부모나 나의 자식은 타인에게는 남의 부모요, 남의 자식에 불과할 뿐이며, 따라서 慈·孝 역시 사람마다 상황에 따라서 각기 다를 수밖에 없다는 의견을 제시하였다.79) 인간에게 보편적으로 관철되는 윤리규범조차도 각자 처한 상황에 따라 달리 상정되는 상대적 인식이 엿보이는 대목이다.

이러한 관점에서 볼 때 천리의 절대성과 초월성, 도덕원리의 고정불변성은 인정될 수 없었다. 그보다는 시세에 따라서 상황에 맞게 적용될 수 있는 원칙을 모색하는 것이 중요했다. 상황윤리가 부각되었던 것은 도기일치의 관점을 견지했기 때문이었다. 도를 구체적인 기 속에서 파악하기 때문에 기가 변하게 되면 자연히 도 역시 변하게 되었다. 이것이 상학만을 추구하여 천리의 선재성과 도덕규범의 초월성을 강조한 송시열계 보수적인 현실인식과 다른 점이었다.

이처럼 성호학파는 도기일치의 관점에서 하학을 통해 상달할 수 있다는 논리를 강화시켜 나아감으로써 학문적으로 상학에만 편중하는 주자학의 문제점을 극복하고자 했다. 구이지학, 송습, 고원현공 등의 각종 학문적 폐해를 초래하는 상학 대신에 천리가 구현된 인사분야로 관심을 돌렸다. 그리고 이것은 현실적으로 윤리규범을 강조함으로써 체제를 유지해 나아가고자 했던 서인·노론의 사회운영방식을 극복하는 단서를 제공했다. 이와 관련하여 하학의 범주에 일상에서 지켜야 할 도덕규범으로부터 민산 문제까지 포괄하고 있다는 사실이 주목된다.

조).
79) 『星湖全書』 4, 「中庸疾書」, 619쪽.

안정복은 『下學指南』을 통해 사대부 지식인으로서 일용의 가무로
부터 出世의 세무에 이르는 인사영역에서 반드시 수행해야 할 하학관
련 사안들을 정리하였다. 그 중 하학의 범주와 관련하여 주목을 끄는
편목은 '出處'篇의 '事君ㆍ治道ㆍ居官'章이다. 일단 편명만 놓고 볼
때 치인문제가 집중 거론되고 있음을 알 수 있다. 안정복은 '事君'章에
서 군주에 복무하는 신하의 자세를 강조하였다.[80] 또한 '治道'章에서
는 『洪範』과 『管子』를 인용하여 항산의 중요성을 강조하면서 항심의
유지를 위해 兵制, 選擧, 體國, 經野, 設官分職 등의 제도개혁이 필요
하다고 보았다.[81]

결국 『하학지남』은 도기일치의 관점에 따라서 민생일용을 위해 필
요한 각종 경세관련 사안들이 망라되었던 저술이었다. 안정복은 이학
과 심학을 대상으로 하여 윤리규범과 도덕실천을 최우선 과제로 부각
시켰던 서인ㆍ노론의 상학관에 대응하여 민산의 안정을 이룰 수 있는
경세학에도 관심을 기울였다. 실제로 안정복을 비롯한 주요문인들은
하학의 관점에서 항산을 보장해 줄 구체적인 문물제도를 궁구하였
고,[82] 그 결과 일정한 학문성과를 제출할 수 있었다.

2. 박학과 주체인식ㆍ대상의 확대

1) 인식태도의 변화와 학문대상의 확대

---

80) 『順庵全書』 2, 「下學指南」 下卷, '出處第八' 事君, 329쪽.
81) 『順庵全書』 2, 「下學指南」 下卷 '出處第八' 治道, 345쪽.
82) 안정복은 주나라의 정전제도를 여러 문헌을 통해 깊이 연구함으로써 그 실
   재를 증명하려고 하였다. 이는 주자가 맹자의 정전설에 회의적이었던 것과
   는 달랐으며, 이를 통해서 주자토지론에 간접적으로 이의를 제기하려는 것
   이었다(金容燮, 앞의 책, 1990, 418쪽 ; 崔潤晤, 「順庵 安鼎福의 土地論」,
   『韓國實學研究』 4, 2002 참조).

하학을 통해 인사분야에 대한 관심이 고조될 때 나타나는 학문경향
이 博學이었다. 성호학파에서 상정한 하학의 범주가 수기로부터 치인
에 이르는 일용지사의 전 영역을 포괄하고 있다는 점에서 이를 대상
으로 한 학문활동은 자연스럽게 박학의 경향을 띠게 되었다. 더욱이
하학이 이학과 심학의 학설만을 송습하는 학풍을 극복하기 위해 마련
되었다는 점에서 박학 역시 학문방법론과 관련하여 그 성격이 고찰되
어져야 할 것이다. 즉 성호학파에서 추구했던 박학의 학문대상과 방법
은 하학의 그것과 함께 주자학을 대체할 대안으로 주목되었다.

이러한 관점에서 볼 때 이익이 정의한 박학의 개념이 주목된다. 박
학이란 널리 배우되 정미함을 상실하지 않으면서 지나치게 고원한 경
지에 이르지 않는 것이라고 하였다.[83] 우선 주목되는 점은 단순히 많
은 지식을 습득하기 위해 추구되어진 학문방법이 아니라는 사실이다.
다양한 학문분야를 대상으로 하되 해당주제에 대한 천착을 통해 정미
한 이치를 탐구하는 것을 목표로 하였다. 다음으로 관심을 끄는 점은
박학을 통해 궁구하는 이치가 지나치게 고원한 형이상학적인 내용이
결코 아니었다는 사실이다. 박학과 하학의 관련성을 엿볼 수 있는 대
목이다. 학문의 시의성을 제고하기 위해 고원현공한 주제만을 궁리하
는 태도를 지양했던 하학의 특징이 박학에서도 나타나고 있었다. 박학
의 방법 속에는 이치의 정미함을 궁구하면서도 형이상학의 난해함에
빠지지 않는 절제성이 내재되어 있었다. 이로써 보건대 박학을 개인의
지적 호기심을 충족시키기 위해 추구되었던 백과사전적인 지식섭렵으
로 이해하는 태도는 분명히 재고되어야 할 것이다.

이익이 박학의 관점에서 정미한 이치를 분석하고자 했던 학문대상
들은 『星湖僿說』의 편목을 통해 확인할 수 있다. 『성호사설』은 自序
에서 밝히고 있듯이 자신이 20년 간 이루었던 학문활동의 성과물이었
다. 그는 『성호사설』의 각 편들을 집필하는 데 있어서 傳記·子集·

---

83) 『星湖僿說』(하) 권23, 「經史門」 ‘道問學’, 221쪽.

詩家・詠諧 등을 참고하였다.[84] 그 과정은 단순히 선현의 견해를 채용하여 그대로 인용하는 것이 아니었다. 기본적으로『성호사설』은 經傳, 百家, 子史 등을 대상으로 스스로 궁구하는 과정에서 자득되어진 지식이었다.[85] 따라서『성호사설』의「天地」・「萬物」・「人事」・「經史」・「詩文」門은 인간사회와 관련된 모든 사물과 현상을 대상으로 이익의 관심이 투영되어 정리된 학문주제였던 셈이다.

대체로「천지」문에서는 일월성신과 풍우, 조석, 일식 등의 자연현상과 국가의 형세를 규정하는 지리여건인 지맥, 수세 등의 주제들이 다루어졌다. 특히 천문과 지리를 관측・측량하는 데 과학적이라고 인식되었던 서양의 천문・역법, 각종 全圖 등이 단편적이지만 폭넓은 견문을 통해 얻어진 지식을 토대로 정리・소개되었다. 또한 우리나라 강역의 문제와 관련되는 역사・지리의 고증문제에 대해서도 깊은 관심을 보였다.[86]

「만물」문에서는 글자 그대로 일상생활을 영위해 나아가는 데 있어서 직접적인 관련을 맺고 있는 만물들이 소개되었다. 의식주의 기본적인 일용민생과 관련된 사물과 현상 그리고, 이를 가능케 한 경제활동에 관련된 주제들이 정리되었다. 이밖에도 각종 문화형태와 神異현상까지를 포함한 다양한 소재들이 상세한 고증과 변증을 통해 기술되었다. 앞서와 마찬가지로 홍이포, 수차, 안경 등 서양의 器機에 대해서 관심이 지속적으로 나타나고 있었다. 그리고 이를 일상생활에서의 편리함과 관련하여 설명하였다.[87] 천지만물에 대한 관심은 단순히 지적 호기심을 충족시키기 위한 것이 아니었다. 이는 치용의 관점에서 해당 사물의 원리를 파악하고, 그것을 인사에 적용함으로써 일정하게 실용성을 기대하였다.

---

84)『星湖僿說』(상) '自序'.
85)『順菴集』Ⅱ, 권20「祭文」'祭星湖先生文 癸未', 총간 230권, 204쪽.
86)『星湖僿說』(상) 권1~3,「天地門」.
87)『星湖僿說』(상) 권4~6,「萬物門」.

「인사」문에서는 국가 운영에 필요한 각종 제도들이 사회 제 부문에 걸쳐 소개되었다. 또한 일상의 차원에서 행해지는 혼인과 제례 등의 의례 역시 기술되었다. 여기에서도 이익은 앞서와 마찬가지로 인사의 효용성을 달성하기 위해 주제에 따라서 기존제도의 문제점과 모순을 지적하고, 개선·개혁 방안들을 제시하였다. 대표적인 사례로 토지소유 문제를 위시한 수취제도 개편, 화폐유통에 따른 폐단 및 노비법의 문제 등을 들 수 있다. 그 외에 천주교를 비롯한 이단사설 등과 관련 내용들이 정리되었다.[88]

이러한 관점은 「경사」문에서도 그대로 반영되었다. 이익은 육경과 사서 등 주요 경전과 관련된 논제들을 대상으로 철저한 고증을 거쳐 그 본의를 자득하려 노력하였다. 그 과정에서 당대 학문활동의 문제점을 지적하였으며, 이를 해결할 수 있는 방안을 모색하려 했다. 한편 역사와 관련해서 이익은 인사의 성패를 이루는 관건을 형세를 잘 만나는 것에 있다고 보았다. 이밖에도 중국과 조선, 주변 국가들의 역사적 사실과 제도·인물·풍속 등에 대해서 변증하였다. 특히 자국사에 대한 관심을 제고함으로써 문인들에게 역사학의 중요성을 인식시켰으며, 해당 분야에서의 적극적인 학문활동을 진작시켰다.

「시문」문에서는 漢代와 唐代, 明代 활약했던 문장가들의 시문을 논하고 자평을 붙이고 있다. 조선의 시문에서도 역시 주요한 문장가들은 소개하면서 그 특징을 거론하였다.[89] 이처럼 『성호사설』에서 다루고 있는 학문대상과 주제들은 인사를 외재적으로 규정하는 자연조건으로부터 인위적 노력을 통해 창조된 유형·무형의 사물 및 그 변화 현상과 제도문물 등이 총망라되어 있었다.

이익은 이러한 『성호사설』이 후학들의 학문 정진에 도움이 되기를

---

88) 『星湖僿說』(상) 권7~17, 「人事門」.
89) 『星湖僿說』(하) 권18~27, 「經史門」 ; 『星湖僿說』(하) 권28~30, 「詩文門」 ;
   韓㳓劤, 「解題」, 『국역 성호사설』, 민족문화추진회, 1977, 18~21쪽 참조.

기대했다.[90] 구체적으로 어떤 측면에서 무슨 도움이 되기를 기대했었
는지는 알 수 없다. 다만 앞서 이익이 문인들에게 전수하려고 했던 교
육내용의 특징을 고려할 때『성호사설』을 통해서 자연스럽게 박학의
대상에 관심을 갖기를 기대했을 것으로 보인다. 실제로 문인들은 이러
한 스승의 기대에 부응하였다.『성호사설』은 필독서로 권장되었으며,
문인들은『성호사설』에서 포괄하는 주제들을 더욱 심화·발전시킨 구
체적인 성과들을 제출하였다.[91]

또한 박학의 경향은 후대에 이르도록 학인들이 이익의 학문에 사숙
하게 만든 요인으로 작용하였다. 그 대표적인 사례로 정약용을 들 수
있다. 그는 이익을 백 세의 스승으로 존경하는 이유의 하나로 박학을
들었다.[92] 이익이 전개하였던 다양한 학문활동은 그 자체로 입문의
내적 계기였으며, 이를 본받아 그 역시 다방면에서 많은 학문성과를
제출하였다. 성호문인들의 다양한 학문활동은『성호사설』을 통해 제
시된 주제와 대상을 궁구하는 과정에서 나타난 자연스러운 현상으로
이해할 수 있다. 결국 박학은 문인들의 다양한 지적욕구를 충족시킴으
로써 학문집단으로서의 면모를 유지시켜 나아갈 수 있었던 주요인이
었다.[93]

---

90)『星湖僿說』(상) '自序'.

91) 鄭寅普,『星湖僿說序』, 文光書林刊, 1929 ; 洪以燮, 앞의 논문, 1963 ; 역사학
회 편, 앞의 책, 1973, 12~13쪽·75~80쪽 참조.

92)『與猶堂全書』1, 「詩文集」권2 '博學', 26쪽, "博學星湖老 吾從百世師".

93) 성호학파의 학문활동 양상을 규정했던 박학의 의미가 조선의 유자들, 특히
정통주자학자였던 송시열에게는 주자의 각종 주설을 널리 아는 것으로 이해
되어졌다. 그는 박학의 대상을 주요 경전에 대한 주자의 주석으로 국한하여
인식했다. 여러 경전을 전부 통달하여 한 글자도 빼놓지 않고 의리에 침잠하
고 장구를 반복하면 충분히 관통할 수 있을 것이라고 하였다(『宋子大全』Ⅳ,
권106 「書」,'答朴大叔', 총간 111권, 512쪽). 모든 사물의 이치는 주자가 밝혀
놓은 유교 경전 속에 보존되어 있으며, 이를 폭넓게 궁구하는 것이 박학이었
다. 송시열에게 박학은 주자주석을 대상으로 주자학 체계에 대한 이해를 심
화시키기 위해서 필요한 학문방법이었다.

그런데 『성호사설』에서 다루어진 사물과 현상들은 주자학에서는 별도의 학문주제로 독립되어 깊이 있게 인식되었던 대상들이 아니었다. 주자학에서는 무엇보다 인간의 심성을 설명하는 데 필요한 천리를 제일의 궁구대상으로 상정하였다. 주자의 관심은 개별사물에 내재된 이치보다는 그 상위에 존재하면서 각각의 사물들을 모두 통괄하는 본원적인 천리를 탐구하는 데에 있었다. 자연히 인식대상 역시 만물 속에 공통적으로 품수된 천리일 뿐 개별사물의 條理는 아니었다. 格物致知는 사물에 내재된 도덕적 본성을 인식하는 방법이었다.[94]

주자 인식론의 특징은 자연사물 속에서 인간세계에서 적용될 도덕규범의 초월성과 내재성을 찾는 데 그 초점이 맞추어져 있었다. 천리로 대변되는 강상윤리가 격물치지를 통해 자연사물의 이치로부터 확인될 때 그것은 인사운영의 절대준칙으로서 그 절대성과 불변성을 보장받을 수 있기 때문이었다. 따라서 격물은 외견상 개별사물의 이치를 탐구하는 형식을 띠었지만 그 대상이 理法天으로부터 품수 받은 천리를 탐구한다는[95] 점에서 사물마다 갖고 있는 고유한 본성을 객관적으로 파악하는 방식은 아니었다.

그렇다면 박학의 관점에서 개별사물의 정미한 이치를 파악하고자 했던 이익의 인식론에는 어떤 특징이 있는 것일까. 그 단서는 '性卽理'에 대한 견해에서 찾을 수 있다. 이익은 천리와 사물의 관계를 주자만큼 긴밀하게 인식하지 않았다.[96] 성에 대한 리의 주재력을 부정하였

---

94) 『朱子語類』 권15, 「大學二」, 京都 : 中文出版社 영인본, 1979, 261쪽.
95) 『中庸』 「第一章」, 大東文化硏究院 영인본, 1984, 769쪽.
96) 주자 인식론의 철학적 근거는 '성즉리'였다. 주자는 『중용』 '首章'에 대한 주석에서 물이란 천으로부터 떳떳한 이를 품수받아 성을 이루게 된다고 설명하였다. 이때 천리는 형체에 품수된 성에 대해서 "天以……理亦賦焉 猶命令也"라고(위의 책, 「第一章」, 769쪽) 하였듯이 강한 주재력을 발휘하는 학술 개념이었다. 주자는 天人合一의 원칙에 따라 인간세계의 이법, 즉 질서는 자연적 이법과 일치된다고 보았다. 따라서 인간은 기질의 혼탁함에서 벗어나 천으로부터 부여받은 착한 본성을 회복하기 위해서 끊임없이 천리의 본상을

다. 그 결과 인성을 本然之性과 氣質之性으로 구분하지 않았다.[97] 이
점은『중용』'수장'에 대한 해설에서 잘 나타나고 있다. "理는 共公의
명칭이며, 性은 形氣에 떨어진 것이다."라고 설명하면서 "리로서 성의
뜻을 다 할 수 없다."고 보았다. 다만 리를 들어 성을 설명할 수 있는
것은 성이 리로부터 나와 이루어졌다는 사실을 말 할 수 있을 뿐이라
고 하였다.[98] 사물에 품수된 이후 리는 해당사물의 특성을 규정하는
개별조리에 불과할 뿐이었다.

이익은 리가 사물에 품수된 이후에는 독자성을 잃고 기질지성이 되
며, 본연지성은 말하는 관점의 차이에서 인정될 뿐 사실상 존재하지
않는다고 보았다.[99] 따라서 리가 물에 있으면 물의 성이 되고, 불에
있으면 불의 성이 되고, 소는 소의 성, 말은 말의 성이 되는 것으로 이
해하였다.[100] 이때 격물을 통해 치지해야 할 내용은 해당사물에만 적
용되는 조리일 뿐이었다. 그는 인의를 인간만이 가지는 속성으로서 외
물 모두에게 적용되는 것이 아니라 인간관계에만 적용되며, 인간사에
대한 공적인 처리에만 적용되는 제한적 속성으로 이해하였다.[101] 인
간의 도덕적 본성은 인간에게만 적용되는 조리일 뿐 다른 사물과는
아무런 관련이 없었다. 따라서 인간의 성을 파악하기 위해서 인간 이
외의 만물만사를 인식해야 할 필요가 없게 되었다.

만물만사로부터 확인해야만 했다. 주자는 인간의 심성 속에 내재된 선한 본
성을 확인하기 위해서 사물마다 공통적으로 내재되어 있는 리를 하나하나
인식하며, 그와 같은 노력을 오래하다 보면 하루아침에 활연관통하여 물이
格하고 知할 수 있다고 보았다(『朱子語類』권15, 「大學二」, 261쪽).

97)『星湖全書』7, 「四七新編」, 20쪽.
98)『星湖全書』4, 「中庸疾書」, 618쪽.
99) 金容傑, 「星湖思想의 理氣論体系」, 『儒教思想研究』2, 유교학회, 1987, 290
쪽.
100)『星湖全集』Ⅰ, 권9 「書」 '答洪亮卿', 총간 198권, 311쪽.
101) 송갑준, 「星湖 李瀷의 經學思想(Ⅱ)」, 『哲學論集』, 경남대학교, 1989, 55쪽 ;
金容傑, 「星湖 李瀷의 近代的 思惟」, 『島巖趙豊淵博士華甲紀念論文集』,
1992, 673쪽.

이처럼 각각 사물이 보유한 조리가 해당사물에만 적용되는 고유한 본성이라는 인식은 문인들에게서도 발견된다. 이병휴는 개별사물에 품수된 천리를 모든 이치를 총괄하는 보편적 의미보다는 해당 사물의 특징을 대표하는 성질로 간주하였다. 소의 성이 말의 그것과 같을 수 없고, 말이 개의 성과 같을 수 없다고 보았다.102) 사물 가운데 인간의 성을 구별하려는 인식이 나타나고 있었다. 이는 곧 인간을 포함한 만물에 대한 개별적 인식이 제고되었음을 의미하였다.

정약용 역시 천지만물의 리는 각각 그 만물 자체에 국한 된 것이라고 전제하면서 개에게는 개의 리가 있고, 소에게는 소의 리가 있을 뿐이며, 이것들이 나(=인간)와는 아무런 상관이 없다고 보았다. 따라서 사람이 개처럼 짖어서 도둑을 쫓지 못하며, 소가 인간처럼 독서궁리를 하지 못하는 것은 당연한 사물의 이치라고 하였다.103) 그가 관심을 갖았던 것은 개별사물의 이치뿐이었다. "物이란 물이며, 知란 바로 지인데 그것이 천하의 물과 천하의 리를 알아야 한다는 것과 무슨 상관이 있을 것인가"라고 반문하였다.104) 만물만사에 공통적으로 내재해 있는 천리의 보편성을 인지하기보다는 해당사물에만 적용되는 개별이치를 습득하는 것이 우선 과제였다.

이처럼 정약용이 개별사물의 조리에 관심을 보일 수 있게 된 것은 성즉리를 부정함으로써 가능했다. 그는 『중용』의 "天命之謂性"을 "性者心之所嗜好也"로 해석하였다. 인간이 보유한 성을 기호로 파악함으로써 주자의 성즉리설을 부정하였다.105) 성을 인간의 품성에 선험적으로 내재된 도덕적 본성이 아니라 그저 좋아하고 싫어하는 그 자체일 뿐이라고 보았다.106) 이 같은 논리를 사물에 적용하면 다음과 같

102) 『貞山雜著』 권2, 「心性總論」.
103) 『與猶堂全書』 2, 「孟子要義」, 145쪽.
104) 『與猶堂全書』 2, 「大學公議」, 8쪽.
105) 이 점은 거의 모든 정약용 관련 논저들에서 다산학의 반주자학 혹은 탈성리학적 성격을 논할 때 지적하고 있는 사안이다.

은 설명이 가능해 진다. "배추의 성은 오줌을 좋아하고, 마늘의 성은 닭똥을 좋아하며, 벼의 성은 물을 좋아하고 기장의 성은 보송보송한 땅을 좋아한다."고 보았다. 각각의 성질에 맞는 적합한 환경을 조성해 줄 때 비로소 무성하여 번성하고 아름다워 질 수 있다고 했다.107) 각 종 채소류에는 인간이 갖지 못하는 해당사물에만 적용되는 기호의 성 질이 내재되어 있다. 따라서 사물의 본성을 잘 발현하기 위해서는 개 별조리를 파악하고, 그것에 적합한 여건을 마련해 주어야 했다. 성즉 리에 입각하여 개별사물의 이치를 천리의 관점에서 통합적으로 파악 하려했던 주자와는 다른 인식태도를 보이고 있었다.

이처럼 개별사물 이치를 상대적 관점에서 객관적으로 궁구하기 위 해서는 인식론상의 변화가 불가피했다. 이익은 격물의 '格'자를 '各'의 의미로 파악하여, 격물을 事事物物 가운데에서 해당사물만이 갖는 개 별조리를 궁구하는 것으로 이해하였다. 또한 격을 '窮至'로 해석함으 로써 사물의 이치를 탐구하는 공부이자 사물의 이치가 이르는 공효의 측면이 내재된 것으로 해석하였다. 이를 통해서 주자의 "物格而后知 至"를 극복할 수 있었다.108) 격치란 사물의 이치를 변별하는 것에 그 치는 것이 아니었다. 해당사물의 이치를 변별하고 이에 대처할 수 있 는 방도를 거의 동시에 모색하는 것이었다. 이익은 주자와 달리 격물 을 사물의 개별적 이치에 대한 탐구문제에 한정시켜 이해할 뿐 그것 들을 하나의 이치로 통합시키는 것에는 관심이 없었다.109) 이러한 인 식태도의 변화를 통해 학자는 개별사물에 내재된 이치를 상대적 관점 에서 객관적으로 이해할 수 있다.

이 같은 인식론의 변화가 잘 반영되었던 사물과 현상 중 하나가 재 이현상과 천에 대한 이해였다. 이와 관련하여 이익이 주자의 재이인식

---

106) 李乙浩, 『茶山經學思想硏究』, 을유문화사, 1966, 75・78쪽 참조.
107) 『與猶堂全書』 권1, 「詩文集」 권19, '答李汝弘 丙子 九月', 416쪽.
108) 『星湖僿說』(하) 권22, 「經史門」, '格致誠正', 170쪽.
109) 김홍경, 「이익의 자연 인식」, 『실학의 철학』, 예문서원, 1996, 197쪽.

을 비판한 대목이 주목된다. 주자는 『논어』「鄕黨」篇의 "迅雷風烈 必 變"에 대해서 "낯빛을 반드시 변하는 것은 하늘의 진노에 공경하기 위해서이며, 재이는 천이 노하여 일어난 현상이다."이라고 주석하였 다. 이에 대해 이익은 폭풍과 우뢰는 다만 지면에서 일어나는 현상일 뿐이라고 보았다. 따라서 주자주는 上天과의 관계를 제대로 파악하지 못하였기 때문에 나타난 잘못된 해석이라고 하였다.110) 이러한 평가 는 폭풍과 우뢰와 같은 자연현상을 인사와 분리시켜 상대화시키고 이 를 객관적으로 인식할 때 가능한 것이었다.

이익은 선유들의 천관을 자연천과 이법천, 인격천으로 구분·정리 하였다.111) 그 중에서 주목했던 개념은 자연 그 자체로서의 천이었다. 그는 천을 다만 하나의 빈 공간으로서 누가 돕는 것도 시키는 것도 없 이 일정한 궤도에 따라 자연스럽게 운행하는 자연체로 이해하였다. 또 한 천의 운행 수를 결정하는 요소로서 음양을 상정하였다.112) 천은 음 양의 임운에 따라 작용하는 자연체였으며, 음양은 천을 포함한 모든 자연현상의 변화를 초래하는 근본 원인이었다. 이익은 음양의 사그러 지고 늘어나는 차이에 따라서 사계절과 주야의 변화 및 강우현상이 생긴다고 보았다.113)

이러한 사고는 음양을 형이상학의 원리로서 태극과 결부시켜 이해 하기보다는 그 자체로 하나의 자연현상으로 이해할 때 가능하였 다.114) 이 같은 음양관은 정약용이 "음양은 햇빛의 비치고 가림에 따

---

110) 『星湖僿說』(하) 권24,「經史門」'疾風迅雷', 289쪽.
111) 『星湖僿說』(상) 권2,「天地門」'釋天', 53~54쪽.
112) 『星湖全書』3,「書經疾書」, 223쪽 ; 『星湖僿說』(상) 권20,「經史門」'人鬼死 生', 103쪽 ; 『星湖僿說』(상) 권2,「天地門」'造物忌名', 54쪽 ; 『星湖僿說』 (하) 권22,「經史門」'大業無灾', 171쪽.
113) 『星湖僿說』(하) 권23,「經史門」'五百王興', 238쪽 ; 『星湖僿說』(상) 권2,「天 地門」'雨', 37쪽.
114) 주자는 "在天 只是陰陽五行 在人得之 只是剛柔五常之德……仁禮屬陽 義 智屬陰"라 하여 음양을 도덕으로 분속시켜서 설명하였다(『朱子語類』권6,

194

른 명암에서 유래한다."고115) 주장한 사실에서 재확인할 수 있다. 이
처럼 박학의 학문경향에서 부각된 점은 그간 주자학에서 소홀히 다루
었던 물리적 대상 세계, 즉 자연에 대한 연구를 진작시키는 계기를 제
공했다는 사실이었다.116) 이러한 음양관에 입각하여 자연현상을 이해
할 때 음양을 五常에 결부시켜 파악한 漢儒의 災異說은 부정될 수밖
에 없었다. 이익은 재이현상을 인사의 성패와 관련하여 언급한 董仲
舒(B.C. 179~104)와 劉向의 天人感應論을 비판하였다.117) 隋 煬帝
재위기간 동안 한번도 재이의 변이 없었다고 한 胡宏(1094~1138)의
말을 근거로 하여 "재이를 통해 인간의 죄를 벌한다."는 동중서의 견
해는 모순이라고 보았다.118)

이익은 '天必欲殲人'을 부정하는 대신 천을 객관적으로 인식하고자
했다.119) 각종 재이는 氣數의 변화로 인해 생긴 자연현상에 불과할 뿐
이었다. 그는 재이현상을 인사와 결부시켜 두려워하고 심지어 반성하
며, 더 나아가서 천이 상을 주고 혹은 죄를 준다고 여기는 것을 오류
라고 말하였다.120) 일식과 월식을 정상적인 度數에 따라서 일어나는
자연현상으로 간주하였다. 따라서 역법을 통해서 충분히 측정 가능할
것으로 보았다.121) 이를 魏 明帝(227~239)대의 사례를 통해 입증하였
다.

이익은 太和 初年(227)에 太史가 "일식이 일어나게 되었으니 신에
게 빌어서 물리쳐야 되겠다." 라는 기사에 주목하였다. '일식이 일어나

「性理三」, 188~189쪽).
115) 『與猶堂全書』 2, 「中庸講義補」, 61쪽.
116) 김용헌, 「주자학적 학문관의 해체와 실학」, 『실학 사상과 근대성』, 예문서원,
1998, 90쪽.
117) 『星湖僿說』(상) 권1, 「天地門」 '災異', 17쪽.
118) 『星湖僿說』(하) 권22, 「經史門」 '隋時天災', 205~206쪽.
119) 『星湖僿說』(상) 권12, 「人事門」 '頑氓怨天', 416쪽.
120) 『星湖僿說』(하) 권22, 「經史門」 '大業無災', 171쪽.
121) 『星湖全書』 3, 「詩經疾書」, 83쪽.

게 되었다'라고 한 표현을 들어서 이는 당대인들이 사전에 일식이 일
어날 것을 알고 있었다는 증거로 보았다. 그리고 만일 계산을 통해 예
견했던 일이라면 일식이 하늘이 사람들을 견책하기 위한 것이라는 말
은 성립될 수 없다고 하였다.[122] 그는 일정한 궤도를 갖고 운행되는
천체의 변화로 야기된 이변은 결코 국가의 조그마한 문제 혹은 미세
한 사건과 아무런 관련이 없다고 보았다. 오히려 그 책임은 정치의 높
고 낮음에 달렸다고 했다.[123]

　이익은 재이현상을 천리와 무관한 개별이치로 상정·궁구하고 객
관적으로 인식해 나아가는 과정에서 자연스럽게 과학기술 분야에 관
심을 기울이게 되었다. 비록 과거에는 학술이 부정확하여 일식이 일어
나는 시점을 정확히 알지 못했지만[124] 인지력이 점차 증대되고 관련
기술이 향상되면 언젠가 반드시 과학적으로 천체운행의 원리를 파악
할 수 있을 것으로 기대하였다. 그는 천문현상에 대해서 관측기계가
더욱 정교해지고, 수학이 발달되면 보다 정밀한 측정이 가능해질 것이
라고 보았다. 과학기기의 발달과 정확한 측정 기술의 발전에 큰 기대
를 걸었다. 이는 서양 과학기술에 대한 관심으로 이어졌으며, 해당 분
야의 지식을 실용의 차원에서 적극 수용하고자 했다.[125]

　이때 주목되는 점은 이익이 천을 포함한 자연현상에 관심을 갖는
이유였다. 그는 이를 대상으로 하여 획득된 개별이치를 인사를 개선하
는 데에 적극 활용하려 하였다. "여름에 덥고, 겨울에 추운 것을 천도
라고 한다면 이러한 자연변화에 대처하여 더울 때 갈옷을 입고, 추울
때 갖옷을 입는 것이 바로 인간이 수행해야 할 일이다."라고 하였

---

122) 『星湖僿說』(상) 권2, 「天地門」 '日蝕', 35쪽.
123) 『星湖僿說』(상) 권1, 「天地門」 '災異', 17쪽 ; 『星湖僿說』(하) 권23, 「經史
　　門」 '誰毀誰譽', 207쪽.
124) 『星湖僿說』(상) 권2, 「天地門」 '衛朴', 40쪽.
125) 『星湖僿說』(상) 권2, 「天地門」 '曆象', 50쪽 ; 『星湖僿說』(상) 권1, 「天地門」
　　 '中西曆三元', 23쪽 ; 위의 책, 「天地門」 '日天之行', 51쪽.

다.126) 그는 자연의 이치를 파악하고 이를 인사의 개선에 적극 활용하는 인간의 주체적인 면모에 주목했다. 장마와 가뭄에 대비하여 수리시설을 확충하여 물을 저장하는 등의 사례를 제시한 것도127) 이 같은 맥락에서 이해할 수 있다. 가뭄으로 대변되는 재이현상도 인간의 노력 여하에 따라서 일정한 범위 내에서 극복 가능하다고 판단하였다. 심지어 천지도 극복할 수 없는 재난을 인간이 극복할 수 있다고 하였다.128)

이처럼 성호학파에게 있어서 박학은 단순히 지적 호기심의 결과 나타난 박학다식의 학문경향이 아니었다. 그것은 기본적으로 인식론의 변화를 전제로 하였다. 다양한 분야에 대한 학문관심은 개별사물의 조리를 상대적 관점에서 객관적으로 인식할 때 나타날 수 있었다. 이러한 인식론의 변화 배경에는 주자학을 대체할 학문체계를 모색하려는 의지가 담겨져 있었다. 그 결과 주자학에서는 크게 주목받지 못했던 학문주제, 그 중에서도 과학기술 분야가 주요한 대상으로 상정될 수 있었다. 이점이 성호학파 학풍의 역사적 성격을 이해하는 데 주목되어야 할 사안이다. 즉 박학의 결과 새롭게 선정된 학문대상과 방법, 그리고 인식론의 변화 등의 제 양상들 속에는 중세 학문방식과는 다른 요소들이 내포되어 있기 때문이었다.

2) 인식주체의 확립 : 心活論과 造命論

성호학파에서 개별사물의 이치를 상대적 관점에서 객관적으로 인식하려고 했던 이유는 앞서 살펴보았듯이 해당사물의 특성을 파악하여 인사에 적극 활용함으로써 일용민생에 필요한 실용성을 제고하기 위해서였다. 이익은 "소의 성을 궁구하는 것은 소의 힘을 이용하여 무

---

126) 『星湖全書』 4, 「孟子疾書」, 569쪽.
127) 『星湖僿說』(상) 권2, 「天地門」 '水利', 42쪽.
128) 『星湖僿說』(상) 권1, 「天地門」 '災異', 17~18쪽.

거운 짐을 끌게 하기 위함이며, 말의 성을 파악하는 것은 바로 말의
힘을 이용하여 먼 곳까지 달리게 하기 위해서이다."라고 하였다. 그는
이러한 원리가 부자·군신의 관계로부터 자연계의 금수·초목에 이르
기까지 모든 만물만사에 적용된다고 보았다.[129]

개별사물 이치의 파악은 단순히 지식습득의 차원에서 해당사물의
조리만을 이해하는 데에 머무는 것이 아니었다. 각 사물의 운영원리를
파악한 후 현실에 활용하고자 하는 치용의 목적이 내재되어 있었다.
따라서 보다 정확한 개별이치를 획득하기 위해서는 궁리과정에서부터
사물에 대한 객관적·합리적인 인식태도를 견지해야 했다. 그렇게 할
때 인사분야에서 해당 지식의 효용성이 제고될 수 있기 때문이었다.
이는 자연스럽게 인식주체인 인간의 사고능력을 중시하는 경향을 낳
았다. 이익은 心活論을 통해 이 점을 강조하였다.

그는 심을 上帝로부터 부여받은 性을 구현하는 기관으로 상정하였
다.[130] 이때 성은 천지의 중으로써 상제의 主宰性을 의미하는 것이었
다. 천을 배나 수레에 비유할 때 상제는 배를 띄우고 수레를 끄는 능
력을 보유한 존재였다.[131] 심은 심을 상제가 천을 관장하듯이 일신의
주재자로서 성과 정을 통괄하는 신명스러운 존재였다.[132] 심과 제를
동일한 개념으로 파악하였다.[133] 즉 상제가 천지의 운행을 주관할 때

---

129) 『星湖全書』4,「大學疾書」, 658쪽, "有物而後有事 不究此物之性 則無以處
　　此事 故究牛性而後 知其可使引重 究馬性而後 知其可使致遠 凡大而父子
　　君臣 小而禽獸草木 莫不如此".
130) 『星湖僿說』(상) 권14,「人事門」'心體', 505쪽, "……性出於天 天之主宰曰上
　　帝 人受天地之中以生……其所從出非上帝而何" ;『星湖全集』I, 권15「書」
　　'答沈判事一義 甲寅', 총간 198권, 309쪽, "卽心寂而包性在中也……心是該
　　性則器之載道也".
131) 『星湖僿說』(상) 권1,「天地門」'配天配帝', 20～21쪽.
132) 『星湖全集』I, 권9「書」'附畏庵答書', 총간 198권, 205쪽, "然則心者果何物
　　也 形之主宰 氣之精爽 性情之統名 而在天爲上帝 在人爲神明者也".
133) 『星湖全集』I, 권13「書」'答金仲鎭 壬寅', 총간 198권, 279쪽, "夫天人一理
　　故心與帝同稱 然以此較彼 使無一毫之少異 則何必紛紛然辨答爲哉".

발휘했던 주재의 능력이 인간의 심을 통해서도 발현될 수 있다고 본 것이다. 인간은 상제로부터 받은 능력을 발휘하여 자연의 조화 가운데 눈으로 보고 마음으로 생각하면서, 그 큰 힘의 움직임과 작용함을 주재하는 주인공에 대해 연구해야 한다고 했다.[134)

이익은 이 같은 심의 능력을 고려하여 심을 天君에 비유하였다. 심은 活物로서 "天君泰然 百體從令也"할 수 있는 주재력을 갖춘 기관이었다. 그는 다음의 비유를 통해 심의 기능을 부각시켰다. 심은 거울과 물, 원숭이에 각각 비유되었다. 거울과 물은 외물의 來觸에 감응하기 쉽다는 점에서, 원숭이는 지각을 한다는 점에서 심에 비견될 수 있었다. 그러나 세 가지 사물은 심에 비해 영명함을 갖고 있지 못하였다. 최종적으로 심을 이것들에 비유하는 것이 부적절하다고 여겼던 것은 능동적으로 靈應하지 못하기 때문이었다.[135) 즉 이것들은 단지 외물을 반영하거나 지각할 뿐 주체적인 판단을 통해 일을 주관해 나아가지는 못했다. 그래서 이익은 심을 사람에 비유하는 것이 합당하다고 생각하였다. 마치 사람이 방안에 기거하는 것처럼 심은 몸 안에 존재하면서 동정·언동을 주장하기 때문에 천군에 비견될 수 있었다.[136)

심을 천군에 비유한 최초의 선유는 荀子였다. 순자는 심과 五官의 관계를 다음과 같이 설명하였다. "耳目鼻口形能 各有接而不相能也 夫是之謂天官 心居中虛 以治五官 夫是之謂 天君"이었다. 천군을 이목구비의 天官(감각기관)을 통해 받아들여진 여러 가지 감각들을 분별·정리하여 판단을 내리는 주체로 상정했다.[137) 심은 마치 군주와

134) 『星湖僿說』(상) 권1, 「天地門」 '配天配帝', 21쪽, "……然人居造化之中 目視 而心思 豈宜置諸不可知而不究 其機緘運轉 必有主張綱維 而後已莊周一段 何可少也 不然幾乎萬古長夜".
135) 金容傑, 『星湖 李瀷의 哲學思想硏究』, 대동문화연구원, 1989, 157쪽.
136) 『星湖僿說』(하) 권18, 「經史門」 '心', 40쪽 ; 『星湖僿說』(하) 권14, 「人事門」 '心體', 505쪽.
137) 『荀子集解』(하), 「解蔽」, 中華書局, 1988, 387쪽 ; 『荀子集解』(하), 「正名」, 417쪽.

같아서 오직 명령을 내리기만 할 뿐 어떠한 것으로부터도 명령을 받지 않는 독립적인 존재였다. 순자는 심이 스스로 모든 것을 받아들이고, 저장하여 제한 없이 자기 스스로를 표현할 수 있는 능력을 보유했다고 보았다.[138] 이때 심은 독자적으로 시비를 판단하는 기능을 수행하는 정신사고의 주체로서 의미가 강하게 내포되어 있다.[139] 이 점이 맹자의 도덕심과 구별되는 특징이었다.[140]

맹자는 도덕적 가치기준으로서 인의예지의 사덕이 심에 있다고 보고, 심을 통해 인간의 성이 본래 선함을 증명하고자 했다. 맹자의 심은 '도덕적 덕성심'이라고 불리며 이후 정통 유학자들에 의해 계승되었다. 그 중에서도 주자는 심의 도덕적 기능을 한층 부각시켜 설명하였다. 주자가 강조했던 심의 역할은 인성에 내재된 천리를 인지하고 이를 잘 보존함으로써 인욕을 제어・억제하고 도덕성을 함양하는 일을 수행하는 것이었다. 이를 위해 주자는 심을 선악의 기준에 따라서 人心・道心으로 구분하였다. 도심은 性命之正에 근거한 마음이고, 인심은 形氣之私에 근거한 마음이었다. 천리의 순선함을 보전한 심을 도심이라고 한다면 기질의 淸濁粹薄에 의해 악으로 흐를 여지가 있는 것이 인심이었다.[141]

이때 도심의 역할은 도덕적으로 우월한 가치를 보유하고 있으면서 인심 속에 내재된 악의 단서를 제거하는 것이었다. 주자가 상정한 심의 기능은 바로 지각작용을 통해 외물의 리를 궁구하여 그 속에 있는 도덕적 본성을 터득하고, 이를 활용하여 인욕을 제거하고 道性知를 완수하였다.[142] 인심에 대한 도심의 주재력을 회복할 때 인욕의 사사

---

138) 위의 책, 「解蔽」, 397~398쪽.
139) 吳復生, 『荀子思想新探』, 臺北 : 文史哲出版社, 1998, 49쪽.
140) 『孟子』「盡心(上)」, 대동문화연구원 영인본, 1984, 705쪽, "孟子曰 盡其心者 知其性也 知其性則知天矣 存其心 養其性 所以事天也".
141) 『中庸』「序」, 765~766쪽.
142) 『孟子』, 「盡心 上」, 705쪽.

로움을 이겨낼 수 있다고 보았다.143) 이러한 심 이해 속에서 해당사물
에만 적용되는 개별조리에 대한 관심은 상대적으로 소홀히 할 수밖에
없었다. 오직 도덕적 가치기준에 입각하여 사물을 판단하는 것이 심의
주요한 능력이었다.

반면 순자의 심은 순전히 감각기능을 총괄하는 기관으로서의 역할
만을 수행하는 것이다. 순자는 심을 能知·能慮·能澤·能辨하는 사
변과 인지 위주의 지성 차원의 認知心으로 이해했다. 결코 덕성 차원
의 도덕심으로 인식하지 않았다. 순자의 심은 맹자가 말하는 仁義之
心과 차별되는 것으로서 '지식으로 인식한 심'인 인지심을 의미하는
것이었다.144) 이익은 순자가 상정한 심의 기능에 동감하였다. 그는
"心者 知覺之謂也……本只是心臟之知覺"이라고 한 순자의 견해를
지금까지 제기된 심 관련 학설 중에서 가장 명쾌한 것으로 평가하였
다. 이 점은 인간이 보유한 지각과 義를 설명하면서 강조되었다. 그는
지각을 기에, 의를 리에 각각 분속시켜 이해하였다. 그런데 의는 지각
의 밖에 존재하는 것이 아니고 다만 지각을 통해 인식되는 형기에서
생기는 인심에 불과한 것이라고 보았다.145) 심의 순수한 지각능력을
높이 평가한 이익에게 의는 심 속에 선험적으로 내재된 성선의 근거
이기보다 구체적인 형기 속에서 구현된 대상으로서 지각을 통해 인식
되어지는 인심이었다.

이는 심의 영명함이 경험을 통해 축적된 지식을 근거로 발휘된다는
견해에서 다시 한 번 강조하였다. 이익은 심이 원활한 지각활동을 수
행하기 위해서 일정한 기간 축적된 경험이 전제되어야만 한다고 보았

---

143) 『中庸』, 「序」, 765~766쪽.
144) 蔡仁厚, 천병돈 옮김, 『순자의 철학』, 예문서원, 2000, 89쪽 ; 李東熙, 「荀子
　　와 宋明哲學」, 『荀子思想의 本質과 哲學史的 位相』, 1995년도 동양철학연
　　구회 추계학술발표문, 38쪽 참조.
145) 『星湖全集』Ⅱ, 권54 「題跋」 '跋荀子', 총간 199권, 491~492쪽 ; 『星湖僿說』
　　(하) 권19, 「經史門」 '荀子', 79~80쪽.

다. 10여 년의 세월이 흐른 뒤에 서로 만나도 문득 그 얼굴을 알아보
거나, 그 이름을 들으면 그가 어떤 사람인가를 알 수 있는 것은 바로
심의 고유한 기능 때문이라고 하였다.146) 눈과 귀로 대변되는 감각기
관을 통해서 오랜 시간을 경과하면서 축적된 지식이야말로 심의 영웅
을 발휘할 수 있는 근거였다. 심이 결코 초월적으로 선재하는 천리만
을 사변적으로 인식하는 기관이 아니라는 점을 분명히 하였다.

이 점에서 주자가 상정한 심의 역할과 분명한 차이를 보이고 있
다.147) 앞서 언급하였듯이 주자의 심은 어디까지나 인의예지의 사덕
에 근거하여 그 활동성을 보장받는다. 심의 지각대상은 해당사물의 형
질에 의해 규정받는 개별조리가 아니라 모든 만물에 보편적으로 구현
된 천리였다. 이에 주자는 심을 살아 있게 하는 관건은 천리와 인욕에
달렸다고 생각했다. 천리에 따르고 인욕에 얽매이지 않을 때 심은 살
아서 끝없이 周流할 수 있다. 반면 인욕에 얽매이면 심은 거기에 고착
되어 움직일 때 움직이지 못하고, 고요할 때 때 고요하지도 못한다는
것이다. 주자의 活心은 인욕에 얽매이지 않고 천리에 근거하는 時中
함에 있다고 할 수 있다. 반면 이익의 활심의 근거는 경험이나 지식을
통하여 신령하게 대응함에 있다고 볼 수 있다.148) 이러한 심론의 차이
는 인사만물을 인식하고 현실사회의 제 문제를 이해하는 데 질적인
차이를 유발하는 요인으로 작용하였다.

순자학설에 근거한 심의 이해는 정약용에게서도 계승되어 나타나
고 있었다. 그 역시 『순자』를 인용하여 심과 감각기관의 관계를 천군
과 천관에 비유하였다.149) 심을 형상적인 모든 것의 으뜸으로 간주하

---

146) 『星湖僿說』(상) 권14, 「人事門」 '心體', 505쪽.
147) 金容傑, 앞의 책, 1989, 163쪽.
148) 權文奉, 「星湖의 經學思想研究 - 사물인식론과 격치론을 중심으로」, 『논문
   집』 23, 원광대학교, 1989, 129쪽.
149) 『與猶堂全書』 2, 「大學講義」, 42쪽, "荀子曰 耳目口鼻 能各有接 而不相能
   也 夫是之謂天官 心居中虛以治五官 夫是之謂天君 聖人淸其天君 正其天

였으며, 심을 이목구비의 오관을 다스리는 군으로 신명함을 보유한, 즉 정신의 주인이 된다고 보았다. 또한 그는 이러한 인간의 심 속에 上帝天의 所住處가 내재해 있다고 보았다.[150] 정약용은 심의 주재성을 '自主之權'이라고까지 표현하였다. 천으로부터 부여받은 자주의 권한을 발휘하여 스스로 선악을 조정한다는 것이다.[151] 심은 감각기관을 통해 들어온 정보를 종합적으로 판단하여 결정할 수 있는 주재의 능력을 갖춘 독립된 사유기관이었다. 앞서 이익과 마찬가지로 심을 도덕성 회복의 근거로만 국한시켜 이해하는 태도에서 탈피하였다.

이때 주목되는 점은 심의 주관자로서 인간에 대한 이해이다. 인간은 경험을 통해 사물로부터 획득된 지식을 객관적으로 인식하고 최종적으로 판단하는 주체였다. 순자학설을 근거하여 강조된 심의 기능은 인간의 객관적인 사고능력과 함께 인사만물에 대한 주재력을 강화시키는 결과를 낳았다. 이와 같은 사실은 이익이 『순자』「榮辱」편을 인용하여 인사에 있어서 인간의 작위성을 강조하였던 대목에서 잘 나타나고 있다.

이익은 인사를 규정하는 여러 조건들을 인간의 능력을 통해 극복할 수 있는 것과 천에 의해 좌우되는 것으로 양분하여 정리하였다. 특히 귀천·빈부·편안함 등은 인간의 노력 여하에 따라 달성 혹은 극복될 것으로 보았다. 따라서 본인의 노력을 통해 획득하지 못한 것을 남의 탓으로 돌리지 말아야 한다고 했다. 그는 이러한 상황을 활 쏘는 것에 비유하였다. 내가 무엇을 구하려다 얻지 못하는 것은 마치 활을 쏘아서 맞히지 못한 것과 같다. 인사의 성패는 순전히 자신의 능력과 노력 여하에 달려 있다. 이어서 순자의 "자신을 아는 자는 다른 사람을 원망치 않고, 운명을 아는 자는 하늘을 원망치 않는다." 라는 언설을[152]

官 又曰虛壹而靜 謂之淸明 心者形之君也 而神明之主也 出令而無所受令".
150) 金玉姬, 「茶山의 『心經密驗』에 나타난 心經論에 관한 고찰」, 『敎會史硏究』 6, 1988, 172~176쪽.
151) 『與猶堂全書』 2, 「孟子要義」, 35~35쪽.

인용하여 그 의미를 다시 한 번 부각시켰다.153) 후천적으로 규정되는
인사의 제 조건에 대한 인간의 능동적인 대응을 강조했다.

좀더 부연하면 말에게 4개의 다리가 달린 것은 천지의 조화에서 비
롯되었다. 그런데 이를 제어하기 위해서 코를 뚫고 머리에 굴레를 씌
우는 것은 사람의 공력으로 간주하였다.154) 인간은 소와 말을 코뚜레
와 굴레로 제어하듯이 인식의 주체로서 개별사물들의 조리를 객관적
으로 궁구하고, 해당사물에 대해 인위적 노력을 가하여 자연 만물의
생성을 도울 수 있는 능력을 보유한 존재였다. 따라서 "하늘을 원망하
지도 다른 사람을 탓하지도 않다."는 표현은 일정한 제약이 있지만 인
력이 미치는 범위 내에서 주어진 조건을 변화시켜 갈 수 있는 능력을
인간이 보유하고 있으며, 이를 제대로 인식하고 발휘할 때 그 목표를
달성할 수 있다는 의미로 볼 수 있다. 더 나아가 이익은 인간이야말로
천도의 생성이치에 따라서 자연을 재단하여 만들고, 보좌하여 돕는 역
할을 수행할 수 있다고 보았다.155)

이러한 인간상은 일찍이 순자가 제시하였다. 그는 '制天命而用之'
의 논리에 근거하여 "하늘을 크게 여겨 사모하는 것과 물을 길러 잘
절제하는 것과 어느 것이 더 나은가"라고 자문하였다. 그는 하늘을 사
모하거나 聖德을 기리는 것보다 천명을 제어하고 이용하는 것이 났다
고 보았다. 따라서 인사를 제쳐놓고 하늘을 사모하기만 하면 만물의
實情을 잃게 된다고 했다.156) 이러한 순자의 주장 속에는 천명에 좌우
되는 인간보다 그것을 객관적 대상으로 상대화시키고 이를 제어·이
용하는 인간상이 담겨져 있었다.

이와 동일한 논리는 이익이 수용한 造命論에서도 찾아볼 수 있

---

152) 『荀子集解』(상) 「榮辱」, 58쪽.
153) 『星湖僿說』(상) 권7, 「人事門」 '怨天尤人', 221쪽.
154) 『星湖僿說』(상) 권14, 「人事門」 '福善禍淫', 491쪽.
155) 『星湖僿說』(하) 권27, 「經史門」 '神理在上', 411쪽.
156) 『荀子集解』(하) 「天論」, 317쪽.

다.157) 조명론은 明代 泰州學派의 대표적 학자였던 王艮(1483~1541)이 제시한 이론이었다. 大人造命說을 통해 대인은 인위적 노력을 통하여 운명을 바꾸고 새로운 운명을 창조할 수 있는 존재로 상정하였다. 이후 조명론은 明末淸初의 王夫之(1619~1692)에 의해 보다 체계화되었다. 그는 대인만 운명을 창조할 수 있는 것이 아니라 보통 사람들도 자신의 운명을 창조 할 수 있다고 생각하였다. 조명의 일반화를 시도하였다. 천명은 결코 신비로운 것도 아니고 의지를 가진 주재자도 아니기 때문에 실제로 운명은 개인에 의해 창조된다고 보았다.158)

이익은 조명론을 통해서 중세사회를 규정하는 외재적 조건들에 대한 인위적 변화의 가능성을 제기하였다. 그는 시세를 만나 사람의 힘이 참여되는 것을 造命이라고 규정하였다. 반면 빈부귀천이 고정되는 것을 천명에, 길흉이 정해지는 것을 星命에 포함시켰다. 인간으로 태어난 이상 임금과 재상뿐만 아니라 士·庶人도 자신의 운명을 만들어 나갈 수 있다고 보았다. 그리고 부지런히 힘써 기르면 화를 모면하고 행복한 길로 인도할 수 있다고 했다. 조명의 논리에 따르면 인간은 더 이상 기존의 사회 제 조건에 예속되어 수동적으로 이끌려 가는 존재가 아니었다. 이익은 노예와 신분이 낮고 천한 사람은 수백 대를 내려가더라도 부귀영화를 누릴 도리가 없고, 卿宰相의 가문에서는 어리석고 재주가 없는 자라도 모두 등용되는 현실을 안타깝게 여겼다.159) 조명론의 관점에서 볼 때 개인의 재능과 노력을 고려하지 않은 채 고정된 계급체계 속에서 귀천이 결정되는 중세적 신분질서는 인간의 능동성을 제약하는 질곡 그 자체였다.

이처럼 이익과 정약용은 순자학설에 입각하여 사물을 객관적으로 인식할 수 있는 심의 사고능력과 만사만물의 주재자로서 인간의 능력

---

157)『星湖僿說』(상) 권3,「天地門」'造命', 87~88쪽.
158) 馮寓, 김갑수 역,『천인관계론』, 신지서원, 1993, 182~188쪽.
159)『星湖僿說』(상) 권3,「天地門」'造命', 87~88쪽.

을 강조하였다. 특히 이익은 조명론을 통해서 후천적으로 규정된 사회
제 조건을 변화시킬 수 있다는 신념을 갖게 되었다. 그가 상정한 인간
은 인사와 관련된 다양한 사상을 궁구하는 학문주체일 뿐만 아니라
본인의 의사와 관계없이 강요된 제약들을 개혁해 나아갈 수 있는 능
력을 보유한 존재였다. 心活論과 조명론을 통해 주재력이 강화된 지
식인은 학문활동에 있어서도 윤리적 관점에서 벗어나 사물의 객관적
이치를 궁구할 수 있으며, 현실의 불합리한 제도나 규범들을 타개해
나아갈 수 있는 방안을 적극 모색하는 인사운영의 주체였다. 이는 심
속에 내재된 도덕적 본성에 대한 탐구를 통해 기존 사회구성체 속에
서 자신의 분수를 유지해 나아갈 수 있는 인간상을 확립하는 데 노력
을 기울였던 사대부 지식인과 변별되는 측면이었다.

이러한 특징을 성호학파 학풍 속에 내재된 근대 학문의 단초로 상
정해 볼 수 있다. 즉 인식대상과 인식주체의 분리를 통해 각종 사물이
나 현상을 객관적·합리적으로 인식하고, 이로부터 획득된 지식을 적
극 활용하여 인간세상의 여러 조건들을 개선해 나아가는 면모가 자연
스럽게 나타나고 있었다.160) 그간 도덕윤리를 강조하는 동양의 학문
전통 속에서 결여되었다고 평가해 온 요소들이 선진유학을 수용하여
조선 후기 현실에 적용했던 성호학파의 학문활동 과정에서 나타나고
있었다. 따라서 성호학파의 박학 학문경향 속에 내재된 이 같은 특징
은 근대적 학문방법의 시원으로 상정하고, 이것을 실학의 주요한 특징
으로 평가할 수 있을 것이다.

---

160) 이러한 인식론의 변화는 전통적 華夷觀에 기초한 중국 중심의 차등적 세계
　　이해에서 벗어나 근대지향의 민족자존의식을 형성하는 토대를 제공하였다.
　　즉 상대적 관점에서 東國의 인사를 인식함으로써 중국에 대해 조선의 개별
　　성을 부각시키는 계기를 마련하였다. 상대적 인식의 제고와 이로부터 연유
　　한 화이관의 변화에는 치용의 관점에서 개별사물 이치를 인식하려는 학문경
　　향이 반영되어 있었다.

3. 다양한 학문활동과 학파의 내적 분화

1) 분화의 학문적 계기와 그 성격

하학과 박학의 경향을 통해 인사와 관련한 사물과 현상들에 관심을 갖게 된 성호문인들은 학문주체로서의 인식을 강화시켜 나아가면서 각자의 관심에 따라서 여러 분야들에서 걸쳐 다양한 학문활동을 전개 하였다. 이익과 문인들이 궁구했던 학문분야는 다음과 같다. 그것은 경학을 필두로 하여 예학, 지리학, 역사학, 문학 등 기왕 유학체계를 구성하는 분야뿐만 아니라 제자백가, 그리고 서양 과학기술과 천주교 를 포괄하는 西學 일반 등이었다.[161] 즉 주자학 체계에서 벗어나 실용 과 사공을 추구하는 입장에서 보다 많은 학문대상과 주제를 상정하고 궁구하는 것은 자연스러운 현상이었다.

그 중에서도 이익과 문인들이 기본적으로 공유했던 학문분야는 잘 알려진 바와 같이 경학이었다. 유교경전 속에는 우주만물의 형성과 변 화 원리는 물론, 인간의 심성을 이해하고 사회와 국가를 인식하는 데 필요한 지식들이 담겨져 있었다. 따라서 조선시대 유자들에게 있어서 경학은 어떤 현실인식과 계급지향을 가지고 있었든지 간에 학문의 기 본이자 출발점이었다. 그리고 해당 주제에 대한 주견이 확립 될 때 기 존 학문체계의 모순과 한계를 지적할 수 있으며, 이를 토대로 각자 새 로운 체계를 마련해 나아갈 수 있었다. 당시 경학과 관련하여 이익과 문인들이 검토했던 대상은 육경과 정·주자의 책, 諸子와 經史 등 거 의 모든 종류의 경전들이 망라되었다.[162]

경전공부에 임하는 성호학파의 기본적인 학문태도는 앞서 살펴보 았듯이 주자가 확정한 주요한 경해에 대해서 동일한 주석가의 입장에

---

161) 鄭奭鍾, 「李瀷의 『星湖僿說』」, 『實學硏究入門』, 일조각, 1973, 75쪽 참조.
162) 『順菴集』Ⅱ, 권20 「祝文」 '復祭星湖先生文 甲申', 총간 230권, 204쪽 ; 『星湖 全集』Ⅲ, 「附錄」 권1 '墓誌', 총간 200권, 192쪽.

서 회의와 자득의 학문방법에 따라서 객관적으로 검토하는 것이었다. 그 과정에서 주자의 사상체계를 구성했던 주요 경전들에 대한 개별적인 분석이 이루어졌다. 그리고 특정 주제에 대해서는 사제간, 문우간 강론을 통해 의견을 교환하였다. 즉 이택을 위한 토론문답식 강론과 하문질정을 통한 사제, 문우간 학문교유가 이루어졌다. 이러한 학문방법을 통해 주견을 확립하는 과정에서 주요 경전의 해석을 둘러싼 이견이 발생하게 되었다. 그 대표적인 사례로『대학』장구를 들 수 있다.

이익과 문인들은 회의를 통해 주자학설을 검토하는 과정에서 주자의『대학』장구를 그대로 따를 것인가 아니면 고본『대학』의 체제를 준수할 것인가의 여부를 둘러싼 논의가 일어났다. 해당 경전에 대한 이익의 입장은 안정복과의 문답 속에서 살펴볼 수 있다. 안정복은 이익에게『대학』장구의 '보망'장에 대해 회의적이었던 선유들의 주장이 타당한지의 여부를 물었다. 이에 대해 이익은 '보망'장을 만든 주자의 의도나 그것이 필요 없다고 한 이언적의 견해 모두 이해할 수 없다고 하였다. 그리고 그는 "근래 어떤 士人(신후담)이 말한 설은 과연 타당성을 얻었는지 모르겠다."는 말을 덧붙였다.163)

당시 신후담은「大學解」・「大學後說」을 통해 이언적의 학설에 근거하여 고본『대학』의 체제가 올바르기 때문에 주자가『대학』의 장을 나누어 새롭게 설정한 '보망'장은 필요 없다고 했다.164) 이러한 신후담의 견해는 이병휴와 권철신 등에 의해 지지되었다. 반면 이익은 '보망'장이 있었는지 없었는지는 우선 따지지 말고, 다만 현재의 문장을 가지고 읽으면 충분히『대학』의 뜻을 깨달을 수 있다는 의견을 제시하였다. 이러한 관점에서『대학』을 궁구한 결과 이익은 앞서 살펴보았듯이 인식론의 변화를 초래했던 격물치지에 대해 주자와 다른 해석을 제시하였다.165)

---

163)『順菴集』II, 권16「函丈錄」, 총간 230권, 114~115쪽.
164)『河濱集』권5,「大學後說」.

『대학』장구 해석을 둘러싼 사제간의 견해 차이는 회의와 자득을 강조했던 성호학파의 학문방법론을 고려할 때 당연한 결과였다. 기성의 학설에 대해서 존신하지 않고 '질서'독법에 따라서 주자학설은 물론 師說조차 객관적으로 검토하는 입장에서 각자 강구한 견해가 반드시 일치될 필요는 없었다. 이는 이익이『대학』과 관련하여 자신의 학설을 제자들에게 강조하지 않았던 사실을 통해 입증할 수 있다. 성호학파 내에서는 스승 혹은 선배로서 자신의 견해를 정설로 확정지어 의도적으로 제자나 후배들에게 가르치고 지도하려는 모습은 보이지 않았다. 이 점은 안정복의『대학』이해를 통해 확인할 수 있다.

안정복은 직접『대학』에 대한 사설을 들었음에도 불구하고 그대로 따르지 않았다. 그는 고본『대학』이 옳다고 주장한 이들의 견해를 수긍하면서 " '격물치지'장을 다시 만들지 않더라도『대학』의 본의를 이해할 수 있다."고 했다.166) 이처럼 안정복은 첫 입문과정에서 스승으로부터 직접 들은『대학』관련 가르침을 수용하지 않고 자신의 소신에 따라 자설을 확정했다. 그 구체적인 내용은 주자학설과도 다른 것이었다. 안정복은 송대 학자인 董槐·葉夢鼎·王栢 등의 立論에 근거하여 '격치'장이 망실되지 않았으며, 그것은 經文 중에서 知止와 物有 두 절을 '격치'장으로 간주하여 별도의 장을 보망할 필요가 없다고 하였다.167) 적통제자로 인정받는 안정복조차도 사설을 반드시 준수해야 할 정설로 받아들이지 않음은 물론 주자학설 역시 그대로 존신하지도 않았다.

이러한 안정복의『대학』이해를 고려할 때 그와 다른 문인들의 경학관 차이를 기준으로 하여 성호 좌·우파로 구분하여 보는 관점은

---

165)『順菴集』II, 권16「函丈錄」, 114~115쪽 ; 앞의 책, 「經史門」, '格致誠正', 170쪽.
166)『順菴集』I, 권3「書」, '與昭南尹丈書 戊子', 총간 229권, 397~398쪽.
167) 崔鳳永, 「星湖學派의 朱子大學章句 批判論」,『東洋學』17, 단국대학교 동양학연구소, 1987, 47쪽 ; 차기진, 앞의 책, 2002, 44~58쪽.

재고해 보지 않을 수 없다.168) 그보다는 주자학설을 회의적 관점에서
객관적으로 검토하고 자득을 추구해 나아간 학문태도에 주목해야 할
것이다. 즉 학파 내 분화는 주자학설은 물론 사설조차도 존신하지 않
고 각자의 자설을 마련하는 과정에서 발생한 자연스러운 현상이었다.

　이러한 면모는 사단칠정 논쟁과정에서도 새삼 확인할 수 있다. 최
초 이익은 「四七新編」(이하 신편)을 통해 "사단은 公의 개념으로 리
발이고, 칠정은 私의 개념으로 형기에 의한 기발이다."라고 하였다.169)
이때 성호문인들 사이에 쟁점으로 등장한 문제가 성인의 칠정이었다.
성인의 칠정은 일반 사람의 칠정과 달리 실제로 표출되는 내용이 공
적이기 때문이었다. 이 점을 지적한 문인은 신후담이었다. 그는 비록
성인의 칠정이 형기에 감응을 통해 나타났지만 일반사람의 칠정과 달
리 공정하다는 점에서 리발로 보아야 한다고 주장했다.170) 이에 이익
은 성현칠정의 문제를 재검토하였으며, 신후담의 반론을 받아들여 「
신편」의 학설을 수정하여 '성현의 公七情을 리발로 볼 수 있다'고 하
는 「重發」(1741)을 내놓았다.171)

　그러나 곧 「중발」설에 대한 윤동규와 尹東箕 형제의 반론이 제기되
었다. 이때 이익은 앞서와 마찬가지로 심사숙고한 끝에 제자들의 이의
를 받아들여 '성인의 칠정이 리발이다'라고 하는 「중발」의 내용을 삭
제하고 다시 「신편」설로 복귀하였다(1745). 이후 사칠논쟁은 신후담의
견해를 지지했던 이병휴가 스승의 본뜻이 여전히 「중발」설에 있다고

---

168) 안정복이 견지했던 사상지향은 井田制 연구를 통해 그 일단을 살펴볼 수 있
　　다. 그는 정전제의 실제를 증명함으로써 이를 통해서 주자토지론에 간접적
　　으로 이의를 제기하려는 것이었다(金容燮, 『(增補版) 朝鮮後期 農業史硏究
　　Ⅱ』, 일조각, 1990, 418쪽). 그는 정전제 시행을 통해 "井地立而後 經界可正
　　也 民有恒産也 學校以興也 軍制以立也"(『順菴集』Ⅱ, 권19 「說」 '井田說 庚
　　申', 총간 230권, 191쪽)를 이룰 수 있을 것으로 기대하였다.
169) 『星湖全書』 7, 「四七新編」, 1～19쪽 참조.
170) 『河濱集』 권9, 「四七新編記疑附」.
171) 『星湖全書』 7, 「四七新編」 '附錄 重發', 30～31쪽 참조.

보고, 윤동규의 견해를 반박하면서 재개되었다. 그 과정에서 윤동규의
학설은 안정복과 황덕길에게, 이병휴의 학설은 권철신과 韓鼎運(174
1~1819), 李基讓(1744~1802) 등으로부터 지지를 받았다.[172]

이때 주목되는 점은 논쟁이 전개되어 가는 과정에서 나타난 사제간
의 태도였다. 우선 이익은 특별히 학파의 종사로서 자신의 학설을 제
자들에게 강요하지 않았을 뿐만 아니라 오히려 자신의 견해에서 미흡
한 점을 문인들에게 질의하였다. 그리고 스스로 판단하기에 합당하다
고 인정되는 견해는 적극 수용하고 있었다. 직계제자들 역시 스승의
하문에 대해서 자신의 견해를 분명히 밝히고 있었다. 그리고 각자의
입장에서 볼 때 문제가 있다고 생각되는 사설에 대해서 질정하고, 자
신의 견해에 따를 것을 요청하였다. 상호존중의 사제관계 속에서 동등
한 연구자로서 이택을 기대하면서 강론에 참여했다.

대체로 조선시대 학파 형성의 내적 계기로 철학사상의 일치를 들
수 있다. 성리학설에 대한 공감을 일차적 조건으로 학파가 형성될 수
있었다. 그렇지 않을 경우 이황과 奇大升(1527~1572)의 경우처럼 애
초 학파를 달리하면서 각기 다른 이기심성론의 개진하고 논쟁을 전개
하는 것이 일반적이었다. 성호학파는 이러한 상례를 따르고 있지 않았
다. 학파 형성단계에서부터 이기심성론에 대한 문인들의 일치된 견해
를 요구하지 않았다.[173] 이익은 학문 수수과정에서 문인들에게 자신
의 성리학설을 강요하지 않았다. 이러한 분위기 속에서 성호문인들은

---

172) 金容傑, 앞의 책, 1989, 108~123쪽 ; 安泳翔, 앞의 논문, 1998, 159~170쪽 ;
차기진, 앞의 책, 2002, 29~43쪽 참조.
173) 「사칠신편」단계에서 이익은 李珥의 氣發一途說을 거부하고 이황의 互發說
에 입각하여 사단과 칠정을 公과 私로 대립시켜 파악함으로써 사칠을 서로
포섭시키거나 배속시킬 수 있다는 견해를 전면적으로 거부하였다. 반면 「중
발」설로 수정되는 단계에서 수용했던 신후담의 견해에는 성인의 칠정에 관
한 '七包四'의 관점에서 이해할 수 있다는 기대승과 이이의 주장이 일부
반영되었다(安泳翔, 앞의 논문, 1998, 117~123쪽 ; 차기진, 앞의 책, 2002, 29
~43쪽 참조).

해당 주제에 대한 각자의 주견을 확립할 수 있었고, 그 결과 논쟁이
발생하게 되었다.

　일반적으로 학파를 대표하는 종사의 역할은 자파의 성격을 규정하
는 성리학설을 확정하고, 이에 대한 이의가 제기되어 논쟁이 진행될
경우 스승으로서 일정한 정설을 제시하여 논란의 소지를 해소해 주는
것이 중세 학파의 전형적인 모습이었다. 그러나 사칠논쟁시 이익에게
서는 그러한 면모를 찾아볼 수 없었다. 제자들에게로 확대되어간 논쟁
에 대해서 적극적으로 개입할 의사를 갖고 있지 않았다.[174] 이는 결과
적으로 문인간의 논쟁을 더욱 활성화시키는 계기가 되었다. 그 과정에
서 문인들은 일정한 계보를 형성하면서 각자의 견해를 더욱 확고히
유지해 나아가게 되었다.

　결국『대학』장구와 사단칠정 문제를 둘러싼 논쟁은 학파의 분화를
초래한 직접적인 원인이었지만, 그것이 가능했던 근본적인 배경은 이
익과 문인들이 공감했던 학문론 때문이라는 사실에 유념해야 할 것이
다. 그리고 그것은 새로운 학문과 사상체계를 확립하기 위한 목적에서
비롯되었다는 점에서 학파 내의 분화는 중세의 질곡에서 벗어나는 과
정에서 초래된 불가피한 현상으로 이해할 수 있다.

　이러한 관점은 성호 좌·우파로 구분하는 기준이 되었던 천주교 문
제를 이해하는 데에도 적용해 볼 수 있다. 그간 학계에서는 천주교 문
제를 둘러싼 성호문인간의 대립에 주목하여 그 사상적 배경에 대해서
논구해 왔다. 그 결과 안정복은 주자학적 입장에서 천주교 교리의 문
제점을 비판한 것으로 이해되었다. 반면 권철신은 반주자학적인 경학
관과 사상경향을 토대로 새로운 사상 내지 종교로 천주교를 적극 수
용했던 사실이 입증되었다.

　그런데 주목되는 점은 천주교에 대한 배척이 반드시 주자학적 입장
을 고수하는 가운데 이루어진 것이 아니었다는 사실이다. 대표적인 사

---

174) 安泳翔, 위의 논문, 1998, 151쪽 참조.

212

례로 신후담을 들 수 있다. 일반적으로 신후담은 이병휴와 권철신 등과 같이 주요 경전에 대한 이해과정에서 반주자적 사상경향을 지녔다고 평가되고 있다. 그런 그가 유독 천주교에 대해서만큼은 주자학의 이기설에 입각하여 천주를 부정하고, 교리의 이단성을 비판하였던 사실이 부각되었다.[175] 이는 천주교 신봉을 기준으로 학파 분화를 설명할 때 '주자와 반주자'의 사상경향의 차이로 보는 것이 적합한 지의 여부를 재고케 하는 대목이다.

이 점은 천주교를 배척했던 안정복의 경우에도 마찬가지이다. 앞서 살펴보았듯이 그는 하학체계의 확립을 통해 주자학의 문제점과 모순을 극복하고자 노력하였다. 이러한 점을 감안할 때 안정복의 천주교관만을 놓고 그의 전반적인 학문경향과 사상지향을 주자학적이었다고 평가하는 것은 일단 유보되어야 할 것이다. 천주교를 포함한 이단사설에 대한 안정복의 인식을 제대로 살피기 위해서는 우선 당대 성호학파가 처했던 현실상황을 고려해야만 한다.

이익 사후 발생한 천주교 배척은 그 동안 구축해 온 성호학파의 학문기반을 한 번에 무너뜨리게 할 수 있는 중대사안이었다. 안정복은 이 문제를 학파의 명운이 걸린 사안으로 판단하였다. 1784년 金範禹, 이승훈 등의 천주교 신앙을 적발해 낸 '乙巳秋曹摘發' 사건을 계기로 성호문인들의 천주교 문제가 정치 쟁점화 되면서[176] 그 혐의가 점차

---

175) 崔東熙, 앞의 책, 1988, 59~95 ; Donald Baker, 金世潤 역, 『朝鮮後期 儒敎와 天主敎의 대립』, 일조각, 1997, 71·255쪽 참조. 신후담은 성호좌·우파 어느 쪽으로도 분류되어지지 않고 있다. 반주자학적 경학관을 견지했음에도 좌파로 분류되지 않았으며, 천주교를 배격했음에도 불구하고 우파로 분류하지 않고 있다. 후자의 경우 신후담이 『서학변』을 제출한 시점을 고려한 측면이 강하게 작용한 듯 싶다. 즉 『서학변』의 저술된 1720년대와 성호학파 내부에서 천주교 신봉문제가 본격 거론된 1780년대 시차를 고려한 결과였다. 그러나 좌·우파로 구분하는 기준으로 천주교 수용과 배척, 그 속에 내재된 사상경향에 두고 있는 상황에서 신후담의 경학관과 서학인식과의 상관성 역시 해명되어야 할 것이다.

권철신 등 소장문인들에게로 확대되어가고 있었다. 관련 사건들이 일어날 때마다 성호문인들이 연루되어 처벌을 받는 상황이 반복되었다.177) 더욱이 서학에 대한 혐의가 이미 사거한 이익에게까지 확대되는 상황에서178) 그는 학파의 면모를 유지해 나아가기 위해서 일정한 역할을 수행하지 않을 수 없었다.

안정복은 천주교 문제가 표면화되기 시작한 무렵(1784~1785)부터 이에 경도된 후배문인들을 대상으로 본격적인 설득작업에 나섰다.179) 이와 아울러 그는 『天學考』·『天學問答』(1785) 등을 저술하여 천주교 교설을 비판하였다.180) 즉 개별접촉과 함께 체계적인 교리 비판을 통해 설득효과를 높이려 하였다. 이러한 노력은 그가 얼마나 천주교 문제에 대해서 심각하게 인식하고 있었는지를 보여주는 사례이다. 안정복이 우려했던 것은 천주교 교리의 이단성과 함께 이를 빌미로 한 정치공세였다. 그는 반대파의 천주교 비판에는 모종의 정치적 의도가 담겨져 있다고 생각하였다.181) 따라서 후배문인들에게 반대파가 남인

---

176) 趙珖, 앞의 책, 1988, 178~195쪽 참조.
177) 『정조실록』 권33, 15년 11월 甲戌~己卯 46책, 255~259쪽.
178) 『順菴集』 I, 권8 「書」 '答黃莘叟書 戊申', 총간 229권, 510쪽.
179) 『順菴集』 I, 권6 「書」 '答權旣明書 甲辰', 총간 229권, 462~463쪽 ; 위의 책, 권6 「書」 '與權旣明書 甲辰', 총간 229권, 463~466쪽 ; 『順菴集』 I, 권8 「書」 '答李士興書 乙巳', 총간 229권, 505~506쪽.
180) 이러한 정치상황을 고려할 때 안정복의 두 저술은 신후담의 『서학변』과는 또 다른 동기를 갖고 있었다. 『서학변』은 『천학문답』·『천학고』와 비교할 때 학문적 차원에서 제출된 성과로 볼 수 있다. 이 점은 저술 시점(1724년, 영조 4)을 고려할 때 더욱 분명해 진다. 이 시기는 아직까지 천주교 문제가 사회적·정치적 쟁점으로 부각되기 이전이었다. 반면 후자의 경우 그 작성 시기가 서인·노론은 물론 남인계 내부에서조차 비판이 제기되는 상황이었다. 따라서 그 작성 계기에는 『서학변』에 비해 현실적 고려가 많이 반영되었다. 이는 이미 1750년대부터 천주교의 이단성에 대해 우려했던 안정복이 이때야 비로소 천주교 교리를 비판하는 저술을 작성했던 사실을 통해서도 확인할 수 있다.
181) 『順菴集』 I, 권5 「書」 '與樊巖蔡伯規濟恭書 丙午', 총간 229권, 435쪽.

들을 일망타진할 계획을 모의하고 있는 상황에서 스스로 나쁜 평판의 욕을 받을 수 있는 행동을 삼가해야 한다고 했다.[182] 안정복이 현실의 관점에서 천주교를 학파의 존폐가 달린 문제로 인식하고, 이를 해결하기 위해 노력했음을 알 수 있다. 더욱이 하학 중심의 학문체계를 확립했던 입장에서[183] 볼 때 천주교는 주자학 체계의 문제점과 모순을 극복하기 위한 대안이기보다 노론의 공세를 유발하는 요인으로 인식되었다. 이 같은 사실은 그가 하학의 관점에서 양명학의 장점을 언급한 대목에서 간접적으로 확인할 수 있다.

양명학은 천주교와 함께 학파 분화의 직접적인 계기로 상정된 사상이었다. 실제로 이를 둘러싸고 안정복은 권철신·이기양·한정운 등 소장학자들과 끊임없는 학문적 긴장관계를 유지해 나아갔다.[184] 그런데 후배문인들에게 양명학의 배격을 촉구한 그가 정작 왕양명에 대해서 긍정적인 평가를 내리는 상반된 태도를 보였다. 그는 '항상 왕양명의 말을 좋아했다'고 말하면서 양명이 제기한 일용에서 마음 다스리는 방법을 '克治之要法'이라고 높이 평가하였다. 그가 극찬한 심법은 다음과 같다. "말이 통쾌하게 나올 때 반드시 절연히 참아야 하고, 일이 뜻대로 되어 의기양양할 때 반드시 흡연히 거두어들여야 하고, 기쁨·노여움·욕심이 복받칠 때에는 반드시 확연히 가라앉혀야만 천하의 큰 용기가 될 수 있다."는 것이었다.[185]

그는 양명학의 이단성과 심신수양 방법을 분리하여 인식하였다. 그렇기 때문에 양명학을 유학의 종지에서 크게 벗어난 이단으로 적극

---

182)『拱白堂集』권7,「雜著」'三家略', 총간 260권, 243쪽.

183) 강세구, 앞의 책, 1996, 270쪽 참조.

184)『順菴集』I, 권6「書」'答權旣明書 丙戌', 총간 229권, 450쪽 ;『順菴集』I, 권6「書」'答權旣明書 戊子', 총간 229권, 455쪽, ;『順菴集』I, 권8「書」'答韓士凝書 乙未', 총간 229권, 497쪽 ;『順菴集』I, 권8「書」'與李士興 庚子', 총간 229권, 504쪽.

185)『順菴集』I, 권8「書」'與李士興書 庚子', 총간 229권, 505쪽.

배척하면서도 심법만큼은 높이 평가할 수 있었다. 해당 내용은 이미 자신의 하학체계를 정립한 『하학지남』 '爲學 第二'編 克治章에서 그대로 인용되고 있었다.186) 이는 그가 이단사설이라고 해서 무조건 배척한 것이 아니라 주자학을 극복하기 위한 방안을 모색하기 위해 적절히 활용하고 있었다는 사실을 입증하는 것이다. 즉 이학과 심학만을 궁구하는 주자학의 폐해를 제거하기 위해서 제안했던 하학의 확립과정에서 양명의 요법은 일용지간에 충분히 활용될 수 있는 하학의 방법으로 판단하고 있었다. 이는 상대적으로 천주교를 이단사설로 배격할 수밖에 없었던 이유가 무엇인지를 확실히 알게 해 주는 대목이다.

안정복은 양명학뿐만 아니라 역시 이단사설로 평가받았던 순자학에서도 관심을 보였다. 후술하게 되겠지만 그는 국가운영체계와 관련하여 재지세력의 사적 지배를 배제하고, 대신 국가 대민의 직접 지배 관계를 수립하고자 했다.187) 그는 이 같은 집권체제 강화 방안을 강구하는 과정에서 이에 걸맞은 군신관계를 확립하고자 했다. 이에 주목한 것이 순자학이었다. 『순자』 「仲尼」편 '持寵處位'장을 인용하면서 난세에서 신하로서의 직분을 다할 것을 촉구하였다. '지총처위'장은 스스로 정의하였듯이 춘추전국시대 말엽 관직에 있는 사람들에게 세상의 화를 당하지 않고 신료로서의 자세를 유지할 수 있는 방법을 설명한 장이었다.188) 해당 장에서 순자는 군주를 잘 섬기는 신하의 복무자세를 강조하였다.189) 안정복은 순자의 이러한 견해를 하찮게 여길 수 없는 중요한 사안이라고 평가하였다.190) 순자학은 안정복에게 있어서

---

186) 『順庵全書』 2, 「下學指南」 '爲學 第二'編 克治章, 118쪽, "王陽明曰 凡人 言語正到快意時 便截然 能忍得 意思正到發揚時 便翕然能收斂得 忿怒正到沸騰時 便廓然能消化得 非天下之大勇 不能也".

187) 오영교, 앞의 책, 2001, 149~152쪽 참조.

188) 『順菴集』 I , 권9 「書」 '與鄭子尙書 辛丑', 총간 229권, 526쪽.

189) 『荀子集解』(상), 「仲尼」, 109~110쪽.

190) 앞의 책, '與鄭子尙書 辛丑', 526쪽.

군신관계의 지향점과 구체적인 방안을 제시해 준 학문이었다.191)

　이처럼 안정복이 양명학과 순자학에 관심을 보일 수 있었던 것은 주자학을 대체할 학문과 사상을 모색하는 과정 중 박학의 견지에서 기존의 사상조류들을 객관적으로 검토하고 그 공과를 헤아려 적극 활용하고자 했던 小道의 관점에서 기인한다. 그에 앞서 소도를 강조했던 학자는 이익이었다. 이익은 공자의 "猶在小道可觀之內也"의 원칙에서 입각하여 이단사상을 객관적으로 평가하려 했다.192) 이단에 대해서 일방적으로 배척하기보다는 비판적 검토를 통해 그 장단점을 헤아려 선택적으로 활용할 것을 촉구하였다.193) 그는 명확한 기준도 없이 무조건 이단을 배격하는 것은 올바른 태도가 아니라고 보았다.194) 이때 어떤 경우 해당 사조가 소도로서 인식될 수 있는 지는 주자학을 극복하기 위해서 학자 개인이 각자 구상했던 학문체계와 깊은 관련을 맺고 있다.

　권철신 등 소장학자들은 다양한 사조들을 검토하는 가운데 천주교에 주목하게 되었다.195) 이들은 『天主實義』·『七克』등 천주교 관련

191) 신후담 역시 小道의 관점에서 순자학을 평가하였다. 그는 「八家摠評」을 통해 제자백가의 유형을 儒家·道家·法家·名家·墨家·縱橫家·雜家·兵家類로 구분하고 각각의 유형을 대표하는 텍스트를 검토하였다. 그 중에 『순자』도 포함되어 있었다. 신후담은 순자의 제 학설에 대해서 "비록 말이 순수함을 다하지 못하였지만 사람들을 고무하고 감동시키는 곳이 적지 않다."고 보았다. 그는 순자의 학문적 위상을 맹자에 버금가는 위치로 상정하며, 깊이 완미할 필요가 있다고 하였다. 또한 그는 순자의 말 가운데 格言으로 취할만한 것을 기록하여 그 합당함을 증명하고자 하였다(『河濱集』권17, 「八家摠評」).

192) 『星湖僿說』(상) 권14, 「人事門」'異端', 493쪽.

193) 『星湖僿說』(하) 권25, 「經史門」'聖廟從祀', 324쪽.

194) 『星湖僿說』(하) 권13, 「人事門」'俗儒斥佛', 454쪽.

195) 천주교에 대한 관심은 기본적으로 다원적 세계인식에 기초한 대외관이 확대된 결과로 볼 수 있다. 인식론 변화의 결과 상대주의적 관점이 제고되면서 의리명분을 기준으로 파악되었던 국가별 차별 인식은 사라지고 치용의 측면에서 동서양의 여러 나라들에 대한 관심이 다양한 부면에서 고조되었다. 천

서적을 입수하여 서로 돌려가며 읽고 자발적으로 공부함으로써[196] 교
리를 자득하였다. 그리고 그 속에서 주자학에서 벗어날 수 있는 사상
요소들을 발견할 수 있었다. 이들이 천주교를 종교적 차원으로까지 수
용할 수 있었던 데에는 Matteo Ricci(1552~1610)가 補儒論에 입각하
여 천주와 상제를 등치시켜 설명한 내용에서[197] 한발 더 나아가는 자
득을 이루었기 때문이었다. 권철신 등은 동료학자들과의 강론을 통해
주재자로서 상제를 조물주 · 창조주인 천주로 이해했다.

이 같은 사실은 李蘗(1754~1786)의 『聖敎要旨』에서 확인할 수 있
다. 그는 『성교요지』의 첫 절에서 상제를 『천주실의』에 나타나 있는
창조주이며 동서양을 포용하고 섭리하는 하느님으로서 이해하고 사용
했다.[198] 그 결과 권철신 등은 유학의 학문체계에서 도저히 수용할 수
없는 천주교를 받아들이는 과단성을 보여주었다. 그리고 자득과정에
서 마련된 확실한 신념을 토대로 적극적인 신앙활동을 펼칠 수 있었
다.

반면 이익은 상제와 천주를 같은 개념으로 이해하면서도[199] 주재자
로서의 면모를 보다 강조하였다. 앞서 살펴보았듯이 인간을 상제로부
터 품수받은 주재능력을 갖춘 존재로 보았다.[200] 이때 상제는 천지만

주교 역시 주요한 대상이었으며, 주자학 ·사상체계에 거부감을 갖고 있었던
일단의 문인들에 의해서 받아들여졌다. 그런데 이러한 관심은 어디까지나
동국의 관점에서 이루어졌다. 즉 중세사회 해체기 조선사회 내 강고하게 자
리잡고 있었던 불합리한 사회 제 구조의 변화를 도모하려는 의도에서 수용
되었다고 보여진다.

196) 『정조실록』권33 15년 11월 己卯 46책, 259쪽 ;『順菴集』I, 권6「書」'答權
旣明書 甲辰', 총간 229권, 462쪽, "其後轉聞洋學大熾 某某爲首 某某次之
其餘從而化者 不知幾何云".

197) Matteo Ricc, 송영배 외 옮김, 『天主實義』, 서울대학교 출판부, 1999, 99~
103쪽 참조.

198) 金玉姬, 『韓國天主敎思想史 I - 曠菴 李蘗의 西學思想硏究』, 순교의 맥,
1990, 180쪽.

199) 『星湖全集』II, 권55「題跋」'跋天主實義', 총간 199권, 516~517쪽.

물을 운영하고 주재하는 능력을 보유한 인격체였다. 그러므로 "천은 물이므로 교외에서 제사를 지내고, 제는 인이므로 사당에서 제사지낸다."고 하였다. 그런데 이익은 이러한 상제를 신앙의 대상으로 파악하기보다는 깊이 생각하고 궁구할 대상으로 이해하였다. 그렇게 하지 않는다면 만고토록 캄캄한 밤과 같을 것이라고 하였다.201) 결국 이익이 상제에 관심을 가졌던 이유는 인사에 대한 인간의 주재성을 강조하기 위한 것이다. 그렇기에 주재력을 품수해 준 상제는 오히려 궁구의 대상으로 상정할 수 있었다. 이러한 상제관을 갖고 있었던 이익에게 창조주로서 천주의 개념은 수용될 수 없었다. 오히려 그는 영혼불멸, 천당지옥의 문제와 함께 천주숭배를 들어서 천주교의 문제점을 지적하였다.202)

하지만 이익은 소도의 관점에서 천주교의 다른 교리에 대해서 긍정적으로 평가하였다. 그는 천주·마귀설 등의 잡설을 제거하고 유자로서의 면모를 갖출 수 있는 명론이 있다고 보았다. 그리스도교적 수양론을 정리한『칠극』(Diego de Pantoja, 1614)의 주요 내용을 극기설에 비견하였다. 그가 주목했던 내용은 욕을 사욕과 구분하여 모두 악으로 단정하지 않은 점이었다. 또한 사욕을 富欲·貴欲·逸欲으로 구분하고, 이로부터 초래되었던 七枝의 구체적인 내용과 이를 제어하는 방법에 관심을 가졌다.203) 즉 인욕을 선악의 기준에 입각하여 배격하지 않고, 이를 조절함으로써 인성의 올바름을 회복하려는 인식과 방법에 대해 동감했다.204) 이 같은 긍정적인 평가는 평소 그가 견지했던 인욕

---

200)『星湖全集』I, 권15「書」'答沈判事一義 甲寅', 총간 198권, 309쪽 ;『星湖全集』I, 권9「書」'附畏庵答書', 총간 198권, 205쪽 ;『星湖僿說』(상) 권14, 「人事門」'心體', 505쪽.

201)『星湖僿說』(상) 권1,「天地門」'配天配帝', 20~21쪽.

202)『星湖全集』I, 권26「書」'答安百順 丁丑', 527쪽.

203)『星湖僿說』(상) 권11,「人事門」'七克', 368쪽.

204) 이익의 이러한『칠극』에 대한 평가는 후일(1839) 老論의 洛論系 李正觀에 의해 비판되었다. 그는 巨儒로 칭송 받던 이익이『칠극』에 대해서 그와 같은

설과 부합된 측면이 많았기 때문에 가능했다.

　이익은 인욕을 기질의 청탁에 관계없이 성인이나 어리석은 사람에게서 모두 나타나는 보편적인 욕구로 간주하였으며,205) 도심의 절제를 기다리지 않는 선한 것으로 보았다.206) 만일 이러한 기본욕구가 충족되지 못한다면 어진 사람은 적어지고, 덕교가 베풀어지지 못한다고 보았다.207) 인욕을 생존을 위해 필요한 기본조건으로 긍정했다. 이처럼 이익은 주자의 인욕설과208) 달리 천리와 인욕의 관계를 대립적이기보다 상보적 관점에서 이해하였다.209) 악이 생기는 것은 인욕 그 자체 때문이 아니라 다만 그것이 치열해진 결과 발생된 것이라고 보았다.210)

　이익은 악에 빠지지 않게 하기 위해서 인욕을 조절하여 분수에 넘지 않게 해야 한다는 節欲說을 제시하였다.211) 천리와 인욕을 대립되는 것으로 파악하는 주자의 이원론적 관점에서 벗어나 인욕을 긍정하고 다만 과다한 욕구는 조절해 나아가야 한다는 주장을 펼쳤다. 이 같은 인욕관을 갖고 있었던 이익이 『칠극』의 교리를 긍정적으로 평가했던 것은 주자학설에서 벗어난 자득의 결과로 볼 수 있다.

　천주교 수용 문제를 둘러싼 학파의 분화는 이익과 문인들이 공유했던 학문론에서 볼 때 자연스러운 일이었다. 학파의 분화는 주자학 중심의 중세 학문체계에서 벗어나는 과정에서 부각된 학문방법과 경향

평가를 내림으로 인해 그 무리들이 더욱 거리낌없이 세상에 그 뜻을 펴서 좀먹어 들어가고 미혹시켜 파괴시켰다고 비난하였다(차기진, 앞의 책, 353쪽).

205) 『星湖全集』 권1, 「星湖先生文集」 권10 '答睦士懋', 191쪽.
206) 『星湖僿說』(하) 권19, 「經史門」 '性善', 73쪽.
207) 『星湖全書』 권3, 「詩經迭書」, 32~33쪽.
208) 『朱子語類』(상), 권13 「學七」, 235쪽.
209) 『星湖僿說』(상) 권7, 「人事門」 '欲', 218쪽.
210) 『星湖僿說』(하) 권19, 「經史門」 '性善', 73쪽.
211) 『星湖全書』 권4, 「心經附註疾書」, 841쪽.

을 근거로 발생되었다는 점에서 성호문인들의 다양한 학문활동의 표현이자, 학문주체로서 각자 선택한 주제에 대해서 개성을 발휘한 결과로 볼 수 있을 것이다. 주자학설만을 존신함으로써 새로운 사회변화에 능동적으로 대처하지 못했던 중세 학문방식에서 탈피하여 천주교 등과 같이 체제유지를 위한 이념마련에 급급했던 풍토 속에서는 도저히 수용할 수 없었던 서양의 외래사조까지도 주요한 대상으로 상정하여 객관적으로 검토할 수 있었다.

이러한 점에 비춰볼 때 학파의 내적 분화를 기존의 문인간 사상지향의 차이에 따라서 성호 좌·우파로 구분해 보는 관점은 재고될 필요가 있다고 본다. 주요한 논설을 중심으로 분화의 모습이 나타났지만 그것은 어디까지나 진보적 학풍을 견지하면서 성호문인들 각자의 학문체계를 모색하는 과정에서 불가피하게 나타난 현상이었다.

이 같은 학파 분화의 성격을 보다 분명히 하기 위해서는 하학과 박학의 관점에서 주목되었던 학문분야와 해당 주제를 궁구한 결과 제시되었던 학문성과를 분석하고, 그 속에 내재된 사상적 지향을 구명하는 작업이 병행되어야 할 것이다.212)

2) 지리학 연구와 東事의 독자성 인식

하학과 박학의 관점을 통해 제고된 인식주체의 확립과 개별사물의 조리에 대한 관심은 자연·사회·역사 등 인사와 관련된 모든 사물과 현상을 대상으로 한 광범위한 학문활동으로 나타났다. 그 중에서도 이익과 문인들이 주목했던 학문대상이 '東國의 人事'인 東事였다. 이익은 "동국은 그 자체로서 독자적인 법규와 제도, 체제와 형세를 갖고 있다."고 보았다. 그러나 요즘 학자들이 동방에 태어났으면서도 동사

---

212) 이때 주목해 보아야 할 인물은 안정복이다. 이미 성호학파의 내적인 분화과정에서 보여주었던 그의 사상지향을 구체적인 학문성과를 통해 확실히 규명할 때 성호학파의 분화가 갖는 의미를 재고해 볼 수 있을 것이다.

에 대해 자세히 살피지 않는 것을 문제로 지적하였다.213) 여기서 그가
상정한 동사 관련 학문주제를 파악할 수 있다. 동사는 '東國自東國 其
規體勢'로서 동국을 구성하고 운영해 나아가는 데 있어서 필요한 일
체의 객관적·외형적인 조건들이었다. 구체적으로는 법규와 제도, 체
제와 형세 등이었다.214) 이 가운데 이익과 문인들이 관심을 보였던 주
제는 동국의 외재적인 형세를 규정하는 疆域이었다. 동국을 구성하는
지리적 조건에 대한 이해가 동사와 관련하여 주목되었다.

　강역문제와 관련하여 李家煥(1742~1801)은 동국의 실정에 맞는 地
理誌의 개비를 주장하였다. 자국의 지리는 이웃나라에 옮겨 적용할
수 없는 것임에도 불구하고 동인으로서 중국의 역대 지리지를 자주
인용하는 상황을 안타깝게 생각하였다.215) 그가 지리지의 필요성을
강조한 것은 동국 경영에 필요한 통치의 기본자료를 확보하기 위함이
었다. 有國者로서 제도를 확정하기에 앞서 지리적 소양을 갖추는 것
이 필수조건이라고 하였다. 이는 박학의 차원에서 동사 중에서 강역을

---

213) 『星湖全集』 I, 권25 「書」 '答安百順 乙亥', 총간 198권, 512쪽.
214) 동사에 대한 관심은 의리명분적 화이관에서 벗어나 세계인식이 확대되면서
　　나타났다. 이익은 당시의 주자학자들이 계속 崇禎年號를 쓰는 것에 대해서
　　비판하였다(『星湖全集』 I, 권28 「書」 '答李汝久', 총간 198권, 562쪽). 숭정
　　연호는 尊明事大의 의미를 지닌 상징적 표현으로서 전통적인 화이관에 입
　　장에서 볼 때 논란의 대상일 수 없었다. 그러나 이익은 의리명분론적 관점이
　　투영된 명의 연호에 대해 거부하였다. 즉 중화의 주인으로 청이 대세를 확정
　　지어 가는 형세를 받아들이자는 인식이 반영된 주장이었다. 이 같은 화이관
　　의 변화는 개별 국가들에 대해 학문적 관심을 고조시켰다. 그는 동아시아 諸
　　國의 역사에 관심을 보이면서 일반 史書들이 주변 여러 나라를 外夷로 간주
　　하여 소홀히 다룬 사실을 애석하게 여겼다. 그는 역사기술에 있어서 漢族에
　　만 치우친 점을 비판하면서 기왕의 이적으로 규정하였던 국가들에 대한 관
　　심을 고취시키고자 했다. 이처럼 국제질서의 변화 속에서 형성된 다원적 세
　　계인식과 주변 국가들에 대한 관심은 궁극적으로 조선의 정체성을 확인하는
　　학문활동을 자극하였으며, 이를 통해 국가운영 전반에 걸친 변화를 모색할
　　수 있는 방안을 강구하게 되었다.
215) 『錦帶殿策』 「墜勢策」.

우선적으로 궁구해야 할 이유를 설명한 것이다. 그는 통치를 위해서 무엇보다 한 나라의 方位와 分野 및 原濕의 墳衍, 山澤의 浸藪, 寶藏의 所興과, 謠俗의 所宜를 반드시 숙지해야 한다고 보았다.[216]

한편 강역은 하학의 차원에서도 중시되었던 주제였다. 정약용은 "조선에서는 고원한 것에만 힘쓰고 가까운 것을 소홀하게 여기는 폐단이 있다."고 하였다. 그 중 하나가 지리분야였다. 그는 이제라도 강역 안의 지리를 조사하여 밝혀야 한다고 보았다. 하학의 차원에서 선비들이 갖추어야 할 학문소양의 하나로 동국의 강역을 상정했다. 그 목적은 앞서 이가환과 마찬가지로 통치의 차원에서 왕도정치를 실현하기 위해서라고 했다. 마치 집안 관리를 잘하기 위해서 아랫목·윗목 등의 가옥구조와 부엌 등 부대시설의 기본 위치를 숙지해야 하는 것처럼 국가의 형세를 이루는 지리를 제대로 파악해야만 올바른 제왕정치를 구현할 수 있다고 보았다.[217]

이처럼 지리학은 동사를 구성하는 다양한 요소들 중 구체적인 강역을 대상으로 한다는 점에서, 그리고 이기심성지학처럼 고원현공한 주제가 아니라는 점에서 성호학파에서 추구했던 하학과 박학의 경향에 적합한 학문분야였다. 뿐만 아니라 사공의 차원에서 볼 때 지리학은 왕도정치의 실현이라고 하는 실용성을 담보할 수 있는 분야였다.

사실 하학과 박학의 대상으로서 역사지리분야에 관심을 갖는 것은 북인계 남인의 학문전통 속에서 낯선 일이 아니었다. 대표적인 연구성과로 한백겸의 『東國地理誌』(1615)가 있었다.[218] 그의 아들 韓興一이

---

216) 『錦帶殿策』「墜勢策」, "有國者 必須周知一國所有方位分野 原濕墳衍 山澤浸藪 寶藏之所興 謠俗之所宜 然後可以制置其國 此必然之勢 不可易之理也".

217) 『與猶堂全書』1, 「詩文集」권8 '地理策', 151·157쪽.

218) 『동국지리지』저술동기와 그 역사적 성격은 진단학회편, 『韓國古典심포지움 - 東國地理誌 擇里志 星湖僿說 海東歷史 燃藜室記述』제3집, 일조각, 1991 참조.

밝힌 『동국지리지』의 저술 동기는 한마디로 하학의 관점에서 동사인식을 강화하기 위함이었다. 그는 선비들이 고인의 心跡을 파악하기 위해서는 한 글자, 한 구절도 면밀히 검토하는 데 비해 동국의 지리에 대해서 너무 무관심하다는 점을 지적하였다.[219] 심적으로 대변되는 심성문제에 대한 논의보다는 하학의 관점에서 지리분야에 대한 관심을 촉구하였다. 그렇다면 한백겸이 『동국지리지』를 저술한 목적은 무엇이었을까. 그것은 성호문인들과 동일하였다. 옛 강역에 대한 역사지리적 고증을 통해 현재의 국세를 파악하기 위함이었다.[220] 동사인식을 고양시켜 국세를 좌우하는 객관적·외형적 조건인 강역을 역사적 추이 속에서 검토함으로써 현재적 관점에서 국가의 형세를 정확히 파악하기 위해서였다.

성호학파에서 국세와 관련하여 주목했던 지역은 북방강역이었다. 이익은 그 중에서도 특히 단군·기자조선의 옛 강역이었던 요동지역에 지대한 관심을 보였다.[221] 이 지역이 역사적으로 동국의 영토였음을 고증하였다.[222] 이처럼 요동에 주목하였던 것은 해당지역이 역사상 동국의 운세를 결정지었던 주요한 거점이었기 때문이었다.[223] 스승의 지리적 관점을 계승한 안정복 역시 요동을 동국의 흥망과 직결되었던 지역으로 인식하였다. 그는 고구려 멸망의 직접적인 원인으로 唐太宗의 東征으로 인해 요동을 상실한 사실을 들었다. 이후 신라가 발해의 위세에 눌려 더 이상 국력을 신장하지 못한 원인도 이 때문이라고 생각하였다. 조선이 요동을 회복하지 못한 채 압록강을 경계로 국경을 설정하였기 때문에 약국으로 전락되었다고 보았다.[224] 국세의

219) 『東國地理誌』, 일조각 영인본, 1982, 1~2쪽.
220) 尹熙勉, 「韓百謙의 學問과 『東國地理誌』 著述動機」, 앞의 책, 1991, 21쪽.
221) 『星湖僿說』(하) 권23, 「經史門」 '檀箕', 245쪽.
222) 『星湖僿說』(상) 권1, 「天地門」 '檀箕疆域', 18~19쪽 ; 『星湖僿說』(상) 권2, 「天地門」 '朝鮮地方', 37~38쪽.
223) 『星湖僿說』(하) 권21, 「經史門」 '遼金元之屬', 127쪽.
224) 『東史綱目』 3, 「地理考」 '遼東郡考', 경인문화사 영인본, 1975, 580쪽.

증진과 관련하여 요동지역의 회복여부는 역대 왕조의 주요한 과업이
었다. 그리고 이것은 당대 국가운영에까지도 지대한 영향을 미치고 있
었다.

이와 관련하여 이익과 안정복이 관심을 보였던 것은 당대 세워진
백두산 定界碑 문제였다. 이익은 壬辰年(1712, 숙종 38) 청나라 烏喇
總管 穆克登이 경계를 정하러 왔을 때[225] 당시 조선의 대표였던 接伴
使 朴權(1658~1715)과 함경감사 李善溥가 보인 미온적인 행동을 비
판하였다. 이들이 두만강 북쪽 백 리 밖에 위치한 先春嶺에 설치된 尹
瓘(?~1111)의 碑를[226] 증거 삼아 옛날 徐熙(942~998)가 蕭遜寧과
담판을 벌였듯이 국경 문제에 대해 적극적인 의사를 개진하지 못한
사실을 지적하였다.[227] 안정복 역시 목극등이 국경선을 획정한 사실
을 상세히 기술하였다. 목극등이 백두산 정상에 비석을 세울 때, '西爲
鴨綠 東爲土門'을 기준으로 경계를 나누었고, 이를 기준으로 하여 양
국의 국경이 확정되었다.[228] 안정복은 그 강은(토문강) 두만강의 북쪽
3백여 리에 위치한 것임에도 불구하고 당시 청나라와 협상을 맡은 조
선의 당국자들이 이 문제를 쟁점화 시키지 못하고 목극등의 견해를
일방적으로 따른 사실을 지적하였다.[229]

이익과 안정복이 백두산 정계비의 설치와 그에 따른 문제점을 논의
했던 것은 지리학 분야에 대한 관심이 현재적 관점에서 자국의 영토
를 확정하는 데 그 목적이 있었다는 사실을 보여준다. 이를 통해 동사
의 주제로서 강역의 중요성을 부각시킴은 물론 국가형세를 결정하는

---

225) 『숙종실록』 권51, 38년 2월 丁丑 40책, 432쪽.
226) 『星湖僿說』(상) 권2, 「天地門」 '尹瓘碑', 58쪽.
227) 『星湖僿說』(상) 권2, 「天地門」 '白頭山', 57쪽 ; 『星湖僿說』(상) 권2, 「天地
門」 '尹瓘碑', 58쪽.
228) 姜錫和, 「1712년 朝淸 定界와 18세기 朝鮮의 北方經營」, 『震檀學報』 79,
1995, 136쪽 참조.
229) 『順菴集』I, 권7 「書」 '與李廷藻家煥書 乙酉', 총간 229권, 490쪽.

지리학의 실용성을 다시 한 번 강조했던 것이다.

이 같은 북방강역에 대한 관심은 자연스럽게 영토 수호의 의지로 표출되었다. 이익은 특히 동북변경지역인 西關, 압록강 일대 함경도의 閭延·茂昌·虞芮·慈城(廢四郡) 등지에 깊은 관심을 보였다. 이들 지역은 군사요충지일 뿐만 아니라 경제적 가치가 충분히 인정되는 곳이었다. 서관지역의 경우 산물이 풍부하고 주민이 많으며 산과 물이 서로 둘러싸고 있고, 선박이 사방에서 들어오기에 용이한 입지조건을 갖추었다고 판단하였다. 또한 폐사군 지역도 토지가 비옥하여 많은 산출이 예상되는 지역으로 보았다. 이익은 이러한 조건을 고려하여 상대적으로 외침의 소지가 높은 해당지역들에 대해서 군비를 강화해야 한다고 보았다.[230]

강역 수호의 의지가 해당지역의 경제적 효용성을 고려하는 가운데 강화된 점이 주목을 끈다. 비록 변방지역이지만 현재의 국세를 유지해 나아가는 데는 군사적 목적에서뿐만 아니라 경제적인 측면에서도 중요하다는 인식을 갖고 있었다. 그는 보다 효율적인 국방책 마련을 위해 구체적인 방안들을 제시하였다. 본래 강역을 학문주제로 상정하고 궁구했던 목적이 현재의 국세를 유지해 나아가기 위한 경세를 목표로 했던 만큼 이로부터 탐구된 지식을 참고로 경세방안을 제출하는 것은 자연스러운 일이었다.

이익은 국경 방비책과 관련하여 관료임용 문제를 거론하였다. 북쪽 지역의 수비를 위해서 邊堡의 관원을 본토 사람과 타지방 사람으로 교대하여 섞어서 차출해야 한다고 보았다. 만일 내지인만을 임용할 경우 邊務에 익숙하지 못하기 때문에 변고가 발생하면 생존을 위해 도주할 염려가 있다고 보았다. 반면 변방사람의 경우 지형을 이용하여 반란을 도모할 우려가 있다고 판단하였다. 따라서 문·무관을 교대하

---

230) 『星湖僿說』(상) 권1, 「天地門」 '西關', 14쪽 ; 『星湖僿說』(상) 권2, 「天地門」 '廢四郡', 60쪽.

여 차송하는 법규에 따라 내지인과 변방인을 교대로 차송할 것을 법으로 정하며, 본토 사람을 그 사이에 섞어 놓는다면 그 슬기로운 생각, 무예와 용맹이 서로 보완을 이루어 국방력 강화에 도움이 될 것으로 기대하였다.[231]

국가의 형세를 보전하기 위해 부각된 강역에 대한 역사 지리적인 고찰은 이와 관련된 경세분야에 대한 관심으로 확대되고 있었다. 이는 개별사물의 정미한 이치를 파악하고, 이를 통해 확보된 지식을 실용의 차원에서 활용하고자 했던 박학의 경향과 부합되는 것이었다.

안정복은 형세를 고려한 국방책을 제시하였다. 삼면이 바다로 둘러싸인 한반도 지형을 유념하여 海防이 중요하다고 보았다. 그리고 선비로서 변경을 방어하고 바다를 방비하는 대책을 세우는 것은 당연하다고 여겼다.[232] 그는 이가환에게 보낸 편지에서 섬이 많은 지형을 고려할 때 해방을 철저히 하기 위해서는 무엇보다 정확한 海圖가 필요하다는 의견을 제시하였다.[233] 이처럼 변경과 연안지역의 경비강화는 조선 후기 이래 전국적 전방위적 방어정책이 후퇴하고 지역차등의식에 입각하여 도성 외곽지역, 즉 수도권 중심의 방위책으로 전환되고 있었던 상황을 고려할 때 적극적인 국방의식의 발로였다고 평가할 수 있다.[234]

이때 주목되는 점은 영토수호의 의지가 安民을 위한 배려에서 나왔다는 사실이다. 이익은 영토수호가 단순히 군사력 강화만으로 달성될 수 없다고 보고, 근본적인 대책으로 안민을 이루어야 한다고 보았다. 그는 淸北 여러 郡에서 자행되었던 무관들의 가렴문제를 사례로 들어

---

231) 『星湖僿說』(상) 권13, 「人事門」 '邊堡交差', 464쪽.

232) 『順菴集』Ⅱ, 권19 「說」 '東國地界說', 총간 230권, 199~200쪽.

233) 姜世求, 『東史綱目硏究』, 민족문화사, 1994, 293쪽.

234) 金駿錫, 「韓元震의 均賦均稅論과 治安對策」, 『于江 權兌遠敎授定年紀念論叢』, 1994, 467~468쪽 ; 金駿錫, 「조선후기 國防意識의 전환과 都城防衛策」, 『典農史學』 2, 서울시립대학교, 1996 참조.

국방의 관건이 안민에 달렸음을 밝혔다. 당시 해당지역에서는 무관들의 가렴으로 인해 백성들이 토지로부터 유리 도산하는 경우가 자주 발생하였다고 했다. 만일 이에 대한 적절한 대책을 마련하지 않으면 비록 다시 4군을 개설한다 해도 소용이 없을 것이라는 의견을 제시하였다. 그리고 이 점을 제대로 인식하지 못한 채 여전히 지역 경비를 무관에게 맡기는 조정의 처사를 비판하였다.[235]

국방의 효율성은 군사력 강화뿐만 아니라 민생안정을 전제로 할 때 가능하다는 인식이었다. 이는 변경을 포함한 전국을 국방의 대상으로 상정한 사실과 함께 강역에 대한 역사 지리적 관심이 최종적으로 무엇을 지향했는지를 보여주는 대목이다. 그가 제시한 '유심사무'의 실학의 학문방법이 강역문제에 적용되었을 때 지리에 대한 역사적 고찰로 나타났으며, 그 목표는 안민을 위한 민산의 안정이라는 치생의 실현이었다.

성호학파는 동사 관련 주제 중에서도 동국의 형세를 규정하는 강역에 대해 깊은 관심을 갖고 본격적인 학문활동을 전개하였다. 이 같은 노력은 국세확정과 국정운영에 필요한 기본자료를 확보한다는 점에서 큰 의미를 지닌다. 실제로 이들은 제고된 강역인식을 바탕으로 전 국토를 대상으로 한 영토수호 의지를 피력하였으며, 이를 실현할 수 있는 구체적인 방안을 강구하였다. 하학과 박학의 관점에서 고조된 동사에 대한 관심은 학문의 실용성 제고라는 측면에서 일정한 성과를 거둘 수 있었다.

다음으로 동사와 관련하여 주목해 볼 주제는 강역 위에서 삶을 영위해 나아가는 동인들의 사회 제 조건들이었다. 앞서 지적되었듯이 강역에 대한 역사 지리적 관심의 최종 목표는 안민을 통해 왕도정치를 구현하는 것이었다. 이는 단지 강역의 연혁을 파악하는 것만으로 달성될 수 없었다. 그것은 강역을 토대로 다양한 삶을 영위해 나아갔던 동

---

235) 『星湖僿說』(상) 권10, 「人事門」'備預外敵', 360쪽.

인들의 각종 사회상을 함께 이해할 때 가능한 것이었다. 박학의 차원에서 고조된 동사에 대한 학문적 관심은 지리 조건을 활용했던 인간의 공력에 대한 관심으로 이어졌다.

이익은 국가의 형세가 단순히 강역만으로 결정될 수 없다는 인식을 갖고 있었다. 그는 동국의 형세를 파악하는 요소 중 간과해서는 안 될 주제로 文教로 대변되는 인문사안을 거론하였다. 조선이 약국으로 전락한 이유로 지역이 편벽 되고 백성이 가난한 것에 기인할 뿐만 아니라 문교가 성행하면서 군사 대비를 허술하게 한 데서 비롯되었다고 보았다. 문교는 지켜나가는 것을 선호하여 정벌을 꺼리는 경향을 조장하였으며, 이는 사대를 중시하는 국가정책으로 나타났다. 그는 이러한 국정운영 방식이 3천여 년 이상 지속되면서 국력이 위축되었다고 보았다.[236]

당연히 동국의 형세를 제대로 파악하기 위해서는 문교와 같은 인문사안에 대한 고찰이 수반되어야만 했다. 이에 인문지리학 연구가 역사지리학과 마찬가지로 원활한 국가운영에 필요한 기본자료를 확보하기 위한 차원에서 이루어졌다. 즉 인문지리학 역시 정미한 이치를 탐구하고 이를 현실에 활용하여, 실용성을 확보하려는 하학과 박학의 관점에서 주목되었던 학문분야인 셈이었다.

안정복은 인문지리 사안 중 하나로 각 지역의 경제여건에 관심을 두었다. 그는 요동지역을 고찰하면서 물산과 관련된 유리한 산업조건에 주목하였다. 요동은 남쪽으로 큰 바다에 접해 있었던 지형조건으로 인해 어염을 통한 막대한 경제적 이익을 거두고 있던 지역이었다. 이 때문에 유사시 충분히 자력으로 버텨 나아갈 수 있는 형세를 갖추게 되었다고 평가하였다. 그 대표적인 사례로 公孫度·慕容氏·渤海大氏 등을 들었다. 이들은 해당지역에 웅거하면서 경제적 이점을 충분히 활용하여 중국에 맞서 나아갔다. 또한 遼·金나라 역시 遼地를 선

---

236) 『星湖僿說』(하) 권26, 「經史門」 '東國內地', 338쪽.

점함으로써 천하쟁패의 웅지를 펼칠 수 있었다. 그래서 안정복은 요동
지역의 확보여부를 역사적으로 동국의 강약을 판가름하는 척도로 인
식했다.237) 다시 한번 인문지리 사안, 그 중에서도 경제적 조건이 강
역과 더불어 국가 형세를 좌우하는 관건임을 알 수 있다.

　이러한 관점을 조선에 적용한 논설이『성호사설』의 '生財'편이었다.
이익은 '생재'편에서 서울과 개성을 필두로 조선 각 도의 인문사안을
경제적 조건을 중심으로 정리하였다.238) 그 가운데 가장 주목되는 내
용은 경상도 지역을 개관하면서 경주에 남아 있는 方田遺址를 거론한
점이다. 그는 방전유지를 언급하면서 무엇보다 그 속에 담긴 聖智의
餘意를 천하에 미루어 행하지 못한 점을 애석하게 여겼다.239) 평소 이
익은 사무를 입증할 문헌자료가 제대로 남아 있지 못한 점을 안타깝
게 생각하였다. 경학은 문자로 남아 있어 의뢰할 수 있지만 사무는 형
체가 없어 그렇게 할 수 없었다.240)

　그런데 문헌을 통해 입증할 수 없는 사무의 증거를 인문 지리적 고
찰을 통해 확인할 수 있었다. 경주의 방전유제는 평양의 箕子井田과
함께 토지개혁의 정당성을 확보해 줄 수 있는 물적 증거였던 셈이다.
이는 인문지리를 고찰하려는 목적이 경세의 차원에서 민산을 보장하
려는 데에 있었음을 잘 보여주는 사례이다. 또한 이것은 치도와 경국
의 목표가 토지개혁을 통한 농민경제의 안정에 있었음을 입증하는 것
이기도 하다.

　이러한 점은 다음의 사실에서도 확인할 수 있다. 이익은 재물이란
민력에 의해 생산되는 것으로 민이 부유해야만 국가가 부유해질 수
있다는 재물관을 갖고 있었다.241) 민산의 붕괴는 곧 재정 적자로 이어

---

237)『東史綱目』1, 第2上 新羅 伐休王 7년, 185쪽 ;『東史綱目』3, 第15下 恭愍
　　王 19년(1370), 335쪽.
238)『星湖僿說』(상) 권8,「人事門」'生財', 272~276쪽.
239)『星湖僿說』(상) 권8,「人事門」'生財', 274쪽.
240)『順菴集』II, 권16「函丈錄」, 총간 230권, 118~119쪽.

져 국가재정의 파탄을 초래하게 될 것으로 생각하였다.[242] 각 지역의
생재현황을 개관하고 민산 안정을 저해하는 원인을 지적하면서 이를
바로잡기 위한 국가의 역할을 강조하였다. 그 대표적인 사례로 관료들
의 부패를 들었다. 이익은 국가에서 관원을 두는 것은 민을 위해서라
고 보았다. 따라서 엄격한 형벌 적용을 통해 민생안정을 저해하는 관
료지배층의 탐학을 제거해야 했다. 이에 '생재'편의 결론부분에 사방
물산을 각 도별로 정리하면서 모든 것의 귀결은 좋은 관리를 선임하
는 것이라고 하였다.[243]

이처럼 이익은 인문지리 사안을 정리하여 민산 확보를 통한 보민·
안민의 중요성을 강조하고, 이를 실현할 수 있는 경세방안을 제시하였
다. 이 점은 성호학파에서 지향했던 학문방법론과 관련하여 주목되는
사안이다. 개별사물 이치로서 동사의 인문지리를 궁구한 결과 그 속에
내재된 조리로서 각 지역의 생재현황을 파악하게 되었다. 이렇게 해서
얻어진 지식은 경국의 차원에서 치생의 실현이라는 사공의 목표를 달
성하기 위한 구체적인 방안을 강구하는 데 활용되었다.

'생재'편에 반영되었던 이러한 관점은 李重煥(1690~1752)에게서도
나타나고 있다. 그는 성호문인 가운데 인문지리를 대상으로 본격적인
학문활동을 전개한 인물이었다. 그가 저술한 『擇里志』 「士民總論」에
는 이익과 교감했을 인문지리관이 잘 반영되어 있었다. 그것은 「생재」
편에서 강조하였던 생존을 위해 필수적으로 구비되어야 할 경제적 조
건에 대한 관심이었다. 이중환은 택리의 목적을 사농공상을 막론하고
사대부의 행실을 닦기 위함이라고 했다. 이때 수신은 예를 통해 달성
된다. 그런데 예가 실행되기 위해서는 반드시 경제적 기반으로 재부의
문제를 거론하지 않을 수 없었다.[244] 인의와 같은 도덕규범을 논하기

---

241) 『星湖僿說』(상) 권8, 「人事門」 '生財', 275쪽.
242) 『星湖全集』II, 권46 「雜著」 '論糶糴', 총간 199권, 337~338쪽 ; 『星湖僿說』
　　　(상) 권16, 「人事門」 '仕廣錢多', 586쪽.
243) 『星湖僿說』(상) 권8, 「人事門」 '生財', 276쪽.

에 앞서 이를 가능케 하는 재생산 기반을 확보하는 일이 무엇 보다 중
요하다고 생각했다. 그래서 택리를 위해서 가장 먼저 고려해야 할 사
안으로 해당지역의 경제여건을 들었다. 이 점은 「卜居總論」에서 다시
한 번 강조되었다.

　이중환은 살기 좋은 조건으로 지리, 그 다음으로 生利를 상정하였
다. 부모와 처자식을 봉양할 수 있는 경제적 조건을 충분히 고려할 것
을 촉구하였다.245) 그리고 사대부 지식인들에게 각 지역의 생리조건
을 잘 활용하여 경제적 이윤을 창출하는 생산활동에 참여할 것을 권
장하였다.246) 이는 사대부라 할지라도 제한적이지만 상업 활동에 참
여 할 것을 적극 권장한 사실에서 잘 나타나고 있다.247) 앞서 이익이
허형의 견해를 빌어서 사대부 지식인의 학문 실천자세로서 치생을 위
한 가무에 힘쓸 것을 강조했던 사실과 부합되는 견해였다. 양자는 조
선 후기 사회경제적 변동과 신분제 해체과정에서 학문주체인 양반사
대부의 위상과 역할을 새롭게 정립하고자 했다. 그것은 생산부문에 대
한 학문관심과 함께 생산활동에 직접 참여하는 일이었다.

　이중환이 주목했던 생산분야는 당시 생산과 교역으로 대변되는 농
업과 상업활동이었다. 그는 해당 분야에서 적극적으로 생리를 실현할
수 있게 하기 위해서 다양한 정보를 제공하였다. 각 지역별로 농업 생
산력과 직결되는 토질과 원활한 상업 활동에 도움이 되는 교통수단

---

244)『擇里志』「四民總論」, "……毋論其爲士爲農爲工賈 當一修士大夫之行 而此
　　非禮不能 禮非富不立 故於是乎不得不立家置業 以四禮 爲仰事俯育 持門
　　戶之計 是以作士大夫可居處……".

245)『擇里志』「卜居總論」, "何以論生利 人生於世 旣不能吸風飲露 衣羽蔽毛
　　則不得不從事於衣食 而上以供祖先父母 下以畜妻子奴婢 又不得不營而廣
　　之……不有妻子之倫 而坐談道德仁義哉".

246) 洪以燮,「『擇里志』에 나타난 李重煥의 思想」/『洪以燮全集』2, 연세대학교
　　출판부, 1994, 458쪽 재수록.

247)『擇里志』「卜居總論」'生利', "……然士大夫不可爲此 只視魚鹽相通處 置
　　船受贏 以爲備冠婚喪祭四禮之需 又何害乎".

및 교역장소 등에 대해서 꼼꼼히 정리하였다.[248] 그가 제시한 농업관
련 정보에서 주목되는 특징은 각 지역의 생리 조건을 정확히 파악할
수 있도록 土品을 산출량을 기준으로 수량화하는 작업이었다. 이는
해당지역의 경제규모를 제대로 파악하기 위해서였던 것으로 보인다.
논에 볍씨 한 말을 종자로 하여 60斗를 산출하는 곳을 최상으로, 40~
50두를 거두면 다음으로, 30두 이하인 곳은 땅이 척박하여 사람이 살
기에 부적합한 곳으로 판정하였다.[249] 이같이 수량화된 정보는 다른
지역과 농업 생산조건을 객관적으로 비교할 때 유용하게 활용되기를
기대했다.[250]

이처럼 주요 지역을 대상으로 토지의 비척과 농사 현황을 수량화하
여 객관적 자료로 제시한 것은 해당지역의 경제적 조건을 파악하고
생산의욕을 고취시키기 위한 의지의 표현이었다. 이는 인문지리 연구
를 통해 학문의 실용성을 고양시켜 보려 했던 성호학파의 궁경관과
박학에서 비롯되었다. 동사의 구성요소인 인문지리 조건을 객관적으
로 인식하고, 그 과정에서 획득한 정보를 활용하여 일상에 적극 반영
하고자 의도했다.

이중환이 생리의 관점과 더불어 주목했던 인문지리적 요소로 사대
부의 인심을 들 수 있다. 사대부의 인심은 官制로 대변되는 현실의 정
치적 이해관계에 의해 좌우된다고 보았다.[251] 문제의 관제는 내외 관
직을 임명하는 권한을 갖고 있었던 吏曹銓郎職이었다.[252] 그는 생리

---

248) 『擇里志』「卜居總論」'生利', "……故土沃爲上 舟車人物都會 可以貿遷有
　　 無者 此之".
249) 『擇里志』「卜居總論」'生利', "……土沃謂地宜五穀 又宜木綿 而水田 種稻
　　 一斗 收六十斗者爲上 次則收四五十斗者 收三十斗以下者 土薄而不堪居矣
　　 國中最沃之土 惟全羅道南原求禮 慶尙道星州晋州等處 水田種一斗 最上者
　　 收一百四十斗 次者收百斗 最下者 收八十斗 餘邑 不能盡然".
250) 『擇里志』「八道總論」'黃海道' 참조.
251) 『擇里志』「卜居總論」'人心', "……然此從庶民而論 至於士大夫風俗 則又
　　 不然 蓋我國官制 異於上世……".

를 기준으로 각 지역의 산업현황을 정리하였듯이 관직을 중심으로 그
간의 정치동향을 정리하였다. 선조대 동서분당과 남북분당의 원인으
로 이조전랑 선발문제를 비중 있게 다루었다. 또한 영조대 탕평정국을
평가하면서 관직을 둘러싼 극심한 경쟁이 지속되었으며, 그 가운데 대
신의 비행을 방지할 제도적 장치인 이랑통청권이 없어졌던 사실을 지
적하였다. 그리고 이것을 縉紳 풍속의 붕괴를 초래한 원인으로 보았
다.[253]

여기서 주목되는 점은 생리가 인간의 기본 욕구인 것처럼 당쟁 역
시 인사 전개과정에서 필연적으로 나타나는 갈등으로 이해했다는 사
실이다. 이중환은 인간이 타인과 사회적 관계를 맺는 과정에서 親疎
好惡에 따라서 서로 갈등하고, 그 가운데 자연스럽게 편벽한 논의가
생긴다고 보았다.[254] 당쟁과정을 관직으로 표상 되는 정치적 이해관
계를 둘러싼 인심의 자연스러운 발로로 이해했다. 이러한 현실적인 인
식태도는 이익의 붕당관과 일치하는 것이다.[255] 따라서 이중환이 『택
리지』에서 본격적으로 거론하고 있지 않지만 사대부의 인심을 안정시
킬 구체적인 방안을 이익의 그것을 통해 간접적으로 확인할 수 있다
고 본다. 이익은 어쩔 수 없는 인간갈등의 결과 초래되었던 붕당의 폐

---

252) 『擇里志』「卜居總論」, '人心', "凡內外除拜 不於三公 而專屬吏曹 又慮吏曹
專權 至於三司差擬 不歸之判書 而專任郎官 故吏曹正佐郎……行之已久
先後通塞之間 不能無爭端".
253) 朴光用, 「李重煥의 政治的 位置와 『擇里志』著述」, 앞의 책, 1991, 77·85쪽
참조.
254) 『擇里志』「總論」, "……即與物接 夫惟接物生親疎 親疎生好惡 親與好生向
合 疎與惡生離背 一名向背離合 則便有界限彼 亦不能入此 亦不能出 雖欲
左右隴斷於中 又不可得矣 惟此界限大圍斯人 非山河而堅於鐵石 無方向而
確有定位 無有一人能解脫於此中 此今世偏論之形也".
255) 이익은 당쟁을 재물과 벼슬로 대변되는 利의 획득을 둘러싼 갈등에서 비롯
된다고 보았다. 벼슬을 얻기 위해서 붕당이 결성되었고, 제한된 관직을 차지
하기 위해 치열한 경쟁을 벌이는 과정에서 당파간의 대립과 분열이 가속되
었다고 보았다(『星湖全書』 7, 「藿憂錄」 '朋黨論', 408~413쪽).

해를 제거하기 위해서 의리명분 보다는 立法論을 제시하였다. 정파의 이해관계에 따라 다분히 주관적으로 상정될 수밖에 없는 自作義理 의 거하여 당쟁을 해소하기보다는 제도적 차원에서 입안된 객관적 통치 기준에 따르고자 했다. 이는 이중환이 당쟁을 이조전랑이라고 하는 관 직을 중심으로 기술한 것과 일정한 관련을 맺고 있는 것으로 보여진 다.

『택리지』는 동국의 강역 속에서 이루어진 동인의 삶을 재구성한 학 문성과였다. 그 분석대상은 생리와 인심 등 일상과 밀접한 관련을 맺 고 있는 동사들이었다. 이중환은 이들 주제들을 중심으로 개별지역 속 에 내재된 정미한 이치를 파악하고, 이를 인문지리상의 주요한 특징으 로 정리하였다. 결국『택리지』는 동사의 독자성을 고려하면서 국토를 효율적으로 관리하기 위한 사공의 목표를 지닌 하학과 박학의 성과물 이었다.

3) 역사학 연구와 東國의 정체의식

동사를 주제로 한 학문활동은 성호학파 내에서 東人으로서의 정체 성을 강조하는 계기를 제공하였다. 안정복은 "동인은 필경 동인이므 로, 동인으로써 동사를 익히지 않을 수 없다."고 하였다.[256] 동인으로 서 동사를 제대로 알지 못한다면 아무리 큰 일을 이루었다 해도 의미 가 없었다.[257] 하학과 박학의 관점에서 동사관련 주제를 궁구하고자 했던 목적이 동인으로서의 정체성을 확립하기 위해서였음을 알 수 있 다. 이는 자연스럽게 자국사에 대한 학문적 관심을 촉구하는 계기가 되었다.[258]

---

256) 『順菴集』I, 권9「書」'答鄭子尙書 辛丑', 총간 229권, 527쪽.
257) 『順菴集』I, 권2「書」'上星湖先生書 戊寅', 총간 229권, 373쪽.
258) 이 점은 허목의『東事』로부터 확인할 수 있다. 그는 '方外의 別國'이라는 표 현을 통해 조선의 개별성을 강조하였다. 그는 기후와 말, 풍속, 취미 등에서

  안정복은 동국의 역사를 동사의 하나로 간주하였다. 『東史綱目』의
저술 동기가 바로 동방사람으로서 동사를 익히기 위해서였다.259) 『동
사강목』이 동국의 인사를 규명하기 위해 저술되었음은 범례를 통해서
도 확인할 수 있다. 그는 『동사강목』이 주자의 定法을 따라 만들어졌
지만 어디까지나 동사와 관련된 것이기 때문에 『資治通鑑綱目』과는
다르다는 점을 분명히 하였다.260) 강목체 서술방식을 채용하여 동국
사를 정리했지만 그 분석대상이 동사라는 점에서 중국사서와는 구별
되는 내용임을 강조하였다. 박학의 차원에서 부각된 개별사물에 대한
상대적 인식이 역사인식에도 반영되어 나타나고 있었다.

  또 한 가지 주목을 끄는 주장은 『동사강목』이 하학을 실현한 구체
적인 성과물이라는 견해였다. 황덕길은 스승의 학문을 다음과 같이 평
가하였다. 하학은 안정복 학문의 條例이었고, 이를 행사한 연구성과가
『동사강목』이었다는 것이다.261) 후학들에게 『동사강목』은 하학의 관
점에서 동사를 정리한 역사서로 인식되었다. 당연히 동국사에는 하학
과 박학의 차원에서 지향했던 학문의 시의성과 실용성 달성이라는 목
표가 내재되어 있었다. 역사서 편찬의 목적은 단순히 과거의 사실을
재구성하는 데 그치는 것이 아니었다. 사적인 관점에서 동국의 운영사
례를 검토하고, 이로써 획득한 사실을 현실의 문제 해결에 적극 대입
하고자 했다.

  이러한 의도는 안정복이 인용한 呂祖謙(1137~1181)의 견해를 통해
서 확인할 수 있다. 여조겸은 "사서를 볼 때는 마치 자신이 그 시대
속에 있는 것처럼 여겨서 이해와 화란을 살펴야 하며, 자신이 그와 같
은 일을 당했을 때 어떻게 대처할 것인가를 스스로 생각해야 한다."고

나타나는 조선의 특징을 구명함으로써 중국 중심의 세계관에서 벗어날 것을
  주장하였다(韓永愚, 『朝鮮後期史學史硏究』, 일지사, 1989, 110~114쪽).
259) 『順菴集』 I , 권9 「書」 '答鄭子尙書 辛丑', 527쪽.
260) 『東史綱目』 1, 「凡例」, 12쪽.
261) 『下廬集』 권12, 「祭文」 '祭順庵先生文', 총간 260권, 459쪽.

하였다.262) 안정복은 현재적 관점에서 시무의 득실을 고려하는 자세로 역사서를 읽어야 한다고 했다. 이 점은 치란과 득실의 자취를 모색하기 위해 『史記』를 읽었다는 술회와 『高麗史』에서 民戶의 다과를 증빙할 자료를 史家가 누락시킨 점을 개탄했던 사실을 통해서 재확인할 수 있다.263) 역사서야말로 경술과 사무를 일치시키는 대표적인 교본이었다. 이러한 관점은 안정복에서 동국사 편찬을 제안했던 이익에게서 이미 나타나고 있다.

이익은 동인으로서 시무를 제대로 파악하지 못하는 점을 지적하였다. 그 직접적인 원인으로 중국사료에 지나치게 의존하는 경향을 들었다. 비록 동국의 전거 미비로 인해 자국의 시무를 파악하기 위해서 중국측 기록을 활용하고 있지만 기본적으로 풍속·시의가 다르기 때문에 중국사서를 통해 동국의 일을 파악하는 데에는 일정한 한계가 있다고 보았다. 이익은 그나마 『고려사』를 통해서 고려의 일을 알 수 있었던 것을 다행으로 여겼다. 반면 조선에 들어서 聖朝 3백여 년 간의 일을 기록한 문헌이 모두 없어져서 후세에서 치란의 득실을 상고할 수 없게 된 점을 안타깝게 생각하였다.

이익은 동국의 치란 득실, 즉 국가경영 사례를 파악할 수 있는 역사서의 편찬을 열망하였다. 주자가 奏狀을 통해 밝혔던 바와 같이 모든 신하들의 奏議를 상고하여 책으로 엮을 것을 주장하였다. 구체적인 실현 방안으로 국가적 차원에서 별도의 重臣과 郎官을 선정하고, 그 일을 주관함으로써 영구히 補治의 도구로 삼을 것을 제안하였다.264) 또한 과거과목의 하나로 동국사를 필수로 정할 것을 촉구하였다.265)

---

262) 『順庵全集』 2, 「下學指南」 ‘讀書第一’ 讀史 (여강출판사 영인본, 1984), 76쪽.

263) 『順菴集』 II, 권14 「雜著」 ‘示弟鼎祿子曾遺書 己卯’, 총간 230권, 85쪽 ; 『順菴集』 I, 권10 「東史問答」, 총간 229권, 553쪽 ; 『東史綱目』 3, 第13下 忠肅王 4년(1316), 145쪽.

264) 『星湖僿說』(상) 권8, 「人事門」 ‘東人奏議’, 283~284쪽.

경술과 사무 일치를 실현하기 위한 차원에서 장차 행정실무를 담당할
예비관료들에게 자국사를 면밀히 검토할 수 있는 기회를 주고자 했다.
그리고 이로부터 국가 운영에 필요한 시무·세무의 지식들을 얻기를
기대했다. 이익이 시무와 관련하여 역사서를 중시했던 이유는 오래된
법의 폐단을 수시변통할 수 있는 방책이 담겨있기 때문이었다.266) 그
에게 역사학은 경술과 사무가 분리되어 있었던 조선 후기 학계에서
사공의 효용을 기대할 수 있는 실득지학의 한 분야였다.

　그렇다면 성호학파가 역사연구를 통해 관심을 갖고 있었던 동사 혹
은 시무의 구체적인 내용은 무엇일까. 그 중 하나는 앞서 이익이 동사
를 정의한 내용으로, 동국의 독자적인 법규와 제도 등 통치체제 전반
과 관련된 사안이었다.267) 다른 하나는 국가의 정치득실, 인물의 선악,
예악과 형법의 변천, 政令과 풍속의 연혁 등을 들 수 있다.268) 결국 역
사서를 통해서 확인하고자 했던 동사란 국가운영에 필요한 인적·물
적 요소로서 객관적인 통치체제와 그 운영사례였다. 이에 대한 구체적
인 사안들은『동사강목』을 통해 살펴보기로 하겠다.

　우선 안정복이『동사강목』에서 동국의 흥망성쇠와 관련하여 주목
했던 주제가 바로 객관적 통치규범으로서 법제였다. 그는 법제를 立
國에 필요한 조건으로 보았다.269) 역사적으로 볼 때 역대 왕조의 법제
확립여부는 곧 해당 국가의 성쇠와 깊은 관련을 맺고 있었다. 그는 삼
국의 경우 건국 초기에 법제가 정립되었기 때문에 원활한 국가발전을
이룰 수 있었다고 보았다. 그 중에서도 엄격한 형정의 적용에 주목하
였다. 그는 기본적으로 "사람들이 많이 모여 사는 곳에는 嗜慾으로 인

265)『星湖全書』7,「藿憂錄」‘貢擧私義’, 386쪽 ;『星湖全集』Ⅱ, 권44「雜著」‘貢
　　擧私議’, 총간 199권, 311쪽.
266)『星湖全集』Ⅱ, 권45「雜著」‘論科擧之弊’, 총간 199권, 327쪽.
267) 姜世求, 앞의 책, 1994, 252~255쪽,『동사강목』按說의 내용별 분류표 참조.
268)『下廬集』권9,「雜著」‘讀史’, 총간 260권, 414쪽.
269)『東史綱目』1, 第1下 南解王 10년(13), 140쪽.

해 절도가 없으며, 好惡가 생기기 쉬워서 뜻과 행동을 통제하기 어렵다."고 보았다. 敎令이 제대로 시행되지 않는 상황에서 형법이야말로 유효한 통치수단이었다.[270] 물론 그가 강조한 制刑은 姦慝을 징계하여 政綱을 밝히는 공정한 통치수단을 의미했다.[271]

안정복은 삼국의 패망 원인도 법제의 시행 여부에서 비롯되었다고 보았다. 삼국의 말기에 이르러서 전성기 때 "可謂令行禁止"의 면모가 모두 사라지면서 법령이 해이해졌다. 그 결과 고구려는 권신이 왕명을 제멋대로 처결하는 폐단이 속출하였고,[272] 백제 역시 종실과 외척이 국사를 농단하였다. 신라도 정령이 해이해지면서 잇단 반역이 일어났으며, 결국 眞聖王(?~897) 이후 귀염과 총애받는 자들이 정권을 전단하게 되면서 멸망하였다.[273] 법제 운영의 성패가 국가 흥망과 직결되는 사안이었다.

이 같은 관점은 동국사 전반에 적용되고 있었다. 고려 역시 예외는 아니었다. 안정복은 본래 고려시대 법제 가운데에는 채택할 만한 것이 많았다고 보았다. 문제는 후대에 이를수록 사문화 되어 버린 사실이었다. 그는 개인의 의지와 상관없이 법제가 흐트러지면 점차 국운도 쇠퇴해진 것으로 판단하였다. 비록 忠肅王과 恭愍王代 條敎와 법령을 통해 나라와 백성을 위해서 편안한 정치를 구현하고자 했지만 이미 해이해진 국가기강을 바로잡지 못한 사실을 지적하였다.[274] 地氣와 인품에서 문제가 없었던 고려가 법률과 제도의 문란으로 마침내 천하의 최약국으로 전락하였다.[275] 결국 국세를 유지하는 데에는 무엇보다 이를 운영해 나아갈 입법체제를 확립해야만 했다.

---

270) 『東史綱目』 1, 第2下 奈勿王 18년(373), 233쪽.
271) 『東史綱目』 1, 第4下 聖德王 8년(710), 435쪽.
272) 『東史綱目』 1, 第4下 文武王 10년(670), 410쪽.
273) 『東史綱目』 1, 第2下 奈勿王 18년(373), 233쪽.
274) 『東史綱目』 3, 第15下 恭愍王 20년(1371), 344쪽.
275) 『東史綱目』 2, 第11上 元宗 3년(1261), 531쪽.

안정복은 고려대 법제가 문란하게 된 가장 큰 이유로 시대 변화에
맞게 개수하지 못한 점을 들었다. 입국 초에 잘 시행되었던 법제가 시
간이 지나면서 문란해지는 것이 문제였다. 따라서 대대로 법제를 修
擧하여 떨쳐 일어나게 해야만 했다. 상황에 맞춰 법제를 개정하여 새
롭게 한 후에 라야 국체를 보존할 수 있었다.[276] 시의에 맞는 법제운
영이 국가의 흥망을 결정하는 관건이었다.

이와 관련된 사례로 안정복은 형법이 지나치게 너그러운 것과 방종
에 치우치게 된 점을 들었다. 본래 고려의 형법은 태조가 泰封의 잔폭
함을 제거한 후 관용을 펼치기 위해 만들어진 것으로 보았다. 그러나
후대에 이르러 잠시 동안의 미봉을 仁으로 여기고, 자주 용서하는 것
을 은혜로 삼으면서 마침내 패망의 길을 걷게 되었다.[277] 개국 초에는
불안한 민심을 고려하여 너그러운 정치를 펼쳤지만 수성의 단계에서
는 엄격한 형벌의 적용이 불가피하였다.

이처럼 시의에 맞는 형법운영을 위해서 필요한 전제 조건은 운영주
체의 확립이었다. 안정복은 당대의 잘못된 법을 바로잡은 인물로 고려
光宗을 상정하였다. 광종은 王政을 저해하는 '奴婢以世之法'을 奴婢
按檢法을 통해 혁파한 인물이었다.[278] 광종을 통해서 입법의 주체로
서 군주의 능력과 역할을 강조하고자 했다. 특히 국가 존망의 위기에
직면해서는 인주가 刑과 賞의 적중 여부를 살피는 것이 무엇보다 중
요했다.[279] 그는 "죄를 용서하는 것은 본의 아닌 작은 죄인일 때뿐이
다."라는『書經』「虞書」편을 인용하여 고대 명왕의 엄중한 법 집행을
부각시켰다. 이에 비교해 볼 때 당대 군주들은 實情의 고의성과 잘못
됨, 죄의 마땅함과 부당함을 불문하고 일체 사면만을 시행하여 간악한
자와 도적을 길러 내고 있었다.[280] 입법의 주체로서 군주의 엄격한 법

---

276)『東史綱目』2, 第7上 德宗 2년(1033), 119쪽.
277)『東史綱目』2, 第9下 明宗 20년(1190), 389쪽.
278)『東史綱目』2, 第6上 光宗 7년(956), 21쪽.
279) 앞의 책, 第9下 明宗 20년(1190), 389~390쪽.

집행이 강조되었다.

한편 안정복은 원활한 법제운영을 위한 필수조건의 하나로 군주에 대한 신료들의 복무자세를 들었다. 그가 제시한 "忠臣之事君"의 방법은 법령이 군주로부터 나오게 하고 신하에게서는 나오지 않게 하며, 백성들로 하여금 군주만을 받들게 하는 것이었다.[281] 이때 신료는 군주로 하여금 본래 갖춘 통치력을 잘 발휘하여 신민을 잘 다스릴 수 있도록 보좌하는 역할을 수행하였다. 이와 관련하여 역사를 "군신의 일을 기록한 것이다."라고 정의한 사실이 주목된다. 그 중에서도 안정복은 군주에게 충성을 다하는 신하의 절의를 부각시켰다. 이것이야말로 사가들이 제일 중요시해야 할 의리라고 했다.[282]

이러한 군신관에 입각하여 그는 역사상 신료들에 의해 왕권이 제약되고, 그 결과 국정의 난맥상이 초래되는 현상을 바람직하지 못한 것으로 보았다. 고려대 군신간의 의리가 없어진 원인으로 불교의 폐해를 지적하였다. 불교의 無君의 원리가 군신관계를 문란하게 만들었으며, 이로부터 主弱臣强이 초래되었다고 보았다. 이후 權柄은 신료들에게 세전되었으며, 군주는 그저 수수방관만 하게 되었다. 안정복은 중세 이래로 신하들에 의해 군주의 폐립이 이루어졌으며, 심지어 신하가 군주를 어린아이처럼 보아 街談稗說로 방자하게 꾸짖는 극단적인 상황에까지 이르게 되었다고 보았다.[283] 이와 관련하여 안정복이 『동사강목』에서 각 시대별로 예시한 올바른 군신관계의 사례들이 주목된다.

우선 고구려의 경우 廣開土王을 들었다. 군주의 반열에 있었지만 할아버지 故國原王을 위해 백제를 정벌하여 원수를 갚은 사례를 들어 군부에 대한 충성의 자세를 높이 평가하였다.[284] 그는 신하로서 군주

---

280) 『東史綱目』 1, 第4下 聖德王 8년(710), 435쪽.

281) 『東史綱目』 3, 第17上 昌王~恭讓王 4년(1388), 434쪽.

282) 『東史綱目』 1, 第1下 南解王 13년(16), 142쪽.

283) 『東史綱目』 3, 第13下 忠肅王 12년(1325), 170쪽 ; 『星湖僿說』(하) 권21, 「經史門」 '高麗昏君', 152쪽.

에 대해서 공경하고 근면한 것을 중시하여 밤낮으로 조금도 게을리 함이 없이 섬기는 자세를 당연한 것으로 보았다.[285] 군주의 위상을 강화하려는 의도는 고려말 禑王과 昌王을 서술하는 방식에서 잘 드러나고 있다. 안정복은 우왕과 창왕을『동사강목』16권과 17권에 '前廢王 禑'와 '後廢王昌'으로 편목하여 넣고, 本國 紀年으로 써서 왕씨 왕조의 정통성을 부여하여 다른 군주와 같은 위치로 다루었다.[286] 비록 패망한 국가의 왕이었지만 군주의 지위를 누렸던 만큼 그에 합당한 대우를 해야 한다는 생각에서 비롯된 의도적인 기술방식이었다.

조선시대 군주로서는 光海君에 대한 평가가 눈길을 끈다. 안정복은 晉의 厲公폐위를 도모하는 과정에서 끝내 참여를 거부했던 士匄·韓厥의 충직함을 높이 평가하면서 '蓋君者天也 君雖無道 豈可簒廢'를 들어 군신간의 큰 분소를 강조하였다. 이러한 맥락에서 광해군 폐위의 부당성을 역설하였다.[287] 군주란 하늘이기 때문에 군주가 비록 무도하다 하더라도 찬탈하거나 폐위시킬 수 없었다. 오히려 신하로서 반역하는 뜻이 있다면 이는 강상을 무너뜨리고 천리를 어지럽히는 것으로 반드시 죽여야 할 적으로 간주했다.[288] 그는 廢母殺弟의 혐의로 서인에 의해 축출되어 폐군으로 지목되었던 광해군에 대해서 이미 확정된 군신지간은 바꿀 수 없다는 군주 강화의 논리를 통해 재평가하였다.

형법과 제도의 운영주체로서 군주와 그 권한 강화를 주장했던 안정복은 입국과 관련하여 設官職에 주목하였다.[289] 그 중에서도 원활한 국정 운영을 위해 관료 선발문제에 관심을 기울였다. 치국의 방법으로 得人이 중요하다고 보았다.[290] 일국의 치란은 현자와 사악한 자의 진

---

284)『東史綱目』1, 第2下 奈勿王 37년(392), 239쪽.
285)『東史綱目』1, 第4上 文武王 2년(663), 392쪽.
286) 姜世求,「安鼎福의 歷史理論 展開와 그 性格」,『國史館論叢』93, 국사편찬위원회, 2000, 290~291쪽.
287)『順菴集』II, 권13「雜著」'橡軒隨筆下', 총간 230권, 53~54쪽.
288)『東史綱目』2, 第7上 顯宗 20년(1029), 112쪽.
289)『東史綱目』1, 第1下 南解王 10년(13), 140쪽.

퇴를 통해서 알 수 있다고 했다.[291] 이와 관련하여 신라인으로 당나라에서 관료생활을 했던 薛罽頭를 거론하면서 骨品의 폐쇄성과 신라인재선발 방식의 문제점을 지적하였다. 골품을 기준으로 世族·宗姓만을 選士하는 방법은 결국 인재를 버리는 폐해를 초래하였다.[292]

반면 안정복은 고려 광종 7년(956) 단행된 과거제에 대해서 능력에기준하여 올바른 선비를 선발함으로써 한 시대의 폐단을 구한 점을들어 긍정적으로 평가하였다. 이때 인재를 판별하는 기준으로 시무를상정하였다. 그는 成王 2년(983) '진사를 覆試하였다'라는 기사에서복시를 통해 시무에 대한 응시자들의 책략을 징험하고 經論을 논한사실에 주목하였다.[293] 그가 상정한 인재란 경술과 사무를 일치시킨실학에 통달한 사대부 지식인을 의미하는 것이었다.

한편 안정복은 과거제가 시행되었음에도 불구하고 여전히 문벌을숭상하는 후세의 잘못된 관습을 제거하지 못한 사실을 지적하였다. 과거제 역시 그 운영상의 모순으로 한계를 드러내고 있었다. 즉 시행과정에서 문벌에만 의거함으로써 현우를 가리지 못하였다. 문벌과 지벌은 어질고 재능이 있는 여부를 판단하는 기준이 아니며, 현자를 등용하는 방법도 아니라고 보았다.[294] 과거제 역시 시일이 경과되면서 본래의 입법 취지에서 벗어나게 되었다. 당연히 수시변통의 논리에 따라서 대안이 제시될 필요가 있었다. 그 대안으로 천거제로서 鄕擧里選制를 제시하였다.[295] 그가 구상했던 천거제는 家·黨·州·國의 단계마다 설치된 塾·庠·序·學 등의 교육기관을 거쳐 엄선된 인재들을

290) 『東史綱目』 1, 第1上 南解王 20년(23), 146쪽.
291) 『東史綱目』 2, 第9上 毅宗 9년(1151), 311쪽.
292) 『東史綱目』 1, 第1下 善德女主 14년(645), 353～354쪽.
293) 『東史綱目』 2, 第6上 成宗 2년(983), 43쪽.
294) 『東史綱目』 2, 第6上 光宗 9년(958), 22쪽 ; 『東史綱目』 2, 第7下 文宗 11년 (1057), 152쪽.
295) 『東史綱目』 2, 第6上 光宗 8년(958), 22～23쪽 ; 『順菴集』 I, 권2 「書」 '答上星湖先生書 己卯', 총간 229권, 375～376쪽.

등용하는 것이었다.296) 그는 이를 통해서 과거제도의 문제점이 해소
되기를 기대하였다.

안정복은 천거제의 성공적인 시행을 위해 그 책임 소재와 처벌 조
항을 법으로 엄격히 규정해야 한다고 보았다.297) 천거권은 군주와 재
상에게 분속되어야 했다.298) 어떤 이유에서든지 인사권이 권신들에
의해 장악되는 사태를 경계하였다. 이 점은 崔忠獻(1149~1219)이 사
사롭게 출척을 단행한 사실에 대한 평가에서 잘 나타나고 있다. 그의
행위가 부정한 방법으로 재물을 탐하는 두 사례 중 권신으로서 명령
을 전단하는 경우에 해당된다고 보았다. 결국 최충헌의 전단으로 용렬
한 무리가 등용되고, 현사는 침체하여 버림받아 마침내 국정 문란이
야기되었다.299) 이처럼 인재선발 문제는 안정복에게 있어서 법제의
확립과 더불어 중요한 입국의 요건이었다.

그러나 무엇보다 중요한 입국의 토대는 국가운영의 핵심이었던 전
제의 확립이었다. 토지제도야말로 동국사를 인식하는 데 최우선적으
로 거론되었던 동사의 주제였다. 안정복은 기자조선의 입국규모를 파
악하면서 한백겸의 '箕田遺制說'을 인용하였다.300) 비록 한백겸이 평
양에서 기전유제를 직접 돌아 본 소감을 피력한 대목을301) 인용한 것
이지만 이를 통해 그의 지향점을 간접적으로 살펴볼 수 있다. 한편 이
와는 별도로 주나라의 정전 제도를 여러 문헌을 통해 깊이 연구함으
로써 그 실재를 증명하였다.302) 그 결과 分田之法에 따라 제도가 시
행되면 천 리 안 수백만 가의 사람들이 전지를 받게 되어 안정적인 민
산 유지가 가능할 것으로 내다보았다.303)

---

296) 『順菴集』II, 권19 「說」 '井田說 庚申', 총간 230권, 194쪽.
297) 『東史綱目』2, 第10下 高宗 7년(1220), 443쪽.
298) 『東史綱目』1, 第3下 善德女主 14년(645), 353~354쪽.
299) 『東史綱目』2, 第10下 高宗 7년(1220), 443쪽.
300) 『東史綱目』1, 第1上 箕子 원년, 106쪽.
301) 『久菴遺稿』(상), 「箕田遺制說」, 총간 59권, 158~159쪽.
302) 金容燮, 앞의 책, 1990, 418쪽.

정전제 실행과 관련하여 주목되는 점은 士에 대한 토지분급 규모이
다. 안정복은 사에게 농민의 2배를 분급해 주었던『반계수록』의 규정
과 달리 분급지를 줄이고 있다. 사·공·상으로서 관직이 있는 자의
경우 5인 1가구를 기준으로 분급규모가 농부 1인에 해당한다고 규정
하였다.304) 특별히 사라고 하여 우대하지 않았다. 분급기준으로 중세
적 신분 관념에 얽매이지 않았다. 경자유전의 원칙에 따라서 농사를
짓지 않는 자는 농부에 비해 상대적으로 덜 분급받을 뿐이었다. 분급
규모를 확정하는 데 조선 후기 사회변화 양상을 적극 반영했다는 사
실은 그가 토지개혁의 실시를 당대 현실과 관련하여 긍정적으로 검토
했음을 의미하는 것이었다.

이처럼 안정복은 동사의 주제로서 토지제도를 사적으로 검토하면
서 토지개혁의 가능성을 기전유제를 통해 모색하였다. 그는 전제(＝
器) 속에 내재된 안민(＝천리) 실현의 의지를 갖고 있었다. 즉 도기일
치의 하학관에 입각하여 천리의 선재성·초월성을 강조하기보다는 법
제의 시행을 통해 그 속에 내재된 도를 구현하고자 했다. 이에 안정복
은 조선 후기 사회현실에서 정전제의 시행과 그 속에 내재된 보민·
안민을 실현 가능성을 검토하였다. 이러한 점에서 볼 때 앞서『동사강
목』을 하학의 성과로 인정한 후배문인들의 평가는 적절하다고 본다.

지리연구를 통해 동사의 독자성을 인식하였던 성호학파는 역사연
구를 통해 동국의 정체성을 확인하고자 했다. 이때 주목했던 동사는
국가를 구성하고 운영해 나아가는 데 필수적인 유형·무형의 조건 일
체를 의미했다. 동국의 강역과 법제·정제, 그리고 이를 토대로 전개
되었던 동인들의 삶 등이 모두 포괄되었다.

이익과 문인들은 지리연구를 통해 제고된 동국의 형세에 대한 관심

---

303) 앞의 책, '井田說 庚申', 192쪽.

304)『磻溪隨錄』권1, 「田制」(상) '分田定稅節目', 7쪽 ; 앞의 책, '井田說 庚申',
192쪽.

을 전제로 역사연구를 하여 동국의 국가운영 전반에 대한 사안들을
면밀히 검토하였다. 그 중에서도 주목된 주제가 입국에 필요한 법규와
제도 등이었다. 정치부문에서는 형법의 운영원리와 그 주체로서 군주
의 역할, 더 나아가 군신관계의 확정 등의 문제가 포괄적으로 다루어
졌다. 경제분야에서는 민의 항산을 보장해 줄 수 있는 각종 경제제도
가 고찰 대상이었다.[305]

이러한 점에서 볼 때『동사강목』은 성호학파에서 견지했던 하학과
박학의 결과물로써 동사의 독자성을 인식하면서 국가운영에 필요한
제반조건을 역사적 안목에서 종합·정리한 학문성과였다.

4) 정치 · 경제학 연구와 '치용 · 후생'의 구현

하학과 박학의 경향은 이익과 문인들에게 지리학과 역사학뿐만 아
니라 정치·경제학에 대한 관심을 제고하는 계기를 제공하였다. 동국
의 강역에 대한 역사 지리적 고찰은 국가의 형세, 외형적인 규모의 중
요성을 부각시켰다. 인문지리학은 사대부 지식인에게 동사를 구성하
는 다양한 요소, 그 중에서도 경제·정치적 조건과 그것에 의해 좌우
되는 인심의 문제에 관심을 갖게 했다. 또한 동국사 정리를 통해서는
전반적인 통치체제와 국가운영 방식의 변화양상을 각종 법제들에서
객관적으로 인식할 수 있었다.

이러한 동사와 동국에 대한 관심은 현재적 관점에서 경국·경세,
치도를 실현하는 데 그 목표가 맞춰져 있었다.[306] 지리학과 역사학 연

---

305) 이 점이 동사를 주제로 동국의 정체성을 부각시킨 성호학파의 역사학에서
　　나타난 특징이라고 생각된다. 성호학파의 동사관련 연구에서 나타나는 특징
　　인 민생일용의 제도적 보장이라는 하학의 목표가『동사강목』에도 일관되게
　　반영되고 있었다.
306)『順菴集』Ⅰ, 권10「東史問答」, 총간 229권, 551쪽 ;『與猶堂全書』1,「詩文
　　集」권8 '地理策', 151쪽 ;『順菴集』Ⅰ, 권7「書」'與李廷藻書 乙酉', 총간
　　229권, 489~490쪽 ;『順菴集』Ⅱ, 권18「序」'廣州府志序 丁丑', 총간 230권,

구를 통해서 제고된 동사의 독자성과 동국의 정체의식은 자연스럽게 당대 조선의 동사 전반에 대한 관심으로 이어졌다. 이것이 정치·경제학에 대한 관심을 제고시키는 요인으로 작용했다. 이와 관련하여 주목되는 학문성과로 이익의 『藿憂錄』, 안정복의 『臨官政要』(1757), 그리고 정약용의 『經世遺表』(1817)와 『牧民心書』(1818)를 들 수 있다.

우선 『곽우록』과 『경세유표』는 국가운영 전반에 대한 변혁을 통해 보민·안민을 이룰 수 있는 제도개혁 방안들이 망라된 저술이었다. 『곽우록』에서는 국가에서 해결해야 할 시급한 시무가 주제별로 19개 항목으로 구분되어 서술되었다.307) 각 항목에서 이익은 중세 국가체제의 구조적 결함으로 발생된 모순을 극복할 수 있는 정치·경제방안들을 개괄적으로 제시하였다. 『곽우록』은 국정운영 전반에 대한 이익의 개혁구상이 반영된 政論書였다.

『경세유표』는 정약용 스스로 밝히고 있듯이 오래된 국가를 새롭게 만들기 위한 방법이 기록된 정론서였다.308) 그는 「周官」의 법도에 근본하면서도 당대의 형편과 인정을 고려하여 국가경영 전반에 걸친 변혁에 필요한 정치·경제제도의 개혁방안들을 제안하였다. 『경세유표』의 체제와 구성을 살펴보면 육조체제에 맞춰 각 권마다 해당 주제에 대한 개혁의 대강과 원리가 기술되었다. 또한 기왕 시행되어온 제도의 모순을 지적하면서 그 구체적인 사례들을 예시함으로써 해당 주제에 대한 개혁의 타당성을 강조하였다. 즉 『경세유표』는 『곽우록』에 비해 구성과 내용 면에서 체계적이며, 정밀한 면모를 띠고 있었으며, 이를 통해 국가개혁에 필요성을 보다 구체적으로 논증한 저술이었다.

158~159쪽 ; 『順菴集』II, 권18 「序」 '大鹿志序 己亥', 총간 230권, 163쪽.
307) 『곽우록』의 전체 목차는 다음과 같다.
「經筵」·「育才」·「立法」·「治民」·「生財」·「國用」·「捍邊」·「兵制」·「學敎」·「崇禮」·「式年試」·「治郡」·「入仕」·「貢擧私議」·「選擧私議」·「田論」·「均田論」·「朋黨論」·「論科擧之弊」.
308) 『與猶堂全書』1, 「詩文集」15권 '自撰墓誌銘', 337쪽.

한편 『임관정요』와 『목민심서』는 전면적인 개혁이 어려운 상황에서 체제 개선을 위해 실천할 수 있는 구체적인 지방행정 관련 세무를 집대성한 저술들이었다. 우선 안정복은 『임관정요』와 『하학지남』 '居官'章에서 밝힌 바 있는 관료로서 갖추어야 할 자세와 태도, 실직을 수행하기 위해 필요한 업무를[309] 보다 상세히 전론하였다. 특히 『임관정요』의 「時措」편에서는 시세를 고려하여 반드시 실천해야 될 지방관의 행정업무를 본인의 의견과 함께 제시하였다.[310]

『임관정요』의 일정한 영향 아래[311] 기술된 『목민심서』에는 12편 72조의 편제를 통해서 지방수령으로서 본격적인 행정업무를 수행하는 과정에서 갖추어야 할 치자로서의 본분이 소개되었다. 그리고 대민통치를 위해 반드시 수행해야 할 업무들이 상세히 설명되고 있다.[312] 이때 주목되는 점은 정약용이 수신과 목민을 성현의 가르침이라고 규정한 사실이다.[313] 지방관으로 부임하는 사대부 지식인에게 보민의 책무를 강조함으로써 자신이 제안했던 군자지학의 본령인 세무의 중요성을[314] 다시 한번 부각시키고자 했다.

이상 네 편의 저술들은 본격적인 경세 관련 학문성과로서 그 속에는 민생일용의 안정을 통해 후생을 이룰 수 있는 제도개혁론과 구체적인 사무들이 정리되어 있었다. 구체적인 내용과 성격에 대해서는 주

---

309) 『順庵全書』 2, 「下學指南」卷下 '出世'編 治道章, 351~353쪽.
310) 『順庵全集』 3, 「臨官政要」 '序', 42쪽. 『임관정요』의 전체구성은 상편·하편·속편·부록으로 편성되었다. 상편은 지방행정에 관한 고금성현의 교훈을 기록한 '政語'(16장), 하편은 지방행정에 관한 전인들의 실행성과를 기록한 '政蹟'(5장), '속편'은 시대사정을 참작하여 자기의 견해와 방책을 진술한 '時措'(21장)로 이루어졌다. 부록에는 '鄕社法'과 '朱子社倉事目' 등이 편제되어 있다.
311) 강세구, 앞의 책, 혜안, 1996, 90쪽 참조.
312) 『목민심서』의 목차는 다음과 같다. 「赴任」·「律己」·「奉公」·「愛民」·「吏典」·「戶典」·「禮典」·「兵典」·「刑典」·「工典」·「賑荒」·「解官」.
313) 『與猶堂全書』 5, 「牧民心書」 '序', 299쪽.
314) 『與猶堂全書』 1, 「詩文集」 권19 '答李友必淵', 402쪽.

요한 정치·경제학 관련 주제들에 대한 분석을 통해 살펴보도록 한다.

우선 이익과 정약용은『곽우록』과『경세유표』에서 전반적인 국가 개혁을 위해 토지개혁방안을 제시하였다. 토지개혁론을 담고 있는 편 목은『곽우록』의「均田論」과『경세유표』의「田制」편이었다.315) 여기 서 양자는 모두 유형원이 지향했던 토지개혁론의 의의에 공감을 표시 하였다.

이익은 유형원의 주장을 "그 근원을 궁구하고 일체를 새롭게 하여 왕정의 시초를 삼으려 했으므로, 그 뜻이 진실로 컸다."고 평가하였다. 그리고 이러한 유형원의 개혁방략이 실현되지 못함을 못내 아쉬워하 였다.316) 정약용 역시 경세를 목표로 한 유형원의 학문지향을 높이 평 가하면서 그 중에서도 큰 강령은 균전이라고 판단하였다. 그는 유형원 의 저술이 많이 남겨졌음에도 불구하고 당대 民功이 달성되지 못한 사실을 안타깝게 여겼다.317) 이 같은 평가 속에『반계수록』이 지향했 던 도기일치의 원리를 재현하려는 의지를 읽을 수 있다.318)

---

315)『星湖全書』7,「藿憂錄」'均田論', 404~408쪽 ;『與猶堂全書』5,「經世遺 表」권5~8, '地官修制 田制一~田制十二', 82~160쪽.

316)『星湖僿說』(상) 권11,「人事門」'變法', 399쪽. 이익과 같은 맥락에서『반계 수록』에 관심을 보인 학자로 洪啓禧(1703~1771)를 들 수 있다. 낙론계 학맥 을 계승했던 그는 象數學의 영향 속에서 세세한 절목과 구체적인 경세학을 중시하는 학문태도를 견지하였다. 이에 그는 元景夏(1698~1761)와 함께 영 조에게『반계수록』의 간행을 청하였다(趙成山, 앞의 논문, 2003, 132~141쪽).

317)『與猶堂全書』1,「詩文集」2권 '古詩二十四首', 34쪽.

318) 토지개혁론에 반영된 도기일치의 논리는 유형원의 정전제에 대한 오광운의 평가에서 잘 나타나 있다. 그는 유형원이 정전제도를 통해 도기를 일치시키 고자 노력했음을 높이 평가하였다. 반면 정·주자와 같은 대현이 도를 바로 세우는 일을 우선시한 나머지 기를 회복할 겨를이 없었던 사실을 지적하였 다(『藥山漫稿』Ⅱ, 권15「序」'磻溪隨錄序', 총간 211권, 49쪽). 즉 토지개혁 에 대한 구체적인 언급 없이 도를 밝히면 기는 자연스럽게 회복될 수 있을 것으로 기대했던 도기분리 인식에 대한 비판이었다. 그에게 있어서 도(천리) 의 달성은 정전제 실시를 통해 토지소유의 균등화와 공유화를 실현함으로써 이루어질 수 있는 것이다(金駿錫, 앞의 책, 103~104쪽 참조). 이때 천리는

그런데 이들의 평가에서 주목되는 점은 토지개혁 구상의 난점 또한 지적하고 있었던 사실이다. 이익은 유형원의 토지개혁론을 높이 평가하면서도 '田之劃佃'과 '京司之率眷之類'의 문제를 거론하면서 그 시행상의 어려움을 지적하였다.[319] 정약용은 정전·균전·한전제를 검토하면서 시행에 따른 문제점을 논증하였다.[320] 이 같은 비판적 검토 결과 양자는 각각 限田論과 井田論을 제시하였다. 한전론과 정전론은 18세기 토지소유를 둘러싼 계급 갈등을 고려한 가운데 실현 가능한 범위 내에서 천리를 구현하려는 의지가 반영된 개혁방안이었다.

이익은 한전론을 지주제 혁파에 따른 부귀자들의 반발을 완화시키면서도 점진적으로 빈부를 고르게 할 수 있는 방안으로 인식하였다.[321] 막대한 토지와 그에 상응하는 정치력을 보유하고 있는 양반 지주세력의 반대는 토지개혁의 성패를 좌우할 사안이었다. 그 실례로 前漢末 정전제 시행을 시도했던 王莽(B.C. 45~A.D. 23)을 들었다. 이익은 왕토 사상에 입각하여 사유를 부정하고 부자의 땅을 빼앗아 가난한 자에게 분배한 왕망의 공로를 긍정하였다. 동시에 권세가와 호족의 반대로 정전시행이 중도에 좌절되고, 왕망이 패망하게 된 사실에 주목하였다.[322]

이러한 점을 감안하여 이익은 유형원 이래 추구되었던 토지개혁의 전통을 계승하면서도 그 실현 가능성을 제고하기 위한 차선책으로 한전제를 주장하였다.[323] 한전론의 주요내용은 국가가 1호당 永業田을 한정하여 지급하고, 田券을 통해 국가가 적극 통제함으로써 점진적으

민산을 보장해줌으로써 이룰 수 있는 보민·안민이었다.
319) 『星湖僿說』(상) 권11, 「人事門」 '變法', 399쪽.
320) 『與猶堂全書』 1, 「詩文集」 11권 '田論 二', 222~223쪽.
321) 『星湖全書』 7, 「藿憂錄」 '均田論', 404~408쪽 ; 앞의 책, 「雜著」 '論田制', 331쪽.
322) 『星湖僿說』(상) 권10, 「人事門」 '田制', 337~338쪽.
323) 『星湖全書』 7, 「藿憂錄」 '均田論', 404~408쪽 ; 앞의 책, 「雜著」 '論田制', 331쪽.

로 자영농을 중심으로 한 농민경제 안정을 달성하는 것이었다. 국가의 엄격한 통제를 통해 영업전의 규모를 유지하고, 불법적인 토지매매를 억제함으로써 자연스럽게 지주제 해체를 유도하였다. 이익은 이를 통해 '損上益下'의 경제원리를 구현하려 했다.324)

정약용 역시 토지수용과 지주전호제의 혁파의 현실적 어려움을 고려하여 일단 국가권력을 통해 혁파가 가능한 지주제를 우선적으로 정전제 원리에 따라서 재편하며, 정전제의 토지 분급방식을 원용하여 借耕地만이라도 분급하려 했다. 이에 국유지는 정전제 방식으로 운영하고, 자영농민의 농지는 계속 사들여 정전제에 점진적으로 편입시켜 나가는 한편, 지주층의 농지는 수백 년에 걸쳐 점진적으로 전환시켜 나가는 방법을 제안하였다.325) 이는 「전론」의 공동농장에서와326) 달리 점진적이고도 온건한 개혁방안으로써 당시 농업을 발전시켜 온 주역들을 농업개혁의 주체로 이끌어 들이며, 더 나아가 그들을 정치권력에까지 참여시킴으로써 농업개혁의 사회적 배경까지도 다져가려는 사회개혁론으로서의 의미를 갖고 있었다.327)

이처럼 이익과 정약용은 경제분야에서 치용의 관점에서 토지개혁론을 통해 민의 재생산 기반을 제도적으로 보장해 주려 했다. 이는 체제모순을 부세이정의 차원에서 해소하려 했던 서인·노론측의 재조방안과 그 계급지향에 있어서 질적인 차이를 보이는 사안이었다.

이익과 정약용은 토지개혁을 통해 재편된 동국의 하부구조에 조응한 상부구조를 확립하기 위해 정치분야에서의 제도개혁 방안을 제시

---

324) 『星湖全集』Ⅲ, 「附錄」 '家狀', 총간 200권, 178~179쪽, "其論經濟 必損上而
     益下 皆探本挈要".
325) 崔潤晤, 「朝鮮後期 土地所有權의 發達과 地主制」, 연세대학교 박사학위논
     문, 2001, 269쪽.
326) 정약용의 토지개혁론의 구체적인 내용과 성격에 대해서는 趙誠乙, 「丁若鏞
     의 政治經濟 改革思想 研究」, 연세대학교 박사학위논문, 1991, 140~164쪽
     참조.
327) 金容燮, 『(增補版) 韓國近代農業史研究』(상), 일조각, 1984, 141쪽.

하였다. 토대의 변화는 불가피하게 국가운영 전반에 걸친 변혁을 추동
시켰다. 이에 구래의 통치체제 변혁을 위한 연속적인 개혁방안들이 각
방면에서 적극 모색되었다. 우선 이익은『곽우록』「立法」편에서『經
國大典』체제 극복을 통해 국가운영 방식의 변화를 도모하고자 했다.
그 핵심은 尊主裨民의 이념에 따라 강화된 군주권을 토대로 하여 집
권적 통치체제를 정비하는 일이었다. 이를 실현하기 위한 정치론으로
변통·입법론이 주목된다. 시세 변화를 충분히 고려하는 가운데 군주
를 정점으로 補相·百僚－州牧－民으로 이어지는 단일한 중앙과 지
방의 지배체제를 확립하는 것이다. 이를 통해서 이익은 영조대 탕평정
국에서 당론에 좌우되지 않는 일사불란한 정책결정과 집행이 가능한
국가운영 구조를 마련하고자 했다.[328]

정약용은『경세유표』를 통해『경국대전』을 다소 수정하여 당시 행
해졌던『大典通編』의 체제를 대상으로 정치개혁론을 제시하였다. 구
체적인 방안으로 우선 備邊司를 해체함으로써 세도정권에 의해 사권
화된 국가 권력을 회복하고자 했다. 다음으로 조선 초기 이래 국왕 직
속기구를 포함한 모든 관료기구를 육조 산하에 모아 각 조 판서의 지
휘아래 들도록 하였다. 이때 육조의 권한을 견제하기 위한 제도적 장
치로 모든 관료에게 언관으로서의 권리와 의무를 부여하는 언론 기능
의 강화를 도모하였다. 그리고 관료체제의 효율성을 증대하기 위해 실
무를 담당하는 하위직을 늘리고, 그 대신 고위직은 감소하는 조직체계
개편을 추구하였다.[329]

『곽우록』과『경세유표』가 토지개혁을 통해 민생안정을 제도적으로
보장하기 위해 제출된 학문성과였다고 한다면『임관정요』와『목민심
서』는 보민 실현을 위해 지방관에게 요구되는 일반 행정업무를 면밀
히 규정한 저술들이었다. 대민지배의 일선에서 목민관으로서 실천해

---

328) 원재린, 앞의 논문, 2001 참조.
329) 趙誠乙, 앞의 논문, 1991, 312~317쪽.

야 할 세무의 내용을 구체적으로 명기하였다. 이때 유념해야 할 점은 체제개혁보다는 유지의 방향에서 그 방안이 강구되었다는 사실이다. 그러나 이를 단순히 세태에 순응한다는 뜻으로 이해해서는 안 될 것이다. 비록 제도개혁의 차원에서 국가운영 전반에 걸친 변혁을 추구하지는 않았지만 사회발전에 따른 민의 성장을 고려하는 가운데 지방수령으로서 실현 가능한 개선방안을 모색한 점에 보다 주목해야 한다.

　민인과 토지가 편제되어 있는 향촌사회는 국가통치의 기본단위이자 기존 양반사족층의 사회경제적 토대임을 감안 할 때 이를 대상으로 한 개혁은 토지제도만큼이나 그 실현 가능성을 담보하기 어려운 대상이었다. 따라서 양자간의 이해관계를 잘 조율하면서 도기일치의 원리에 따라서 하학의 목표인 민산을 보장할 수 있는 방안을 모색하는 것이 보다 중요했다. 이러한 고려가 두 저술에 잘 반영되어 나타나고 있었다.

　이러한 점은 향촌사회 운영주체로 富農을 상정한 사실로부터 확인할 수 있다. 안정복은『임관정요』에서 국가의 향촌사회에 대한 일원적 지배를 관철시키기 위해 고안한 鄕社法을 제시하였다. 그는 향사법을 통해 統-甲-社-鄕의 일사불란한 조직체계를 향촌사회 내에 확립하고, 이를 통해 국가 공권력의 확장을 도모하였다. 그 목적은 재지세력의 사적 지배를 배제하고 대신 국가 대민의 직접 지배관계를 수립하는 것이었다.[330] 이때 주목되는 점은 향사를 구성하는 조직의 책임자로 부농층을 임명하고자 했던 사실이다.

　안정복은 統首를 '良賤人 중 年長優産者', 甲長 역시 '良賤 중에 智慮勤幹者', 社正을 '中庶人 중 公正解事者'중에서 선발하려 했다. 이때 향임직의 임명조건은 기능적인 측면에서 나누어 맡은 업무를 성실히 수행하는 데 필요한 덕목들이었다. 대체로 이들 조직의 장들에는 해당지역에 상당한 영향력을 지니고 있는 부민들로 충원하려 했다. 사

---

330) 오영교, 앞의 책, 2001, 149~152쪽.

족이 임명되는 鄕師의 경우에도 문벌이나 가문에 기준하지 않고 나이
와 덕을 기준으로 선발하였다.331) 즉 당대 농업생산력 발전에 따라서
사회적 지위가 상승하고 있었던 민을 향촌사회의 운영주체로 상정하
고 이들의 참여를 적극적으로 유도하였다.

한편 안정복은 민의 몰락을 막기 위한 방안으로 이들을 자의적으
로 침탈하였던 吏輩層과 執綱·風憲의 鄕任層에 대한 엄격한 형벌
적용을 수령의 주요한 시무로 상정하였다.332) 이들에 대한 제어가 시
급했던 이유는 국정운영의 급선무인 下情을 통하는 것을 중간에서 방
해했기 때문이었다.333) 따라서 향리들에게 적용된 형법은 향촌민에
대한 국가의 일민적 지배를 방해하는 세력을 제재하는 공적인 통치수
단이었다. 안정복은 爲政의 방도로 민에게는 너그러움으로써, 이서에
게 엄으로써 속박하는 법은 바꿀 수 없는 대체라고 하였다.334)

안정복은 한 발 더 나아가 변법의 필요성을 제기하면서 나라를 다
스리는 대체로 子産(?~B.C. 522)과 諸葛亮(181~234)의 국정운영 방
식에 주목하였다. 그는 "너그럽기만 하면 다스리기 어렵다[寬難]"는
통치방식을 현실에 구현한 인물로 자산과 제갈량을 상정하였다.335)
양자는 모두 패란한 시대에 살면서 '너그럽기만 하면 다스리기 어렵
다'는 논리에 충실히 따라 법가적인 통치방식을 국가운영에 적극 활용
했던 인물들이었다. 특히 제갈량의 국가운영 사례를 전범으로 상정하
면서 비록 공명이 사용한 방식이 정통 유학의 통치방식은 아니었지만
정대광명한 사업을 달성했다고 높이 평가하였다.336) 그는 형법을 향
촌사회의 범위를 너머 국가운영에 필요한 객관적 통치수단으로 인식

331) 『順庵全集』 3, 「臨官政要」附錄 '鄕社法', 379쪽.
332) 『順庵全集』 3, 「臨官政要」 '時措', 敎化章, 311~312쪽.
333) 『順庵全集』 3, 「臨官政要」 '時措', 臨民章, 267쪽.
334) 『順庵全集』 3, 「臨官政要」 '時措', 御吏章, 285쪽.
335) 『順庵全集』 3, 「臨官政要」 '時措' 250쪽.
336) 『順菴集』 I, 권4 「書」 '與南止菴書 己巳', 총간 229권, 421쪽.

했다.

정약용 역시 향리층에 대한 엄격한 법 적용을 주장하였다. 수령은 민으로부터 거둔 재물을 국가에 바치는 역할을 수행하였다. 따라서 원활한 부세징수를 위해 향리의 작간을 방지하는 것이 무엇보다 중요한 수령의 업무였다.337) 이를 위해 정약용은 먼저 수령 스스로 위엄과 덕을 갖춤으로써 자신을 규율해야 한다고 보았다. 그리고 윗사람으로서 너그러우면서도 풀어지지 않으며 어질면서도 나약하지 않는 자세를 견지해야 한다고 했다. '너그럽기만 하면 다스리기 어렵다'는 면모가 엿보이는 대목이다. 더불어 원악하고 대간한 자는 형벌로써 처리해야 함을 분명히 하였다.338)

특히 정약용은 균역법이 시행된 이후 어·염·선의 세율이 모두 일정해졌음에도 불구하고 법이 오래되면서 아전들이 농간을 부리는 폐단을 지적하였다.339) 그는 법을 군왕의 명령으로 인식하였다. 따라서 법을 지키지 않는 것을 군왕의 명령을 따르지 않는 것으로 간주하였다. 한번 확정된 법은 엄격히 준수할 때만이 인욕이 물러나고 천리가 유행하게 될 것으로 내다보았다.340) 법을 군주의 명령으로 인식하였던 그에게 균부균세의 실현을 위해 시행되었던 균역의 법 취지를 훼손하는 행위는 용납될 수 없었다. 따라서 위법사안에 대한 엄격한 처벌은 불가피했다.341)

이처럼 양자는 향촌사회 내에서 객관적 통치질서인 국법을 확립·

---

337) 『與猶堂全書』 5, 「牧民心書」 권3 '奉公五條' 貢納, 348쪽.
338) 『與猶堂全書』 5, 「牧民心書」 권4 '吏典' 束吏, 365~366쪽.
339) 『與猶堂全書』 5, 「牧民心書」 권5 '平賦 下', 434쪽.
340) 『與猶堂全書』 5, 「牧民心書」 권3 '奉公二條' 守法, 219쪽.
341) 안정복 역시 균역법 시행과 관련하여 慶安面二里洞約의 약조를 통해 하민에게 납세의무를 반드시 준수할 것을 강조하였다(『順菴集』Ⅱ, 권15 「雜著」 '廣州府慶安面二里洞約', 총간 230권, 100쪽). 균역법 사례를 통해 양자 모두 국법질서를 엄격히 준수하려는 의지를 읽을 수 있다. 이로써 균역에 내재된 균부균세의 이념을 실현하여 민산의 안정을 도모하고자 했다.

적용시킴으로써 대민지배의 원활함을 기대하였다. 특히 토호와 이서배들의 중간수탈을 배제함으로써 향촌사회 내에서 민의 사회경제적 위상을 보호하고자 했다. 보민을 이루기 위한 수령의 책무로 엄격한 형벌 집행을 통해 향리의 탐학으로부터 민산을 지키기 위한 노력이 여기에 해당하는 것이었다. 이와 관련하여 안정복과 정약용은 부세운영 방식의 개선을 위한 방안을 강구하였다. 양자가 공통으로 주장됐던 후생방안은 結負制에서 頃畝法으로의 전환이었다.

안정복은 量田法의 개혁을 위해 '以地爲本'의 원칙에 입각한 경무법으로의 전환을 촉구하였다. 永定法(1635)에 따라 田分法만이 수세 원칙으로 남고 연분 9등이 폐지된 상황에서 과세기준의 객관화는 균부실현을 통해 민생안정을 이룰 수 있는 주요한 관건이라고 생각하였다. 이에 그는 중국의 경무법과 조선의 결부제를 상호 비교하였다. 그 결과 중국의 것은 경무가 같으면 지면의 대소가 동일한 장점을 지녔다고 보았다. 반면 조선의 경우 결부로써 등위를 부여하는 관계로 지면의 대소에 큰 차이가 나고 있다고 했다. 따라서 실적파악이 잘 안된 상태에서 전품만을 기준으로 하는 결부법을 고수할 경우 그 구조적 결함으로 이서의 농간이 발생될 것이며, 이로 인해 공평한 과세가 이루어질 수 없을 것으로 내다보았다.[342]

정약용 역시 수령의 직책 54조 중에서 전정을 가장 시행하기 어려운 업무임을 인정하면서 그 원인이 양전법에 있다고 보았다. 이에 정밀하게 토지를 측량하고, 이를 근거로 과세를 공평하게 해야 한다고 했다. 그 타당성을 강조하기 위해서 유형원의 결부제 문제를 지적한 견해를 근거로 들었다.[343] 또한 세종대 田制詳定所를 설치해서 양전법을 크게 고친 사실과 효종대 양전을 실시하고 遵守冊을 반포한 사

---

342) 『順庵全集』 3, 「臨官政要」 「時措」 '田政'章, 336쪽.
343) 『與猶堂全書』 5, 「經世遺表」 권9 '田制別考一' 結負考辨, 161~162쪽 ; 『磻溪隨錄』 권1, 「田制」(상) '分田定稅節目', 22~23쪽.

례를 소개하였다.[344] 그리고 이에 대한 논평에서 정약용은 결부법에 의한 전지 積算法으로는 그 도수를 정확히 밝히기 어렵다고 보고, 경무법으로의 전환을 촉구하였다.[345] 비록 『목민심서』에서 전면적인 토지개혁을 주장하지는 않았지만 민의 후생을 위해 최선의 방안을 강구하였다.

이처럼 하학과 박학을 통해 부각된 정치·경제학에 대한 연구의 활성화는 이익 당대는 물론 재전제자 단계에 이르도록 지속되었다. 학계 주류에서 선호했던 상학 대신에 그간 소홀히 했던 민생일용 분야에 대한 학문적 관심을 기울임으로써 항산 마련에 필요한 각종 제도와 법제를 면밀히 분석하고 있었다. 또한 각각의 저술에서 공통적으로 볼 수 있었듯이 성호학파에서는 경세의 치용과 민의 후생을 실현하고자 다양한 방안들을 모색하였다. 구체적인 실천방안으로 도기일치의 관점에서 민산의 안정을 도모할 수 있는 토지개혁론과 그 토대 위에서 새롭게 운영될 수 있는 정치제도 개혁방안을 제시하였다. 한편 이들은 목민관으로서 일용지간에서 반드시 실천해야 할 세무사안을 규정함으로써 보민을 달성할 수 있도록 권면하였다. 이러한 점들이 조선의 정통주자학자들은 물론 주자의 경세학과 다른 성호학파만의 특징이자 실학의 사상사적 성격을 규정하는 요소였다.

---

344) 『與猶堂全書』 5, 「牧民心書」 권4 '戶典' 田政, 384~385쪽.
345) 金容燮, 앞의 책, 1984, 186~200쪽 참조.

제5장 결 론

한국 근대학문의 시원을 모색하고자 할 때 검토되어야 할 대상이 성호학파이다. 성호학파는 조선 후기 당대 진보적인 양반지식인들에게 요구되었던 사상체계를 마련하기 위해 꾸준히 학문활동을 전개하였다. 그것은 북인계 남인의 개혁전통을 계승하면서 18세기 전반의 시대상황에 부응한 결과였다. 즉 앞선 시기 자파 국가재조론의 문제점을 진지하게 검토하면서 그 속에 내재된 현실지향을 시세에 맞게 변화·관철시키기 위해 다양한 부문에 걸친 학술활동을 전개하였다. 성호학파의 형성과 학문활동 과정에서 나타난 근대적 학문 요소들에 대한 분석을 위해 주목해 볼 주제는 유학의 전통에 근거하면서도 중세 학문체계의 모순을 극복해 나아가는 과정에서 형성되었을 학풍이다.

성호학파의 학풍을 사상사적 견지에서 살펴볼 때 주목되는 내용은 이익의 학문 배경이 되었던 북인계 남인의 사상전통이다. 그는 유년시절부터 이하진 등 지친들과 이수광, 한백겸, 윤휴, 이만부 등으로부터 학자로서 갖추어야 할 기본적인 자세와 태도를 사숙하거나 전수받았다. 그것은 주자학설을 회의의 관점에서 객관적으로 검토하여 자득을 이루고, 학문주체로서의 인식을 확고히 하는 것이었다. 이와 함께 청남계 출신이라는 정치적 배경도 주목된다. 이잠 등 친족들은 숙종대 이래 서인·노론계에 맞서 형성된 청남의 운영과정에 깊이 간여하였으며, 청의·청론을 주도해 나아갔다. 이익은 비록 출사하지 않았지만 청남계를 대표했던 오광운, 채제공 등과 밀접한 학문적·정치적 유대관계를 유지해 나아갔다. 이 같은 학문적·정치적 배경에 근거하여 성호학이 성립될 수 있었다.

성호학에 내재된 이 같은 요소들은 학파 형성의 직접적인 계기를 제공하였다. 직계문인들은 각자의 재질에 맞는 특성교육을 통해 학문주체로서의 인식을 고취시켜 나아갔다. 이익은 문인들의 성품과 자질을 파악하고, 각자의 개성에 따라 능력을 최대한 발휘할 수 있는 주제를 스스로 선택케 하는 교육방법을 적극 활용하였다. 그 결과 성호문인들은 학문주체로서 자신감을 갖고 각자의 전공분야에서 활발한 학문활동을 전개할 수 있었다. 한편 입문의 계기로 정치적 요소 또한 간과해서는 안 될 것이다. 대표적인 인물로 채제공을 들 수 있다. 영·정조대 탕평정국에서 청남의 정치적 입지를 확보하고자 할 때 이익을 종주로 하는 성호학파는 학문적으로뿐만 아니라 정치적으로 탕평이념과 논리, 인재를 제공해 줄 수 있는 학문집단이었다.

성호문하에 다양한 학문성향과 현실지향을 지닌 학인들이 출입할 수 있었던 것은 '우도' 중심의 사제관계와 문우의식 때문이었다. 이익은 학문진전을 위해 서로 도움을 주고 '이택'을 이룰 수 있는 관계 형성에 주력하였다. 비록 각자 살아온 자취나 살아가는 방식은 다를지라도 마음속으로 궁행역천의 학문목표에 동의한다면 동문사우로서 함께 학문에 정진할 수 있었다. 이는 사설에 대한 존신을 강조함으로써 수직적인 사제관계를 유지해 나아갔던 송시열·한원진계와 구별되는 특징이었다. 이익과 문인들은 학문방법에 대한 공감대를 전제로 사제의 명분에 얽매이지 않는 수평적인 관계를 지향했다. 실학을 추구하는 과정에서 형성된 이 같은 관계는 서인·노론계에 비해 중세적 사제관계에서 벗어나는 면모를 보여주고 있었다.

사문의 역할을 제대로 수행하기 위해서 이익은 경전학습 단계에서부터 회의를 통한 자득을 강조하였다. 이에 성호문인들은 학문수수 과정에서부터 치의법을 적극 활용하여 주자학을 포함한 기왕의 학설을 객관적으로 검토하였다. 그런데 이때 활용된 경전학습법은 주자가 강조했던 것이었다. 이익과 문인들은 주석가로서 주자가 견지했던 학문방법에 주목했다. 자연히 진학을 위해서라면 주자가 확정한 경전 해석 역시 회의의 대상으로 상정될 수 있었다. 이는 주자도통론에 입각하여 '근수' 학풍을 견지했던 노론계와 정면으로 배치되었다. 이러한 학풍의 차이는 그만큼의 현실적 갈등을 예고하였다.

이미 이익 당대부터 감지되었던 배척의 조짐은 성호문인들로 하여금 신중한 자득법을 모색하는 계기를 제공하였다. 학문적으로 주자학과 다른 사상경향을 이단사설로 간주하고, 이를 정치적으로 악용하였던 풍토 속에서 자득의 신중함은 학파 유지를 위해 반드시 지켜져야 할 원칙이었다. 이에 안정복은 논란이 많은 자구에 대해 이의를 제기하기보다는 경전 전체의 큰 뜻을 파악하고, 자설을 확정하는 방안을 제시하였다. 이를 통해서 성호학파는 앞선 시기 반주자학풍을 진작시켰던 선배학자들 보다 운신의 폭이 상대적으로 좁은 상황 속에서도 꾸준히 회의·자득법을 유지할 수 있었다.

성호학파는 궁경과정에서도 회의와 자득의 방법을 단속 없이 효과적으로 진행시켜 나아갈 수 있는 독서법을 모색하였다. 이익이 채용한 것은 장재의 '질서'였다. 질서는 주요경전의 본지를 파악하기 위해서 경문과 주설에 대해 끊임없이 의문을 제기하고, 회의를 반복함으로써 자득을 이루어 나아가는 독법이었다. 기왕의 학설을 객관적으로 검토하고 이로부터 얻은 학문성과를 토대로 주견을 확립하고자 했던 학자들에게 적합한 독서법이었다. 그런데 질서의 방식은 그 자체로 사제간의 전수되었던 교육내용이었다. 이를 수수 받은 성호문인들은 주자학설은 물론 사설조차도 질서 독법에 따라서 비판적으로 검토하였다. 이익은 문인들의 질정을 적극적으로 수용하여 자설을 확충하는 데 반영하였다.

자연히 질서 독법은 사제·문우간에 면론 혹은 서독의 방식을 통한 토론문답의 장을 마련하였으며, 마침내 '이택'강론으로 자리잡게 되었다. 이익은 강론의 효과를 극대화시키기 위해서 누구나 자신의 지위에 얽매이지 않고 자득한 내용을 자유롭게 개진할 수 있는 분위기를 조성하고자 했다. 이를 위해 언로의 개방과 하문질정법을 제안했다. 학파 구성원이라면 누구나 사제간, 선후배의 관계에 얽매이지 않고 자신의 부족한 견해를 보충하기 위해서 상호간 질문하고 토론함으로써 실질적인 학문 진척을 이루었다.

여기서 주목되는 점은 주자학만을 존숭하는 학문풍토 속에서 미처 그 효용성을 발휘하지 못했던 기성의 독서법과 강론방식을 자파의 학문과 사상체계를 형성하는 데 적극 활용한 사실이었다. 이것이 성호학파 형성 이래 견지되었던 학문방법론에 내재된 특징이었다. 이익과 문인들은 전통적인 유학의 학문 방법을 계승하면서도 시대변화에 맞게 적절히 변용시켜 활용함으로써 중세학문 체계를 극복해 나아갔다.

회의를 통해 자득된 지식은 실천을 통해 구현될 때 진정한 의미를 지니는 것이다. 이는 수기치인으로 대변되는 유학의 본령이었다. 그러나 당시 조선학계의 주류는 심성구조에 대한 사변적 이해만을 강조하였다. 일련의 당쟁 결과 정치적 우위를 확보한 서인·노론은 치지와 궁리를 통한 도덕수양을 부각시켰다. 그리고 이것이 사회·정치운영의 원리로 확정되면서 학문의 실천은 양반사대부의 도덕적 자성과 엄격한 강상윤리의 적용에만 치우치게 되었다. 이때 민은 양반 사족층의 교화 대상으로서 강화된 윤리규범 속에서 태생적으로 부여받은 차별적인 자신의 분수를 지켜 나아갈 뿐이었다.

이러한 주류의 학문경향에 대해 성호학파는 앞서 소개한 학문방법을 통해 탐구된 진지를 역행함으로써 사공을 달성하고자 했다. 이를 위해 이익은 궁경과정에서 경술과 사무의 일치를 추구했으며, 실득지학의 면모를 확립하기 위해 일상의 가무를 대상으로 한 치생의 실현을 강조하였다. 양반지식인으로서 학문활동을 전개할 때 일용지간에서 절실히 요구되는 가무에 힘써, 항산을 확보하는 것이 유술과 사공을 일치시키는 구체적인 방법이자 논리였다.

그는 '유심사무'의 학문을 '실학'이라고 규정하였다. 그 내용이 잘 구비된 경전으로 육경을 꼽았다. 육경에서 주목한 사무는 보민·안민을 구현했던 역대 선왕들의 국가운영 방식과 각종 문물제도였다. 그는 문인들에게 '유심육경'을 통한 실학의 실현을 강조하였다. 사공을 기대하기는 사서도 마찬가지였으며, 심지어 이단학으로 간주되었던 법가 등에서도 치도의 방편으로 활용할 수 있는 사례들을 발견하고, 이를 각종 개혁방안을 마련하는 데 적극 반영하였다.

성호학파 형성 이래 사제와 문우간 공유했던 각종 학문방법과 지행관, 궁경인식은 주자학의 주요한 학문대상·주제에 대해서 비판적인 안목에서 객관적으로 검토할 수 있는 계기를 제공하였다. 본격적인 학문활동 과정에서 이익과 문인들은 이학과 심학에만 전념하는 학문풍토를 가장 큰 문제로 보고, 이를 극복할 대안으로 하학을 제시하였다. 하학은 중세학문의 문제점과 그로 인해 발생한 구이지학의 폐단을 극복하여 학문의 '시의'성을 회복할 수 있는 대안으로 주목되었다.

또한 하학은 도기일치의 관점에서 천리의 초월성과 선재성을 부정하는 대신 구체적인 형상을 띤 인사와 법제를 주요한 학문대상으로 상정하여 궁구함으로써 현실의 문제를 구조적으로 파악하고 개혁해 나아갈 수 있는 논리를 제공하였다. 이익과 주요 문인들은 도기일치의 관점에 따라서 천리는 사물에 초월하여 독립적으로 존재하는 것이 아니라 언제나 형상을 지닌 기 속에 내재된 실질적인 개념으로 인식하였다. 당연히 천리는 기를 궁구하고 현실화시킬 때 비로소 달성될 수 있었다. 이때 도기일치를 구현할 수 있는 하학의 대상에는 가무로부터 사무에 이르는 범주 속에서 포괄되는 일용이륜과 제도·규획 등이 있었다.

이처럼 도기일치의 관점에서 학문을 궁구하고 실천할 때 주자학의 한계는 물론, 조선 후기 사회 제 모순을 치자층의 도덕성 함양이라는 수기의 차원에서 타개하려 했던 서인·노론의 재조방략을 극복할 수 있었다. 결과적으로 하학은 천리를 일상에서의 도덕실천뿐만 아니라 구체적인 문물제도의 시행을 통해서 구현해야 한다는 경세논리에 부합되는 학문대상이었다. 자연히 하학은 민산확보를 위해 체제개혁을 도모하는 정치·경제학 연구를 활성화시키는 계기를 제공하였다.

한편 성호학파의 학풍으로 박학을 들 수 있다. 이익의 정의에 따르면 박학은 널리 배우되 정미함을 상실하지 않고, 지나치게 고원한 경지에 이르지 않는 것이었다. 하학의 특징이 박학에서도 나타나고 있었다. 박학의 방법 속에는 이치의 정미함을 궁구하면서도 형이상학의 난해함에 빠지지 않는 절제성이 내포되어 있었다. 그리고 그 대상은 인사와 물리세계 전반을 포괄하는 것이었다.

박학의 학풍이 조성될 수 있었던 것은 인식론의 변화를 전제로 하는 것이었다. 만물만사에 보편적으로 내재된 천리를 궁구하는 주자의 인식방법을 탈피하여, 해당사물에만 적용되는 조리를 상대적 관점에서 객관적으로 궁구하는 것이다. 이렇게 해서 채득된 이치는 인사문제를 해결하는 데 활용되었다. 일련의 과정에서 치용을 달성하기 위해서 인사의 주재자이자 학문주체인 인간의 능동성이 부각되었다. 이는 순자학설의 영향을 받아 형성된 심활론과 조명론을 통해 보다 확고해질 수 있었다.

이 점이 성호학파 학풍 속에 담겨진 근대 학문의 단초였다. 인식대상과 주체의 분리를 통해 각종 사물이나 현상을 과학적·합리적으로 인식하고, 이로부터 획득된 지식을 적극 활용하여 인간세상의 여러 조건들을 개혁해 나아가는 면모가 자연스럽게 나타나고 있었다. 그간 도덕윤리를 강조하는 동양의 학문전통 속에서 결여되었다고 평가해 온 요소들이 성호학파의 학문활동 과정과 그 성과 속에서 나타나고 있었다. 이와 같은 특징을 근대적 학문방법의 시원으로 상정하고, 실학의 주요한 학문론 상의 특징으로 평가할 수 있을 것이다.

하학과 박학의 학풍은 회의와 자득의 학문방법과 함께 성호문인들이 다양한 학문대상과 주제에 걸쳐 활발한 연구활동을 전개하게 된 계기를 제공하였다. 주자학설만을 존신함으로써 새로운 사회변화에 능동적으로 대처하지 못했던 중세 학문방식에서 탈피하여 체제유지를 위한 이념마련에 급급했던 학문풍토 속에서는 도저히 용납할 수 없었던 천주교 등과 같은 외래의 사조까지도 학문대상으로 상정하여 객관적으로 검토할 수 있었다. 그 과정에서 이익과 문인간에서 심도 있는 논의가 진행되었으며, 자연스럽게 주요한 논제를 둘러싸고 사제간 혹은 문인간 자득과 관심분야의 차이에 따라서 이견이 발생하게 되었다. 이러한 양상은 논의 주제와 범위가 확대되면서 일정한 인맥을 형성하게 되었으며, 마침내 학파가 내적으로 분화되는 원인으로 작용하였다.

학파의 분화는 기성의 학설로부터 벗어나 새로운 대안을 모색하는 과정에서 초래된 현상이었다. 즉 주자학 중심의 중세 학문체계에서 벗어나는 과정에서 부각된 학문방법론과 학문경향을 근거로 발생되었다는 점에서 성호문인들의 다양한 연구활동의 표현이자, 학문주체로서 각자 선택한 연구주제에서 개성을 발휘한 결과로 평가할 수 있다. 주요한 논설을 중심으로 분화의 모습이 나타났지만 그것은 어디까지나 진보적 학풍을 견지하면서 성호문인들 각자의 학문체계를 확립하는 과정에서 불가피하게 나타난 현상으로 이해할 수 있다. 학파 분화의 성격을 보다 분명히 하기 위해서는 하학과 박학의 경향 속에서 주목되었던 학문분야와 해당 주제를 궁구한 결과 제시되었던 성과를 분석하고, 그 속에 내재된 사상적 지향을 구명할 필요가 있다.

우선 주목되는 학문분야는 지리학과 역사학이다. 여기에서 이익과 문인들은 동국의 인사인 동사에 지대한 관심을 보였다. 동사란 동국의 독자적인 법규와 제도, 체제와 형세를 의미하는 것으로서 국가 운영에 필요한 일체의 객관적·외형적인 조건들이었다. 그 중에서도 우선 주목되었던 주제가 동국의 외재적인 형세를 규정하는 강역이었다. 지리연구를 통한 강역의 역사적 고찰은 그 위에서 삶을 영위해 나아가는 동인들의 각종 인문지리 조건들에 대한 관심을 제고시켰다.

역사·인문지리학 연구를 통해 부각된 동사의 독자성은 동국의 정체성을 확인하는 계기를 제공하였으며, 그 결과물이 동사의 편찬으로 나타났다. 대표적인 역사서로『동사강목』은 단지 사실을 정리하는 데에 그치지 않았다. 과거 동인의 국가운영 사례를 검토하고, 이로부터 획득된 내용을 현실문제 해결에 적극 대입되었다. 동사와 동국에 대한 관심은 한결같이 현재적 관점에서 경국·경세, 치도의 실현을 목표로 하여 추구되었다. 이것이 정치·경제학에 대한 관심을 제고시키는 요인으로 작용했다.

이와 관련된 대표적인 학문성과로『곽우록』·『경세유표』,『임관정요』·『목민심서』를 들 수 있다. 앞선 두 저술을 통해서 이익과 정약용은 도기일치의 관점에서 토지개혁을 통해 소농경제의 안정을 도모하고, 더 나아가 국가운영체제의 전면적인 변화를 추구하였다. 즉 중세 국가 운영방식의 모순을 지적하고, 이를 개혁함으로써 사회발전에 조응할 수 있는 새로운 국가체제로의 전환을 모색하고자 했다. 후자에서는 향촌사회 내 민의 성장을 고려하는 가운데 목민관으로서 수행해야 할 시무·세무사안들이 상세히 소개되었다. 안정복과 정약용은 국가운영의 최소단위인 향촌사회를 효율적으로 통치하고, 그 속에 살고 있는 민의 사회경제적 지위를 최대한 보장하고자 했다. 이러한 점들이 조선의 정통주자학자들은 물론 주자의 경세학과 다른 성호학파만의 특징이자, 실학의 사상사적 성격을 규정하는 요소였다.

이상의 검토된 내용을 통해서 볼 때 성호학파는 주자학 일변도의 주류적 학문풍토에서 벗어나 근대 학문체계를 확립하는 데에 필요한 진보적인 학풍을 진작시킨 최초의 학파로 평가할 수 있다. 그리고 성호학파는 이러한 학문경향과 사상지향을 당대 현실에 반영하고자 노력하였다. 영조대 후반 이후 정조대 이르도록 채제공 등 주요문인들은 탕평정치에 참여하여 자파의 개혁이념과 논리를 적용할 수 있는 여건을 조성하는 데 힘썼다. 특히 이가환, 정약용 등은 정조의 후원을 받으면서 성호문하에 쌓았던 학문지향을 정치적으로 실현할 기회를 모색하였다. 즉 북인계 남인의 개혁전통을 계승하는 가운데 이를 탕평정국에서 실현할 수 있는 현실적 계기를 마련해 나아가고 있었다.

그러나 이 같은 성호학파의 노력은 신유박해로 다수의 문인들이 화를 입음으로써 좌절되었다. 이에 세도정권 하에서 학파로서의 면모를 유지해 나아가는 데 큰 어려움을 겪었으며, 학문적 위상도 위축될 수밖에 없었다. 이것은 동시기 노론계 북학파와 대비해 볼 때 더욱 극명하게 드러나는 사실이다. 하지만 성호학파의 사상지향은 정약용에게 계승되어 집대성되었다. 특히 그가 제시한 토지개혁 방안은 갑오농민군의 현실지향에 적지 않은 영향을 주었다. 또한 성호우파로 평가받는 허전 역시 삼정책을 통해 토지개혁방안을 제안했다. 그는 1862년 농민항쟁의 수습방안을 강구하면서 이익의 균전이념을 계승한 토지개혁론을 제시하였다. 지주전호제와 신분제 모순으로 인해 발생한 농민항쟁을 삼정의 개선이나 세제개혁으로써 수습할 수 없다고 보고, '民産漸均'의 차원에서 토지개혁을 통한 사회변혁을 추구하였다.

이 같은 사실에 비춰볼 때 19세기 사회 제 모순에 대처하는 과정에서 나타난 내면화된 성호학파 학풍의 면모를 간과해서는 안 될 것이다. 북학론에서 개화사상으로 이어지듯 명확한 인적 계보를 형성하면서 가시화되지는 않았지만 이익과 문인들의 학문활동 결과 제시되었던 국가재조의 이념과 목표는 세도정권 하에서도 여전히 유효했다. 그렇기 때문에 성호학파의 학풍은 비록 현실의 여러 제약들로 인해 단절되는 듯 보였지만 일부 진보적인 사대부 지식인들을 통해 면면히 계승되어 사회변혁이 요구되는 시기 때마다 개혁방안의 근거로 활용될 수 있었다. 이러한 점들에 대해서는 성호학파 분화의 사상사적 의

미에 대한 분석과 함께 앞으로 보다 깊이 논증해야 할 과제로 남겨둔
다.

참고문헌

Ⅰ. 자료

1. 연대기류

『朝鮮王朝實錄』(宣祖～英祖・正祖～純祖)
『承政院日記』
『備邊司謄錄』
『日省錄』
『推案 及 鞫案』

2. 당쟁관계 자료

『黨議通略』(李建昌 : 1852～1898)
『桐巢漫錄』(南夏正 : 1678～1751)

3. 문집류

『四書三經』
『四書集註』
『荀子集解』
『性理大全』
『朱子大全』
『朱子語類』
李 滉(1501～1571)『退溪集』
曹 植(1501～1572)『南冥集』

韓百謙(1552~1651)『久菴遺稿』

張顯光(1554~1637)『旅軒集』

李尙毅(1560~1624)『少陵先生文集』

李睟光(1563~1628)『芝峰集』『芝峰類說』

金世濂(1593~1646)『東溟集』

許　穆(1595~1682)『眉叟記言』

宋時烈(1607~1689)『宋子大全』

尹　鑴(1617~1680)『白湖全書』

柳馨遠(1622~1673)『磻溪隨錄』

李夏鎭(1628~1682)『六寓堂遺稿』

李　潛(1660~1706)『剡溪遺稿』

李　溦(1665~1723)『弘道先生遺稿』

李　縡(1680~1746)『陶庵集』

李　瀷(1681~1763)『星湖全集』

韓元震(1682~1751)『南塘集』

吳光運(1689~1745)『藥山漫稿』

李重煥(1690~1752)『擇里志』

姜　樸(1690~1742)『菊圃集』

尹東奎(1695~1773)『邵南先生文集』

愼後聃(1702~1781)『河濱集』

李用休(1708~1782)『惠寰雜著』

李秉休(1710~1776)『貞山雜著』『大學心解』

李象靖(1710~1781)『大山集』

安鼎福(1712~1791)『順菴全集』

李獻慶(1719~1791)『艮翁集』

蔡濟恭(1720~1799)『樊巖集』

丁範祖(1723~1801)『海左集』

李家煥(1742~1802)『錦帶殿策』『錦帶集』

南漢朝(1744~1809)『損齋先生文集』

黃德壹(1748~1800)『拱白堂先生文集』

黃德吉(1750~1827)『下廬集』

丁若鏞(1762~1836)『與猶堂全書』

許　傳(1797~1887)『許傳全書』

許　薰(1836~1907)『舫山先生文集』
『近畿實學淵源諸賢集』(全6冊, 大東文化硏究院)

Ⅱ. 연구 논저

1. 저서

姜萬吉 외,『丁茶山과 그 時代』, 민음사, 1986.
강석화,『조선후기 함경도와 북방영토의식』, 경세원, 2000.
姜世求,『東史綱目硏究』, 민족문화사, 1994.
姜世求,『순암 안정복의 학문과 사상 연구』, 혜안, 1996.
姜世求,『성호학통 연구』, 혜안, 2000.
姜在彦,『朝鮮의 西學史』, 민음사, 1990.
姜周鎭,『李朝黨爭史硏究』, 서울대 출판부, 1971.
경북대 퇴계연구소·경상대 남명학 연구소 편,『퇴계학과 남명학』, 지식산업
　　　사, 2001.
고영진,『조선시대 사상사를 어떻게 볼 것인가』, 풀빛, 1999.
近代史硏究會編,『韓國中世社會 解體期의 諸問題(상)』, 한울, 1987.
琴章泰,『退溪學派와 理철학의 전개』, 서울대 출판부, 2000.
琴章泰,『다산실학 탐구』, 소학사, 2001.
金文植,『朝鮮後期 經學思想硏究』, 일조각, 1996.
金成潤,『朝鮮後期 蕩平政治 硏究』, 지식산업사, 1998.
金玉姬,『韓國西學思想史 硏究』, 국학자료원, 1998.
金容燮,『朝鮮後期農業史硏究(Ⅰ)』, 일조각, 1970.
金容燮,『朝鮮後期農業史硏究(Ⅱ)』, 일조각, 1970.
金容燮,『增補版 韓國近代農業史硏究(상)』, 일조각, 1984.
金容燮,『增補版 韓國近代農業史硏究(하)』, 일조각, 1984.
金容燮,『朝鮮後期農學史硏究』, 일조각, 1988.
金容燮,『增補版 朝鮮後期農業史硏究(Ⅱ)』, 일조각, 1990.
金容燮,『增補版 朝鮮後期農業史硏究(Ⅰ)』, 지식산업사, 1995.
金容燮,『韓國中世農業史硏究』, 지식산업사, 2000.
金容燮敎授停年紀念韓國史學論叢刊行委員會,『韓國古代·中世의 支配體
　　　制와 農民』, 지식산업사, 1997.
金駿錫,『朝鮮後期 政治思想史 硏究-國家再造論의 擡頭와 展開, 김준석유

　　　　고집(1)』, 지식산업사, 2003.

金泰永,『실학의 국가 개혁론』, 서울대학교 출판부, 1998.

勞思光, 鄭仁在 역,『中國哲學史』, 탐구당, 1987.

Donald Baker, 金世潤 역,『朝鮮後期 儒敎와 天主敎의 대립』, 일조각, 1997.

民族과 思想硏究會,『四端七情論』, 서광사, 1992.

朴仁鎬,『朝鮮後 歷史地理學 硏究』, 이회, 1996.

方爾加,『荀子新論』, 北京 : 中國和平出版社, 1993.

배우성,『조선후기 국토관과 천하관의 변화』, 일지사, 1998.

裵宗鎬,『韓國儒學史』, 연세대학교 출판부, 1974.

白承哲,『朝鮮後期 商業史 硏究』, 혜안, 2000.

守本順一郎, 김수길 옮김,『동양정치사상사연구』, 동녘, 1985.

신병주,『남명학파와 화담학파 연구』, 일지사, 2000.

沈喁俊,『順庵 安鼎福 硏究』, 일지사, 1985.

역사학회 편,『實學硏究入門』, 일조각, 1973.

吳復生,『荀子思想新探』, 臺北 : 文史哲出版社, 1998.

오영교,『朝鮮後期 鄕村支配政策 硏究』, 혜안, 2001.

元裕漢,『朝鮮後期 貨幣史硏究』, 한국연구원, 1975.

劉明鍾,『朝鮮後期 性理學』, 이문출판사, 1985.

유봉학,『燕巖一派 北學思想 硏究』, 일지사, 1995.

유봉학,『조선후기 학계와 지식인』, 신구문화사, 1998.

柳仁熙,『朱子哲學과 中國哲學』, 범학사, 1980.

尹絲淳,『한국의 성리학과 실학』, 열음사, 1987.

李成茂・鄭萬祚 外著,『朝鮮後期 黨爭의 綜合的 檢討』, 한국정신문화연구
　　　　원, 1992.

李樹建,『嶺南學派의 形成과 展開』, 일조각, 1995.

李佑成,『韓國의 歷史像』, 창작과비평사, 1982.

李元淳,『朝鮮西學史硏究』, 일지사, 1986.

李銀順,『朝鮮後期黨爭史硏究』, 일조각, 1988.

李乙浩,『茶山經學思想硏究』, 을유문화사, 1966.

李泰鎭 編,『朝鮮時代 政治史의 再照明』, 범조사, 1986.

任繼愈 편저,『中國哲學史』, 까치, 1990.

張立文,『朱熹思想硏究』, 北京 : 中國社會科學出版社, 1981.

鄭奭鍾,『朝鮮後期 社會變動硏究』, 일조각, 1983.

鄭奭鍾,『조선후기의 정치와 사상』, 한길사, 1994.

鄭玉子,『朝鮮後期 知性史』, 일지사, 1991.

鄭玉子,『조선중화사상 연구』, 일지사, 1998.

鄭昌烈 외,『茶山의 政治經濟 思想』, 창작과비평사, 1990.

趙 珖,『朝鮮後期 天主敎史 硏究』, 고려대 민족문화연구소, 1988.

조동걸 외,『한국의 역사가와 역사학(상)·(하)』, 창작과비평사, 1994.

佐野公治,『四書學史の硏究』, 東京 : 創文社, 1988.

중국철학연구회,『논쟁으로보는 중국철학』, 예문서원, 1994.

池斗煥,『조선시대 사상사의 재조명』, 역사문화, 1991.

震檀學會編,『韓國古典심포지움 - 東國地理誌 擇里志 星湖僿說 海東歷史
            燃藜室記述』, 일조각, 1991.

차기진,『조선후기의 西學과 斥邪論 연구』, 한국교회사연구소, 2002.

蔡仁厚, 천병돈 옮김,『순자의 철학』, 예문서원, 2000.

崔東熙,『西學에 대한 韓國實學의 反應』, 고려대학교 민족문화연구소, 1988.

崔錫起,『星湖 李瀷의 學問精神과 詩經學』, 중문, 1994.

板野長八,『儒敎成立史の硏究』, 東京 : 岩波書店, 1995.

포은사상연구원,『元代性理學』, 포은사상연구원, 1993.

馮 寓,『천인관계론』, 신지서원, 1993.

河宇鳳,『朝鮮後期 實學者의 日本觀硏究』, 일지사, 1989.

한국사상사연구회,『인성물성론』, 한길사, 1994.

한국사상사연구회 편저,『조선 유학의 학파들』, 예문서원, 1996.

한국사상사연구회 편저,『실학의 철학』, 예문서원, 1996.

한국사상사연구회 편저,『조선 유학의 자연철학』, 예문서원, 1996.

韓國實學硏究會,『韓中實學史硏究』, 민음사, 1998.

韓㳓劤,『李朝後期의 社會와 思想』, 을유문화사, 1961.

韓㳓劤,『星湖 李瀷 硏究』, 서울대학교 출판부, 1980.

韓㳓劤,『朝鮮時代 思想史硏究論攷』, 일조각, 1996.

韓永愚,『朝鮮後期 史學史 硏究』, 일지사, 1989.

戶川芳郎 외, 조성을·이동철 옮김,『유교사』, 이론과실천, 1990.

홍원식 외,『실학사상과 근대성』, 예문서원, 1998.

洪以燮,『丁若鏞의 政治經濟 思想硏究』, 한국연구도서관, 1959.

侯外廬 외,『송명이학사』2, 이론과 실천, 1995.

2. 논문

강병수, 「朝鮮後期 近畿南人의 對中國觀 研究 - 星湖 李瀷의 中國史 理解를 중심으로」, 『國史館論叢』 86, 국사편찬위원회, 1999.

姜世求, 「安鼎福의 歷史理論 展開와 그 性格」, 『國史館論叢』 93, 국사편찬위원회, 2000.

姜世求, 「星湖學派의 理氣相爭과 그 영향」, 『龜泉元裕漢敎授定年紀念論叢 (하)』, 혜안, 2000.

구만옥, 「星湖 李瀷의 科學思想」, 『民族과 文化』 9, 한양대학교, 2000.

구만옥, 「朝鮮後期 朱子學的 宇宙論의 變動」, 연세대학교 박사학위논문, 2001.

權文奉, 「星湖 李瀷의 經學과 四書疾書」 성균관대학교 박사학위논문, 1994.

權泰乙, 「息山의 雜著에 나타난 批判精神考」, 『嶺南語文學』 15, 영남어문학회, 1988.

金南馨, 「朝鮮後期 近畿實學派의 藝術論 研究」, 고려대학교 박사학위논문, 1988.

金成潤, 「18세기 畿湖南人의 洪範이해」, 『朝鮮時代史學報』 16, 조선시대사학회, 2001.

金世潤, 「朝鮮後期 私撰史書研究」, 서강대학교 박사학위논문, 1992.

金容燮, 「最近의 實學研究에 관하여」, 『歷史敎育』 6, 역사교육연구회, 1962.

金容燮, 「우리나라 近代 歷史學의 發達」, 『韓國의 歷史認識(하)』, 창작과비평사, 1976.

金容欽, 「朝鮮後期 老·少論 分黨의 思想基盤 -朴世堂의 思辨錄 是非를 중심으로」, 『學林』 17, 1996.

金容欽, 「朝鮮後期 肅宗代 老·少論 對立의 理論 - 甲戌換局 직후를 중심으로」, 『河炫綱敎授定年紀念論叢』, 혜안, 2000.

金容欽, 「肅宗代 後半의 政治 爭點과 少論의 內紛 - '己巳義理'와 관련하여」, 『東方學志』 111, 2001.

金駿錫, 「朝鮮前期의 社會思想 - 小學의 社會的 機能 分析을 중심으로」, 『東方學志』 29, 1981.

金駿錫, 「朝鮮後期 國家再造論의 擡頭와 展開」, 연세대학교 박사학위논문, 1990.

金駿錫, 「兩亂期의 國家再造문제」, 『韓國史研究』 101, 한국사연구회, 1998.

金泰永, 「順庵 安鼎福의 鄕政論」, 『韓國實學研究』 創刊號, 한국실학연구회,

1999.

朴光用, 「李重煥의 政治的 位置와『擇里志』著述」,『震檀學報』69, 진단학
　　　회, 1990.

朴原出, 「星湖 李瀷의 軍役變通論」,『釜大史學』22, 부산대학교, 1998.

朴贊勝, 「丁若鏞의 井田制論 考察」,『歷史學報』110, 역사학회, 1986.

徐鍾泰, 「星湖學派의 陽明學과 西學」, 서강대학교 박사학위논문, 1995.

宋甲準, 「星湖 李瀷의 哲學思想 研究」 고려대학교 박사학위논문, 1991.

宋錫準, 「韓國 陽明學과 實學 및 天主敎와의 思想的 關聯性에 關한 研究」,
　　　성균관대학교 박사학위논문, 1992.

宋贊植, 「星湖의 새로운 史論」,『白山學報』8, 백산학회, 1970.

申恒秀, 「李瀷의 經·史解釋과 現實認識」, 고려대학교 박사학위논문, 2001.

安秉杰, 「17世紀 朝鮮朝 儒學의 經傳 解釋에 관한 研究」, 성균관대학교 박
　　　사학위논문, 1990.

安泳翔, 「星湖 李瀷의 性理說 研究」, 고려대학교 박사학위논문, 1998.

安在淳, 「李星湖의 大學疾書에 대한 考察」,『東洋哲學研究』2, 1981.

元裕漢, 「星湖 李瀷의 否定的 貨幣論」,『歷史學報』48, 역사학회, 1971.

元裕漢, 「星湖 李瀷 商業制限論」,『人文科學』59, 연세대학교 인문과학연구
　　　소, 1988.

元在麟, 「星湖 李瀷의 人間觀과 政治 改革論」,『學林』18, 연세대학교 사학
　　　연구회, 1997.

元在麟, 「星湖 李瀷의 刑政觀과 漢法受容論」,『龜泉元裕漢敎授定年紀念論
　　　叢(하)』, 혜안, 2000.

元在麟, 「英·正祖代 星湖學派의 學風과 政治 志向」,『東方學志』111, 2001.

元在麟, 「조선후기 星湖學派의 知行觀과 經傳認識 態度」,『韓國思想史學』
　　　19, 2002.

元在麟, 「조선후기 星湖學派의 讀書法과 講論 방식」,『韓國史研究』120,
　　　2003.

柳仁熙, 「實學의 哲學的 方法論(Ⅰ)-柳磻溪와 朴西溪, 李星湖를 중심으
　　　로」,『東方學志』35, 1983.

柳仁熙, 「星湖僿說의 哲學思想 - 程朱理學과의 비교연구」,『震檀學報』59,
　　　1985.

柳仁熙, 「洪大容 哲學의 再認識 - 朝鮮 實學 再評價의 한 作業」,『東方學
　　　志』73, 1991.

李光虎, 「星湖 李瀷의 思想 - 孟子疾書를 中心으로」, 『泰東古典研究』 2, 1986.

李坰丘, 「17~18세기 壯洞 金門 연구」, 서울대학교 박사학위논문, 2003.

이봉규, 「宋時烈의 性理學說 研究」, 서울대학교 박사학위논문, 1996.

이봉규, 「順庵 安鼎福의 儒教觀과 經學思想」, 『韓國實學研究』 2, 한국실학 연구회, 2000.

李成茂, 「星湖 李瀷의 家系와 學統」, 『韓國實學研究』 2, 2000.

이영호, 「朝鮮後期 朱子學的 經學의 變貌樣相에 대한 一考察」, 『漢文教育 研究』 17, 2001.

李元淳, 「職方外記와 愼後耼의 西洋教育論」, 『歷史教育』 11 · 12합집, 1969.

李元淳, 「安鼎福의 天學論考」, 『李海南博士 華甲論叢』, 1970.

李簛衡, 「星湖 經學의 實學的 展開」, 『論文集』 17, 성균관대학교, 1972.

李海英, 「星湖 李瀷의 中庸 理解에 관한 研究」, 『安東大論文集』 13, 1991.

정두영, 「18세기 '君民一體'思想의 構造와 性格」, 『朝鮮時代史學報』 5, 1998.

鄭雨峰, 「李用休의 文學論의 一考察」, 『韓國漢文學研究』 9 · 10합집, 1987.

鄭豪薰, 「白湖 尹鑴의 現實認識과 君權強化論」, 『學林』 16, 연세대학교 사 학연구회, 1994.

鄭豪薰, 「尹鑴의 經學思想과 國家權力強化論」, 『韓國史研究』 89, 1995.

鄭豪薰, 「17세기 北人系 南人學者의 政治思想」, 연세대학교 박사학위논문, 2001.

趙 珖, 「朝鮮後期의 邊境意識」, 『白山學報』 16, 백산학회, 1974.

趙成山, 「朝鮮後期 洛論系 學風의 形成과 經世論 研究」, 고려대학교 박사학 위논문, 2003

趙誠乙, 「丁若鏞의 政治經濟 改革思想 研究」, 연세대학교 박사학위논문, 1992.

池斗煥, 「朝鮮後期 實學研究의 問題點과 方向」, 『泰東古典研究』 3, 1987.

千寬宇, 「磻溪 柳馨遠 研究(상)」, 『歷史學報』 2, 역사학회, 1952.

千寬宇, 「磻溪 柳馨遠 研究(하)」, 『歷史學報』 3, 1953.

崔鳳永, 「星湖學派의 朱子大學章句 批判論」, 『東洋學』 17, 단국대학교 동양 학연구소, 1987.

崔相天, 「貞軒 李家煥 研究 - 錦帶殿策의 분석을 중심으로」, 고려대학교 석 사학위논문, 1981.

崔誠桓, 「朝鮮後期 李縡의 學問과 寒泉精舍의 門人教育」, 『歷史教育』 77,

2001.

崔誠桓, 「영·정조대 安鼎福의 학문과『東史綱目』편찬」,『韓國學報』110, 2003.

崔潤晤, 「朝鮮後期 土地所有權의 發達과 地主制」, 연세대학교 박사학위논문, 2001.

崔潤晤, 「順庵 安鼎福의 土地論」,『韓國實學硏究』4, 2002.

韓相權, 「順菴 安鼎福의 社會思想」,『韓國史論』17, 서울대학교, 1987.

韓永愚, 「李瀷의 史論과 韓國史理解」,『韓國學報』46, 1987.

韓㳓劤, 「李朝實學의 槪念에 대하여」,『震檀學報』19, 1958.

洪以燮, 「實學의 理念的 一貌 - 河濱 愼後聃의 西學辨의 紹介」,『人文科學』1, 연세대학교, 1957.

洪以燮, 「實學에 있어서 南人學派의 思想的 系譜」,『人文科學』10, 연세대학교, 1963.

Abstract

Studies on the Academic Accomplishment
of Seong Ho School in the Late Joseon Dynasty

Won Jae Rin

The objective of this book is to research into academic accomplishment of the Seong Ho School(星湖學派) which was a remarkable school in *Silhak*(實學) at the late part of Joseon Dynasty. I have examines the both Seong Ho School's academic methodology and ideology related with strategy of State Reconstruction.

During the 18th century, there emerged national crises stemmed from a social and economic transformation since the 17th century. It was bringing the various changes and contradictions in the feudal system of Joseon Dynasty. Experiencing the serious contradictions in the late Joseon, It was necessary that new academic accomplishment and socio-economic theories securing national crises. Faced with this situation the contemporary scholars proposed various academic theory in order to solve the social and economic, political conflicts related with strategy of State Reconstruction. There emerged and coexisted two main, but mutually opposing, trends of thought Neo-Confucian orthodoxy and the New Confucian teaching. Yi Ik and some scholars were seeking to embrace various studies and ideologies in succession to the Southernist affiliated with the Northernists(北人系 南人) thought, and contributed to bring forth the Seong Ho School. Therefore they searched for a new academic trends to solve the current problems in reality.

Under the study of classical canons, they were placing an emphasis on the pursuit of matter in their studies and, more importantly, urged the importance of doubt and self-acquirement. Seong Ho School was took notice to a 'true knowledge'. Knowledge as truth itself is called 'true knowledge'. 'true knowledge' does not mean mere knowledge. Seong Ho School's the theory of knowledge which centers around 'true knowledge' and 'energetic conduct' was a view of not separating knowledge from conduct, but to proceed together knowledge and conduct. Seong Ho School's idea on knowledge as well as conduct are quite different from Chu Hsi's. They suggested the methodology for inquiring into knowledge on the ground of unifying knowledge and conduct theory to solve the problems of reality.

Jilseodokbeop(疾書讀法), *Itaekgangron*(麗澤講論), *Hamunjiljeong*(下問質正) were advanced private educational method by Confucians. Following the Confucianism education, they had been criticized the theory of Chu Hsi Learning, and were freed themselves from Chu Hsi's self-perfection theory. And they were stressed the compromising and liberal academic accomplishment in the Confucian Studies. That is to say Seong Ho School's attitude for classical canon created a new sphere would made a criticize the previous ready-made interpretational trends. Consequently free critical thought showed the rationalistic thinking and free from Chu Hsi philosophy, so to speak pointed out the Chu Hsi philosophical problem and developed the Chinese classical learning, toward practical use, base on fact. This is clearly differentiated typical of Seong Ho School's Confucian studies, compared with general way of at that time which blindly followed the Chu Hsi's annotation. As a result, they were proposed a new system of the learning method. These characteristics of academic methodology can be called as progressive attitude or progress of modern academic system.

During the study of classical canons, they enforced the necessity of *Hahak* (下學), *Dogiilchiron*(道器一致論) and *Barkhak*(博學). Based upon the former academic trends, they came out of their critical attitude toward ideologies which neglected the aspect of practice. They denounced the ideological disputes among the scholars as futile talk because they conceived those disputes didn't do any good for the people. Their academic coloration and recognition of reality well the character of the period. It was pursued political-economy science to overcome the corrupt realities. Seong Ho School's viewpoint of Hahak was quite different from Chu Hsi's. They suggested the methodology for inquiring into knowledge on the ground of Dogi to be above shapes and within shapes. It was intension to do unifying study of classical canon and practical business for statecraft ideas.

Based upon the former academic trends, An Jeong-Bok(安鼎福) came out of his critical attitude toward ideologies which neglected the aspect of practice. He denounced the ideological disputes among the scholars as futile talk because he conceived those disputes didn't do any good for the people. His academic coloration and recognition of reality well the character of the period. It was pursued political-economy science to overcome the corrupt realities.

Based upon the latter academic trends, the scholars in the school of Seong Ho were engaged in work for the various province of learning (Confucian Studies, Historical-Human geography, History, Astronomy, Western Learning and so on). Among them Gwon Cheol-Sin(權哲身) took interest in the doctrines of Catholicism and groped for the new system of study. It spread far and wide in Seong Ho School. An Jeong-Bok Line worried that there were a lot of pupil who followed this Learning. In spite of school's differentiation, this phenomenon was a various academic attempt in the *Silhak*'s trends.

In the course of this dissertation, I have reached the following conclusion. There is no doubt that Seong Ho School's academic method of *Jilseodokbeob*, *Itaekgangron*, *Hamunjiljeong* and accomplishment of *Hahak*, *Barkhak* were created the cope with socio-political problems in the main stream of *Silhak*. Yi Ik and his pupil were very different from the orthodoxical Neo-Confucianism in the aspects of academic methodology and ideology related with *Silhak*'s trends. Then these point explain very well the characteristic of Seong Ho School's academic accomplishment.

찾아보기

【ㅅ】

지은이 | 원 재 린
성균관대학교 사학과 졸업
연세대학교 대학원 문학석사
연세대학교 대학원 문학박사
현재 연세대학교 국학연구원 연구교수

주요논문
「星湖 李瀷의 人間觀과 政治 改革論」,
「星湖 李瀷의 刑政觀과 漢法受容論」,
「英·正祖代 星湖學派의 學風과 政治 志向」 등

연세국학총서 41
조선후기 星湖學派의 학풍 연구
원 재 린

2003년 12월 19일 초판 1쇄 인쇄
2003년 12월 30일 초판 1쇄 발행

펴낸이 · 오일주
펴낸곳 · 도서출판 혜안
등록번호 · 제22-471호
등록일자 · 1993년 7월 30일

⊕ 121-836 서울시 마포구 서교동 326-26번지 102호
전화 · 3141-3711～2 / 팩시밀리 · 3141-3710
E-Mail hyeanpub@hanmail.net

ISBN 89 - 8494 - 204 - 0 93910
값 18,000 원